SOBRE O SILÊNCIO DO ARGÜIDO NO INTERROGATÓRIO NO PROCESSO PENAL PORTUGUÊS

ADRIANA DIAS PAES RISTORI
Promotora de Justiça – Ministério Público do Estado do Espírito Santo
Mestre em Ciências Jurídico-Criminais pela Faculdade de Direito
da Universidade de Coimbra

SOBRE O SILÊNCIO DO ARGÜIDO NO INTERROGATÓRIO NO PROCESSO PENAL PORTUGUÊS

SOBRE O SILÊNCIO DO ARGÜIDO
NO INTERROGATÓRIO NO PROCESSO PENAL PORTUGUÊS

AUTOR
ADRIANA DIAS PAES RISTORI

EDITOR
EDIÇÕES ALMEDINA, SA
Avenida Fernão de Magalhães, n.º 584, 5.º Andar
3000-174 Coimbra
Tel.: 239 851 904
Fax: 239 851 901
www.almedina.net
editora@almedina.net

PRÉ-IMPRESSÃO • IMPRESSÃO • ACABAMENTO
G.C. – GRÁFICA DE COIMBRA, LDA.
Palheira – Assafarge
3001-453 Coimbra
producao@graficadecoimbra.pt

Junho, 2007

DEPÓSITO LEGAL
257618/07

Os dados e as opiniões inseridos na presente publicação
são da exclusiva responsabilidade do(s) seu(s) autor(es).

Toda a reprodução desta obra, por fotocópia ou outro qualquer processo,
sem prévia autorização escrita do Editor,
é ilícita e passível de procedimento judicial contra o infractor.

A Deus, pela sua infinita bondade e paciência comigo.

À minha família, sempre porto seguro, quando me lancei além-mar. Caríssimos, sem vocês a vida não teria a mínima graça.

Ao meu irmão Vinícius, uma palavra especial: obrigada por ter me conduzido pelo mundo jurídico e por ser o meu primeiro e sempre professor.

AGRADECIMENTOS

Meu especial agradecimento ao Prof. Dr. José Francisco de Faria Costa, por ter me ensinado tanto. Impossível quedar-se indiferente ao seu nível de excelência. Não deixo palavras, pois poderiam me trair. Deixo meu mais profundo silêncio, em sinal de reverência e admiração pela sua sabedoria, repartida com todos aqueles que gozam o privilégio de sua convivência.

Profundo e reconhecido agradecimento aos meus amigos Elder Lisboa, Luís Caldas, Raphael Maués, Cirley Henriques, Marcelo Cavali, Juracy da Silva, Patrícia do Valle, Luciano Nascimento, Guilherme Massau, Allene Lage, pelo companheirismo e solidariedade nos momentos doces e difíceis vividos em Coimbra.

Minha gratidão desmedida aos funcionários da Biblioteca da Faculdade de Direito da Universidade de Coimbra, sempre solícitos, apesar de sobrecarregados pelas inúmeras requisições de obras recebidas dia-a-dia.

Ao Ministério Público do Estado do Espírito Santo, instituição a qual pertenço, por permitir a realização do curso de mestrado. Oxalá continue apoiando a formação dos seus membros para o seu próprio aperfeiçoamento.

Meus sinceros agradecimentos à Prof. Dra. Anabela Maria Pinto Miranda Rodrigues, com seu inegável rigor científico e sólida formação acadêmica, pela orientação da pesquisa.

"O silêncio é um amigo que não trai nunca."
(Provérbio chinês)

"Só se deve deixar de calar quando se tem algo a dizer que valha mais do que o silêncio."
(Abade Dinouart)

"Quem dentre os homens conhece o que há no homem, senão o espírito do homem que nele reside?"
(1 Cor 2,11)

SIGLAS E ABREVIATURAS

Art.   – Artigo
CEDH – Convenção Européia dos Direitos do Homem
CRP   – Constituição da República Portuguesa
CP   – Código Penal
CPP   – Código de Processo Penal
DUDH – Declaração Universal dos Direitos do Homem
LeCrim – Ley de Enjuiciamiento Criminal
MP   – Ministério Público
PIDCP – Pacto Internacional sobre os Direitos Civis e Políticos
StPO   – Strafprozeaordnung

PALAVRAS BREVÍSSIMAS

Pede-me ADRIANA DIAS PAES RISTORI que escreva algumas palavras introdutórias à sua dissertação de mestrado "Sobre o silêncio do arguido no interrogatório no processo penal português". Não tenho por hábito deixar rasto neste tipo de escrita. Abro aqui uma excepção por mor da forma gentil – a que se associa, de maneira não despicienda, a intensidade da persuasão inteligente perante uma minha primeira rejeição – com que o pedido me foi apresentado. Todavia, decidida a aceitação da excepção, fique claro que o que a seguir se disser é levado a cabo com gosto e com alegria. Com o gosto e a alegria de se estarem a praticar actos justos.

ADRIANA DIAS PAES RISTORI foi minha aluna de mestrado. Ao longo do tempo nela sempre vi a pessoa serena mas empenhada nas coisas atinentes às complexas matérias que iam, paulatinamente, sendo tratadas no arco da duração dos vários e estimulantes seminários escolares. Para além disso, a tenacidade intelectual com que enfrentava os problemas, a vontade de pesquisar, o rigor da exposição, a que se juntava a ductilidade e a humildade científica com que assumia as críticas, só podiam ter um resultado: a conclusão de um trabalho como aquele que, ora, se dá à estampa.

Que mais se poderá dizer? Talvez só formular um pedido. Que se leia este estudo e sobre ele se reflicta e critique. Porque, como alguém já disse, a melhor e a mais nobre forma de elogiar um autor é lê-lo e criticá-lo.

José de Faria Costa

1. INTRODUÇÃO

Em setembro de 1997, com apenas três meses de exercício no Ministério Público, atuamos pela primeira vez num caso de homicídio qualificado perante o Tribunal do Júri.

Tratava-se de um processo no qual dois primos, pobres, analfabetos, trabalhadores braçais, após uma discussão de pouca monta, ocorrida num bar horas antes, aguardaram, escondidos num matagal, a vítima, de mesma história social, numa estrada em que costumava passar, e, favorecidos com o elemento surpresa, abateram-na com golpes de machado. Não houve testemunhas.

Sem assistência de advogado, confessaram todos os detalhes do crime perante a polícia judiciária e, já com assistência de advogado, confirmaram os fatos, tanto na primeira fase ao juiz singular, quanto na fase seguinte perante os jurados no Tribunal do Júri.

Foram condenados a doze anos de reclusão, em regime fechado, tendo sido o crime classificado como hediondo.

Perguntamo-nos até hoje qual teria sido o resultado se lhes tivesse sido efetivamente garantido o *ius tacere*. E se lhes tivessem sido explicadas as conseqüências da utilização de tal estratégia defensiva? Afinal, a acusação manifestou-se sobre provas colhidas a partir do depoimento dos imputados. Não temos dúvidas de que a verdade processual teria sido outra bem diversa.

Entre tantos assuntos interessantes a serem abordados numa dissertação de mestrado, escolhemos escrever sobre o silêncio do argüido no interrogatório no processo penal, tendo como fundo o direito português, por dois motivos, pelo menos em nossa visão, extremamente óbvios: em primeiro lugar, porque os temas relativos à prova são os que dão vida ao processo penal. Vive-se uma busca por elementos, remontando a história, no qual o Estado, titular do *ius puniendi,* procura estabelecer novamente a paz social, quebrada pela prática de um delito, identificando o seu autor e dando-lhe a punição adequada; em segundo lugar, porque julgamos importante trazer à discussão tema crucial, como o acima ilustrado, para o resultado a ser alcançado nesta tarefa.

Afinal, o argüido tem ou não o dever de colaborar com o Estado para o descobrimento da verdade? Pode mentir ou tem o dever de dizer a verdade (e que verdade é essa)? Qual o alcance do seu direito de permanecer em silêncio? O interrogatório é meio de defesa ou meio de prova? Sem ânimo de esgotamento da matéria, tais questões, entre outras, serão abordadas e respondidas no decorrer desta dissertação.

O estudo cingir-se-á a uma das facetas do princípio *nemo tenetur se ipsum accusare*. Abordaremos somente o *ius tacere* no momento do interrogatório, deixando para outra oportunidade aprofundar temas que também dele decorrem como a colaboração do imputado,[1] de forma ativa ou passiva, na produção de provas periciais, tais como fornecimento de material para exame de DNA, ou exame grafotécnico, teste de alcoolemia, participação na reconstituição de fatos delituosos, reconhecimento de pessoas, entre outros.

Todo sistema jurídico processual-penal que se alicerçou em normas constitucionais para se estruturar deve ser interpretado e aplicado à luz dessas normas. Já nos alertava Bettiol[2] acerca da influência dos preceitos constitucionais exercida sobre as normas de Direito Processual Penal.

---

[1] Sobre a questão, anotamos o pensamento de Couceiro que, após analisar vários critérios propostos, principalmente, na Espanha e Itália, conclui que "[...] em qualquer circunstância, não se poderá obrigar a pessoa a participar na produção de prova que poderá incriminá-la. O direito protegido constitucionalmente não é unicamente um direito ao silêncio, mas sim um direito a não ser obrigado a fazer prova contra si mesmo. Há, assim, um direito a não-colaborar. Com os avanços da ciência, não é apenas pelas suas declarações (tomado o termos em seu sentido estrito) que uma pessoa pode se incriminar. Atualmente, todo o corpo 'fala'" (COUCEIRO, João Cláudio. *A garantia constitucional do direito ao silêncio*. São Paulo: Editora RT, 2004. p. 147-148).

[2] "Não há matéria ou sector jurídico que se apresente tão intimamente dialogante com as supremas exigências constitucionais. As relações entre os direitos processual penal e constitucional são, em alguns aspectos, relações de identidade, pelo facto de estar em jogo a liberdade individual em cuja tutela ambos os sectores do ordenamento jurídico se empenham, como resposta a uma vocação comum. Um código de processo penal que não enraíze racional, política e juridicamente nas disposições duma Constituição que 'reconhece e garante os direitos invioláveis do homem' (art. 2.º da Constituição), fica exposto a todas as possibilidade de reforma, ao ritmo das sucessões das posições de maiorias político-parlamentares ocasionais, com todo o cortejo de agressões aos interesses públicos e à liberdade pessoal. A Constituição é, assim, uma garantia e um limite intocável para além das hipóteses da sua própria revisão" (BETTIOL, Giuseppe. *Instituições de direito e processo penal*. Coimbra: Coimbra Editora, 1974. p. 249-250).

1. Introdução

O sistema jurídico processual penal português tem suas linhas mestras traçadas na Constituição da República Portuguesa, já que nela estão assentados vários dispositivos e institutos processuais penais, como vemos nos arts. 28.º, 31.º e 32.º, entre tantos outros.

Inevitavelmente a Constituição, a Lei Maior, ocupou-se em tecer os fundamentos das garantias processuais dos cidadãos, principalmente, em matéria penal, tendo em vista que um dos mais preciosos bens jurídicos do indivíduo[3] será alvo da pretensão punitiva estatal: o *ius libertatis*.

Salientamos, assim, desde logo, a importância e supremacia das normas constitucionais sobre as regras disciplinadoras do processo penal.

O escopo do presente estudo que ora se publica e, que constitui a dissertação apresentada e defendida perante a Faculdade de Direito da Universidade de Coimbra para obtenção do grau de Mestre em Ciências Jurídico-Criminais, é, à luz dos preceitos constitucionais, a partir dos princípios fundamentais do Estado Português e dos direitos, liberdades e garantias pessoais, analisar e evidenciar a configuração do direito ao silêncio do argüido no interrogatório no processo penal português.

Faremos, antes de tudo, uma incursão histórica,[4] com o intuito de buscar as origens da garantia do direito ao silêncio, para descobrirmos que o seu desenvolvimento ocorreu no período pós-iluminista até sua final conformação, como o encontramos nos dias de hoje, protegido por várias constituições dos Estados modernos e em diplomas internacionais.

Após, apontaremos a relação do direito ao silêncio com outros direitos fundamentais consagrados na Constituição da República Portuguesa (CRP), como o direito à integridade física, à intimidade, encontrando seu fundamento jurídico na dignidade humana e na plenitude de defesa.

Embora o silêncio seja uma opção rara, configura-se numa garantia de matiz constitucional, e seu exercício é uma das decorrências do *nemo*

---

[3] Após a Revolução Francesa e do humanitarismo de Beccaria, tais garantias "[...] tornaram-se imanentes à própria estrutura do Estado de Direito e do regime democrático" (MARQUES, José Frederico. *Elementos de direito processual penal*. Campinas: Editora Millennium, 2000. v. I, p. 74).

[4] "A história do direito não é apenas o estudo descritivo das instituições jurídicas do passado. Além de nos descrever as formas dessas instituições, este ramo da história, como geralmente é entendido, visa também a fornecer-nos a sua explicação filosófica, isto é, a dar-nos a chave do problema da sua origem e da razão espiritual das suas transformações" (MONCADA, L. Cabral. *Estudos de história do Direito. Acta universitatis conimbrigensis,* Coimbra, 1948. v. I, p. 83).

tenetur se ipsum accusare no interrogatório. Não está o argüido obrigado a depor contra si mesmo, nem é possível extrair elementos desfavoráveis de sua atitude silente.

Analisaremos, por fim, a aplicação do direito ao silêncio no momento do interrogatório e as conseqüências de sua violação.

2. UM POUCO DE HISTÓRIA: NASCIMENTO E DESENVOLVIMENTO DO DIREITO AO SILÊNCIO

2.1 Nos primórdios

2.1.1 *Direito Hebreu*

Jesus foi interrogado em seu julgamento perante o Sinédrio e condenado em razão de suas palavras.[5]

No Oriente,[6] o povo hebreu foi o primeiro a estabelecer o interrogatório

---

[5] "Levaram Jesus ao Sumo Sacerdote e, todos os chefes dos sacerdotes, os anciãos e os escribas estavam reunidos. Pedro seguira-o de longe, até o interior do pátio do Sumo Sacerdote, e, sentado junto com os criados, aquecia-se ao fogo. Ora, os chefes dos sacerdotes e todo o Sinédrio procuravam um testemunho contra Jesus para matá-lo, mas nada encontravam. Pois muitos davam falso testemunho contra ele, mas os testemunhos não eram congruentes. Alguns, levantando-se, davam falso testemunho contra ele: 'Nós mesmos o ouvimos dizer: Eu destruirei este Templo feito por mãos humanas e, depois de três dias, edificarei outro, não feito por mãos humanas'. Mas nem quanto a essa acusação o testemunho deles era congruente. Levantando então o Sumo Sacerdote no meio deles, interrogou a Jesus, dizendo: 'Nada respondes? O que testemunham estes contra ti?' Ele, porém, ficou calado e nada respondeu. O Sumo Sacerdote o interrogou de novo: 'És tu o Messias, o Filho do Deus Bendito?' Jesus respondeu: 'Eu sou. E vereis o Filho do Homem sentado à direita do Poderoso e vindo com as nuvens do céu'. O Sumo Sacerdote, então, rasgando as suas túnicas, disse: 'Que necessidade temos ainda de testemunhas? Ouvistes a blasfêmia. Que vos parece?' E todos julgaram-no réu de morte" (EVANGELHO DE SÃO MARCOS 14, 53-64).

[6] Entre os babilônicos, segundo o Código de Hamurabi, não havia uma definição formal do interrogatório, mas as palavras do acusado, quando tomadas sob juramento em nome de Deus, poderiam ser admitidas como prova, entretanto muito mais para benefício de sua defesa do que para sua incriminação. Já nas leis de Manú, o acusado não era obrigado ao interrogatório, mas quando comparecia perante o tribunal, sob juramento, deveria dizer a verdade. "O homem que se cala, ou mente, é igualmente culpado". No Egito, onde primeiramente encontramos um sistema processual penal com caráter inquisitório, escrito e secreto, o interrogatório apresenta-se como meio de prova, não

do imputado, no qual não era regra o juramento.[7] Era estritamente um ato de defesa, uma vez que desconhecia a prática da tortura e, por isso, o julgador tomava as declarações do imputado, visando a facilitar-lhe a defesa.

Entre os vários vícios apontados no julgamento de Jesus[8] que afrontaram a sistemática do processo penal hebraico, encontra-se o afastamento da "regra das duas testemunhas",[9] sendo esta, para alguns, o antecedente remoto do princípio *nemo tenetur se ipsum accusare*.[10]

A existência dessa regra demonstra que não bastavam as declarações do próprio acusado para que houvesse a condenação, isso porque os hebreus percebiam a confissão como um ato contrário à natureza humana, ou ainda proveniente de um estado de loucura transitória.[11] Confessar um crime era uma forma de suicídio, de disposição do próprio corpo, coisa que não pertencia ao homem, mas antes a Deus.

Assim, as confissões, bem como as provas circunstanciais foram alijadas dos procedimentos criminais, sendo privadas de todo valor probatório que pudesse incriminar o imputado.[12]

---

havendo qualquer garantia de defesa, de tal forma que o acusado, após juramento, era submetido à tortura por um sacerdote, quando este considerava que a verdade não lhe estava sendo dita (Cf. ROMEIRO, Jorge Alberto. *Considerações sobre o conceito de interrogatório do acusado*. Rio de Janeiro: Oficinas Alba Gráficas, 1942. p. 10-18).

[7] São citadas duas hipóteses em que o juramento era aplicado; no entanto, para livrar o acusado do processo: ao depositário, cujos objetos que estavam em sua guarda haviam sido roubados, e àquele que, tendo um animal em confiança, este morresse ou fosse subtraído (THONISSEN, J.J. *Études sur l'histoire du droit criminel des peuples anciens*. Bruxelles-Paris, 1869. v. II, p. 9, *apud* ROMEIRO, 1942, p. 19-20).

[8] Cf. SPEIDEL, Kurt A. *A sentença de Pilatos*. Tradução de Dom Mateus Rocha, OSB. São Paulo: Paulinas, 1982. p. 69 et seq.

[9] "Uma única testemunha não é suficiente contra alguém, em qualquer caso de iniqüidade ou de pecado que haja cometido. A causa será estabelecida pelo depoimento pessoal de duas ou três testemunhas" (LIVRO DO DEUTERONÔMIO 19, 15).

[10] COUCEIRO, 2004, p. 29. Insta relevar que Grevi afirma que uma pesquisa sobre as remotas origens do princípio *nemo tenetur edere contra se* poderia tornar-se incerta e dispersiva, pois não foi ele sempre definido como princípio típico do processo penal e muito menos como exclusiva remissão à situação subjetiva do imputado que se recusasse a responder ao interrogatório (GREVI, Vittorio. *Nemo tenetur se detegere: interrogatorio dell'imputato e diritto al silenzio nel processo penale italiano*. Milano: Dott A. Giuffrè Editore, 1972. p. 5).

[11] ROMEIRO, 1942, p. 20.

[12] COHN, Haim H. "The proof in biblical and talmudical law". In: *La prevue en droit*. PERELMAN, Chaïm; FORIERS, Paul Alain (Org.). Bruxelas: Émile Bruylant, 1995 *apud* COUCEIRO, op. cit., p. 31.

2.1.2 Direito Grego

No processo criminal grego, o interrogatório pode ser concebido como meio de defesa, mas também como meio de prova.

Após ouvir a acusação e suas testemunhas diante dos juízes,[13] o acusado, caso se fizesse presente (pois havia a possibilidade de ser julgado à revelia), poderia desenvolver sua defesa, por si, prestando juramento, ou com um defensor, sendo o rito, portanto, marcado pelo contraditório, pela oralidade e oportunidade de defesa,[14] além da publicidade.

Não obstante, a tortura era empregada para extrair a confissão do acusado em relação ao crime perpetrado, bem como para obter a delação de seus cúmplices. *A priori*, apenas os escravos eram torturados, pois, em virtude de sua condição, não podiam prestar juramento e, assim, somente por meio da tortura poder-se-iam validar como verdadeiras suas declarações. Entretanto, noticia-se que cidadãos livres foram submetidos à tortura.[15]

Almeida Junior indica que as testemunhas também poderiam ser submetidas à tortura quando se recusavam a depor em certos casos.[16]

2.1.3 Direito Romano

Segundo Pugliese, Cappelletti e Helmholz, o princípio *nemo tenetur se ipsum accusare* não tem sua origem no direito romano clássico (do século II a. C até final do III d. C), muito menos por ele foi aplicado,[17]

---

[13] Quatro eram os tribunais criminais: Assembléia do Povo (crimes políticos mais graves); Areópago ou Conselho dos Anciãos (qualificado como o mais antigo e famoso dos tribunais atenienses); dos Efetas, sendo os principais o Palládion, o Delphínion e o Phreattús; e dos Heliastas (competência residual) (Cf. VELEZ MARICONDE, Alfredo. *Derecho procesal penal.* Buenos Aires: Lerner Ediciones, 1969. p. 26).

[14] NUCCI, Guilherme de Souza. *O valor da confissão como meio de prova.* São Paulo: Editora Revista dos Tribunais, 1997. p. 132.

[15] ROMEIRO, 1942, p. 20. E também: BARROS, Romeu Pires de Campos. *Direito processual penal brasileiro.* São Paulo: Sugestões Literárias S.A., 1969. v. I, p. 50; VELEZ MARICONDE, op.cit., p. 29.

[16] ALMEIDA JUNIOR, João Mendes. *O processo criminal brasileiro.* São Paulo: Livraria Freitas Bastos S.A., 1959. p. 24.

[17] PUGLIESE, Giovanni. "Per l'individuazione dell'onere della prova nel processo romano *per formulas*". In: *Studi in onore di G.M. de Francesco.* Milano, 1957. v. I,

pois muitos são os romanistas que acreditam que o interrogatório era excluído do procedimento. São contestados por Tucci, alicerçado em Bonfante: "[...] embora parte da doutrina afirme que o procedimento acusatório inadmitia o interrogatório do acusado, só assim é que, na verdade, se poderia obter a sua confissão (espontânea). Ademais, na *quaestio de parricidiis* somente podia ser condenado o réu confesso".[18]

Por outro lado, Conti, Leone, Pozzolini, Pergola e Sabatini, na esteira da lição do professor Ubaldo Pergola, da Universidade de Roma, indicam que, se, no período da República, não havia a prática do interrogatório durante o processo penal, era em decorrência do *nemo tenetur se detegere*, diante do contra-senso em "[...] provocar declaração a réus, quando o imputado tem, via de regra, todo o interesse em esconder a verdade, impossível de obter-se dele".[19]

Do período da Realeza pouco se tem notícia, já que, em conseqüência de a escrita não ser ainda amplamente difundida, provavelmente, não tenha havido atividade legislativa, e apenas os costumes eram observados, inclusive em matéria penal.

Sob a República, entre as poucas leis editadas, sobressai a conhecida Lei das XII Tábuas,[20] um dos fundamentos do *ius civile* que, dentre os vários tópicos abordados, a partir dos costumes em vigor, instituiu também um processo penal.

Durante o período do direito pré-clássico, em sua mais antiga origem, o processo penal, de caráter público, denominava-se *cognitio* e apresentava um magistrado com amplos poderes, o qual recebia denúncias, ou seja, colhia testemunhos antecipados, apenas permitindo a defesa

---

p. 545. CAPPELLETTI, Mauro. *La testemonianza della parte nel sistema dell'oralità*. Milano: Giuffrè, 1974. p. 379. HELMHOLZ, R.H. *et al. The privilege against self-incrimination: its origins and development*. Chicago: Universidade de Chicago, 1997. p. 186, apud QUEIJO, Maria Elizabeth. *O direito de não produzir prova contra si mesmo*. São Paulo: Saraiva, 2003. p. 6.

[18] TUCCI, Rogério Lauria. *Lineamentos do processo penal romano*. São Paulo: Bushatsky, 1976. p. 152.

[19] CONTI, Ugo; LEONE, Giovanni; POZZOLINI, Alfredo; PERGOLA, Ubaldo; Sabatini, Guglielmo. *Il Codice de Procedura Penale illustrato articolo per articolo*. Milano, 1937, apud ROMEIRO, 1942, p. 25-26.

[20] O texto original teria sido destruído pelos gauleses em 390, sendo parcialmente reconstituído a partir das citações de Cícero e Aulo Gélio, além dos comentários no Digesto efetuados por Labeo e Gaio (GILISSEN, John. *Introdução histórica ao direito*. Lisboa: Fundação Calouste Gulbenkian, 2003, p. 86).

2. Um pouco de história: nascimento e desenvolvimento do direito ao silêncio

nos limites que fosse por ele consentido. Não havia qualquer restrição para a intimação e oitiva das testemunhas pelo magistrado. O acusado era interrogado, sendo esse o momento principal da *accusatio,* após juramento, não lhe sendo permitido silenciar perante o magistrado, sob pena de ser submetido à multa, prisão ou flagelo.[21]

No direito clássico, já no último século da República, encontramos a introdução das *quaestiones perpetuae,* cujo sistema foi regulamentado pela *Lex Iulia iudiciorum publicorum,* de Augusto. O procedimento era público e oral e ao magistrado restou precipuamente a função de julgar, e essa função foi cometida a comissões restritas de cidadãos; órgãos colegiados, pois. A iniciativa da persecução criminal foi deferida a um

---

[21] "El interrogatorio del inculpado, interrogatorio que ya no se conoce en el juicio penal de época posterior, debió constituír el punto central del procedimiento primitivo, por cuanto ningún interrogado podía negarse a contestar al magistrado que le preguntaba" (MOMMSEN, Teodoro. *Derecho penal romano.* Bogotá: Temis, 1991. p. 224). "No se han conservados trazas del procedimiento imperante en esta época, si bien parece lógico admitir que se caracteriza por la ausencia de toda forma legal o invariable, capaz de poner límites a la arbitrariedad del juzgador, que al mismo tiempo tenía la suma del poder: la indagatoria constituye el alma del proceso, y la defensa se ejerce en la medida que el magistrado tiene a bien concederla" (VELEZ MARICONDE, 1969, v.1, p. 35). Cf. COUCEIRO, 2004, p. 34. Menciona Vicenzo Manzini que a *cognatio* tornou-se uma perigosa arma política nas mãos dos magistrados, especialmente para os estrangeiros e mulheres, pois não concedia garantias suficientes aos acusados. Assim, necessária era a reforma do sistema processual penal da época. Dessa forma, concomitante a *cognatio,* formou-se um processo comicial, diante de uma assembléia de cidadãos, aos moldes gregos, e com a *anquisitio,* surgiram as primeiras limitações aos poderes do julgador (MANZINI, Vincenzo. *Trattato di Diritto Processuale Penale italiano secondo il nuovo codice.* Torino: Unione Tipografico-Editrice Torinese, 1931. v.I, p. 2-3). "[...] tuvo una importancia grande en el desarrollo del procedimiento penal la circunstancia de que para hacer posible una decisión respecto de los ciudadanos, era preciso dar, no solo la sentencia, sino también los fundamentos de la misma, las pruebas de la culpabilidad del condenado; por lo que, al cabo y después de la inquisición que sin formalidades legales había llevado a cabo el magistrado, se hacía uso de un procedimiento preparatorio, llamado *anquisitio,* en el cual estaba fijamente determinada la citación y fijamente determinados los plazos, y en onde se admitía, además de la autodefensa, la defensa por medio de tercera persona [...]. No se puede caber duda alguna de que si el derecho romano llegó a construir en general un procedimiento penal regulado por la ley, las bases para este procedimiento las echó la anquisición" (MOMMSEN, op. cit., p. 225-226). Cf. ainda RAMOS, João Gualberto Garcez. *Audiência processual penal.* Belo Horizonte: Del Rey, 1996. p. 47. Seria a *Lex Valeria de provocatione* de 509, a qual teria estabelecido que o povo reunido em comício analisaria os dados obtidos pelo magistrado na *inquisitio* (BARREIROS, José António. *Processo penal.* Coimbra: Livraria Almedina, 1991. p. 17-18).

acusador privado – a *accusatio*, representando a coletividade. A ele cabia apresentar o libelo, constando a indicação do crime e da lei violada, mediante juramento. Se o acusador perdesse a demanda, a ele seriam impostas severas penas, comprovado que agira temerária ou caluniosamente. Com o recebimento da acusação, após a *inquisitio*,[22] era designado o interrogatório do acusado,[23] o qual prestava juramento de dizer a verdade.

Caso optasse pelo silêncio, ou não contestasse os fatos contra si afirmados, o acusado era considerado *confessus*, se o libelo indicasse a imputação de delitos privados; no entanto, tratando-se de delitos capitais, não importaria em confissão o seu silêncio.[24]

A confissão do crime resultaria na prisão do acusado até o seu julgamento e, em princípio, o processo terminaria, restando apenas a fixação da pena e sua execução.

Devido a novas exigências de repressão da criminalidade, bem como da animosidade gerada entre os cidadãos que utilizavam o processo com espírito de vingança,[25] prevalece no Império a *extraordinaria cognatio*, última fase do desenvolvimento do processo penal romano.[26] Ao magis-

---

[22] "O acusado, que já tinha sido notificado da acusação, ficava com o direito de seguir o acusador, fiscalizar seus atos, fazê-lo acompanhar de um agente que vigiasse suas diligências, assistir ao exame das testemunhas, interrogá-las e contraditá-las. Esta fase era a da *inquisitio*, que devia estar terminada no dia fixado para audiência ou sessão de julgamento" (ALMEIDA JUNIOR, 1959, p. 33).

[23] "Havia, nesta fase, o predomínio do caráter de meio de defesa do interrogatório" (NUCCI, 1997, p. 133).

[24] Existe entendimento contrário, no sentido de que o magistrado fixaria de imediato a pena nos juízos capitais, não sendo necessária a fase dos debates (Cf. COUCEIRO, 2004, p. 36).

[25] "[...] o sistema se transforma em um triste instrumento nas mãos de desonestos inescrupulosos. A acusação tornou-se, na realidade, fonte de graves injustiças, principalmente quando se dispôs que um quarto da multa paga pelo condenado fosse atribuído ao acusador [...]. Foi assim necessário, pôr cabo à corrida às acusações e, de outro lado, fazer sentir com maior peso a autoridade do Estado. As sanções fixadas contra o acusador de má fé[sic] tornaram-se mais severas [...] fez com que as acusações diminuíssem, e não apenas as infundadas, pois o temor de nelas incorrer dissuadia até mesmo aqueles que agiam no interesse público. Tal circunstância produziu, por sua vez, a impunidade de muitas infrações penais, levando o Estado a intervir ex officio [...]" (GRINOVER, Ada Pellegrini. *Liberdades públicas e processo penal: as interceptações telefônicas*. São Paulo: Saraiva, 1976. p. 42).

[26] "Cessou a participação dos cidadãos nos julgamentos criminais em Roma e nas províncias. A *cognitio extra ordinem* tornou-se o processo ordinário: é o que confirma Justiniano, nas Inst. L. IV, de interd. 8: *Quoties extra ordinem jus dicitur, qualia sunt hodie omnia judicia*" (ALMEIDA JUNIOR, 1959, p. 41).

trado é restaurado o poder de proceder *ex officio*, quando não fosse apresentada acusação privada. O magistrado perquiria provas, conduzia a instrução, de forma inquisitória, sendo os atos escritos,[27] e muitas vezes, determinava o afastamento do princípio da publicidade, concedendo ao acusado poucas garantias de defesa.[28]

Durante o interrogatório do acusado, visto agora como meio de prova, a tortura podia ser aplicada a critério dos funcionários encarregados de produzir a prova, com o objetivo de extrair a confissão, a rainha das provas.

Assevera, no entanto, João Couceiro que, a despeito da prática da tortura, o acusado não estava desprovido totalmente de proteção: "Com efeito, não podia a pessoa, por exemplo, ser compelida a exibir documento que viesse a prejudicar a si mesma, ou a apresentar testemunha em seu próprio prejuízo".[29]

Resume José A. Barreiros: "O Processo Penal romano nasce, pois, inquisitório, atinge durante a República a perfeição, caracterizando-se pelo acusatório e na decadência do Império reassume características repressivas e inquisitoriais".[30]

2.2 Os povos bárbaros

Dividido, no século IV, o Império Romano em Ocidente e Oriente, foi invadida pelos povos bárbaros a parte ocidental, no século V, os quais estabeleceram vários reinos germânicos, fragmentando o Império Romano do Ocidente. Roma caiu em 476 d. C, decretando o seu fim.

De acordo com Soares Roberto, cada uma das tribos germânicas conservou o seu sistema jurídico. Esses sistemas eram nomeadamente

---

[27] "A escrita tornou-se um elemento de instrução que, paralisado mais tarde pelas invasões dos Bárbaros e pelas desordens da época feudal, recuperou no século XIII, sob a influência do Direito Canônico, o seu uso no foro, sendo afinal, no século XV, consagrada na legislação e na prática forense de todos os povos" (ALMEIDA JUNIOR, 1959, p. 47).

[28] "O processo penal, se bem que formalmente acusatório, está estruturado de modo indelevelmente inquisitório, pois que as leis permitiam ao magistrado poderes típicos das fases de acusação e do julgamento, permitindo-lhe realizar a instrução, que era secreta, escrita e não contraditória e agir independentemente de uma acusação formal" (BARREIROS, 1991, p. 19).

[29] COUCEIRO, 2004, p. 39-40.

[30] BARREIROS, 1991, p. 19.

fundados em "[...] costumes imemoriais, transmitidos oralmente, de caráter bastante primitivo".[31] Pouco se conhece desse direito do período anterior às invasões procedidas no século V.

Certo é que o grau de civilização dos romanos era profundamente diverso do dos invasores, os quais não absorveram as regras estipuladas pelo processo penal romano. As regras conviviam segundo o princípio da pessoalidade do direito[32] e, por tal motivo, o direito romano, de certa forma, subsistiu, embora em contato com os povos bárbaros.

Em sua origem, o direito português, que viria a ser formado, oscila entre as instituições romanas e germânicas. Os visigodos, os bárbaros de maior cultura, estabeleceram-se na Península Ibérica, dominação que durou cerca de três séculos, sobre os quais mais tarde discorreremos.

Sob influência grega, a Justiça tinha um caráter popular.[33] Como informa Vélez Mariconde, o sistema repressivo penal assentava-se na conhecida distinção entre delitos públicos e privados, o que revela, de certo modo, uma prévia influência romana antes da invasão. Os povos germânicos praticavam um procedimento oral, público, contraditório, mas, sobretudo, ritualista. As audiências assemelhavam-se a verdadeiras cerimônias religiosas. A justiça era realizada sobre proteção divina.[34]

No interrogatório, embora conceituado como meio de prova, a tortura foi banida por longo tempo,[35] devido, segundo anota Jorge Romeiro,

---

[31] ROBERTO, Giordano Bruno Soares. *Introdução à história do direito privado e da codificação: uma análise do novo Código Civil*. Belo Horizonte: Del Rey, 2003. p. 13. Também Gilissen anota: "O direito das etnias germânicas era essencialmente consuetudinário. De facto, não havia 'um' direito germânico, mas uma variedade de costumes, mais ou menos diferentes, vivendo cada povo segundo o seu próprio direito tradicional; a situação era semelhante à de qualquer outro povo arcaico" (GILISSEN, 2003, p. 162). Alguns desses costumes foram redigidos e compilados em leis – não como as compreendemos hoje – denominadas *leges barbaorum*.

[32] "No sistema da personalidade do direito, cada indivíduo vive segundo o seu direito, isto é, o direito do grupo social (povo, raça, tribo, nação) ao qual pertence" (GILISSEN, 2003, p. 168).

[33] "Essa feição popular da justiça bárbara teve como conseqüência imediata uma inadaptação dos juízes bárbaros às rígidas regras processuais penais dos romanos" (RAMOS, 1996, p. 55).

[34] VELEZ MARICONDE, 1969, v. I, p. 64.

[35] Com o ressurgimento do direito romano, por volta do século XII, a tortura voltou a ser aplicada, principalmente àqueles que dissimulavam a verdade ou nada diziam, sendo propagada, no processo inquisitorial do direito canônico.

ao respeito que os germânicos tinham pela personalidade humana.[36] Somente o juramento foi mantido.

De todo modo, não era garantido aos acusados o princípio *nemo tenetur se ipsum accusare*.

Em decorrência do caráter ritualista do procedimento adotado e em contraposição com o direito romano, a atividade probatória bárbara é denominada sistema das provas "irracionais", que vigorou até o século XII e XIII. Segundo Garcez Ramos, essas provas apresentavam dois grandes valores: a igualdade formal entre as partes e a resposta divina, que determinava o seu resultado.[37]

Após recebida a acusação[38] realizada pelo ofendido, ou seus herdeiros, e diante da eventualidade de inexistência de testemunhas ou documentos (provas "racionais"), ao acusado poderia ser indicado o pagamento de um preço estipulado nas *leges barbaorum* ou ser submetido ao Juízo de Deus. Na primeira hipótese, vemos a indicação clara da origem do instituto de composição entre as partes, pois o acusado reconhecia o cometimento do delito e sujeitava-se a repor o dano causado a uma pessoa. Essa situação não era admitida para crimes que afetavam a comunidade. Na segunda hipótese, a culpabilidade do acusado seria aferida por Deus,[39] o qual pronunciaria quem estava com o direito ou não. Cabia ao acusado provar a sua inocência e, para tanto, submetia-se aos juramentos purgatórios[40] ou aos ordálios (do alemão *Urteil*, significa decisão, sentença).

Para Vélez Mariconde,[41] o juramento purgatório está embasado na crença de que Deus, por conhecer o passado, tem condições e interesse em punir aquele que jura em falso, de tal modo que, ao proferir o juramento, o acusado invoca para si a vingança de Deus, no caso de ser

---

[36] ROMEIRO, 1942, p. 29. Entretanto, tal privilégio não era estendido aos escravos. "El esclavo se purgaba por las ordalías, lo mismo que el hombre libre, pero no le estaba permitido ofrecer el combate a su acusador. En cambio, se podían emplear los tormentos para constreñirlo a confesar, lo que no era posible hacer con los hombres libres" (VELEZ MARICONDE, 1969, v. I, p. 67, citando DAGUIN).

[37] RAMOS, 1996, p. 52.

[38] Tinha ela caráter privatístico nos processos mais antigos.

[39] "O apelo às divindades, essência dessas provas, é clara influência grega" (RAMOS, op. cit., p. 56).

[40] Ou juramento de inocência (Cf. CAETANO, Marcello. *História do Direito Português*. Editorial Verbo, 1985. v. I, p. 261).

[41] VELEZ MARICONDE, 1969, v. I, p. 66.

perjuro. Afirma Gilissen que "[...] recusar-se a prestá-lo era uma confissão de culpabilidade".[42]

Alguns delitos exigiam que o acusado se fizesse acompanhar de outras pessoas idôneas, chamadas "conjuradores" ou "compurgadores", para que com ele também jurassem, a fim de que o ato de revestisse de validade jurídica.

Um exemplo[43] desse juramento pode ser encontrado no Foral de Freixo, datado de 1152, em Portugal, cujo texto dizia: "Quem intentar uma acção destas (homicídio por traição) jure com três parentes dos mais próximos que tenha na vila em como não o demanda por qualquer outra malquerença mas que o acusado matou ou feriu o seu parente por ferida de onde veio a morrer; e se não tiver parentes, jure com três vizinhos. E se não fizer este juramento, o acusado não terá que responder. [...] Quem ferir o seu vizinho com pedra ou com pau pague vinte morabitinos se (o autor e conjuradores) firmarem e se não firmarem, jure (o acusado) com cinco vizinhos (que está inocente)".[44]

Os ordálios eram unilaterais ou bilaterais. Gilissen cita como exemplo, no primeiro caso, as provas de ferro em brasa, da água fervente ou da água fria, a prova do cadáver,[45] e ainda outras, das bebidas amargas, do veneno, das serpentes. Os bilaterais exigiam a participação das partes. No *indicium crucis* (julgamento da cruz), quem primeiro deixasse cair os braços que estavam estendidos, como se fora uma cruz, perderia o jul-

---

[42] GILISSEN, 2003, p. 716.

[43] Entre outros tantos: Foral de Urros, 1182 e Foral de Santa Cruz, 1225.

[44] I. FORAES. *Coleção de textos de direito português.* Coimbra, 1914, *apud* GILISSEN, op.cit., p. 722.

[45] Mendes de Almeida explica como eram algumas provas: a) a prova pelo fogo realizava-se de várias formas: ou fazendo o acusado tocar com a língua em ferro quente, ou obrigando-o a conduzir uma barra de ferro em brasa por nove passos, ou caminhar com os pés descalços sobre nove ou doze barras de ferro incandescentes, sem se queimar; b) a prova da água fria consistia em atar a mão direita do acusado ao seu pé esquerdo, e jogá-lo na água: se sobrenadasse, era havido como criminoso; se fosse ao fundo, era inocente; c) a prova do cadáver resumia-se em dispor o corpo da vítima diante do acusado: se do cadáver novamente corresse sangue, era havido como autor do homicídio (Cf. MENDES DE ALMEIDA, Joaquim Canuto. *Princípios fundamentais do processo penal. A contrariedade na instrução criminal. O direito de defesa no inquérito penal. Inovações do Anteprojeto de Código de Processo Penal.* São Paulo: Revista dos Tribunais, 1973, p. 49). Cf. MANZINI, 1931, v. I, p. 7, o qual afirma que o duelo judiciário entre todas era a prova de Deus mais recorrente.

2. Um pouco de história: nascimento e desenvolvimento do direito ao silêncio 29

gamento. No duelo judiciário,[46] o mais comum dos ordálios bilaterais, as partes, por vezes, representadas por seus "campeões", digladiavam até que surgisse um vencedor.[47]

Marcello Caetano indica que, apesar de vários tipos de ordálios terem sido aplicados na Europa, em Portugal, foram praticados apenas o ferro em brasa e a lide ou duelo judicial.[48]

Todas as formas de duelo foram condenadas pelo Concílio de Trento, o qual fora recebido como lei pelo Reino de Portugal, em 1564.

Note-se que os ordálios, no início do século XII, começaram a desaparecer lentamente do território europeu, momento em que fora instituída, dentro do processo inquisitório, a tortura.

---

[46] "Existiu em quase todos os países da antiguidade e da idade média e vigorou na Europa durante todo o período de feudalismo. [...] Fundava-se na crença de que Deus, sendo infinitamente justo, não permitiria que da luta ou do combate travado entre os dois litigantes saísse vencedor aquele que pleiteava uma pretensão infundada e injusta e vencido aquele de cujo lado estavam o direito e a razão" (GUSMÃO, Manuel Aureliano de. *Processo civil e comercial.* São Paulo: Livraria Acadêmica, 1924. v. II, p. 22 *apud* MENDES DE ALMEIDA, loc.cit.)

[47] De acordo com Grinover, "[...] quem não tinha força física para fazer valer o seu direito, nem recursos para empregar a força alheia, ou aquele que por outras razões não confiasse na Justiça das Cortes Senhoris (precária, mutável e sem garantias), acabou por procurar a jurisdição eclesiástica" (GRINOVER, 1976a, p. 44).

[48] "Resolvido o duelo, os juízes examinavam os dois contendores e, no dia aprazado, ambos ouviam missa, após o que prestavam juramento. O primeiro jurava que o direito estava a seu lado; o segundo jurava a seguir que tal juramento era falso. Um dos dois, portanto, mentia; qual fosse, era o que Deus ia revelar dando a vitória à verdade. O mesmo podia se passar quando uma das partes acusava uma testemunha de falso testemunho". Os duelos poderiam durar até três dias, com três assaltos a cada dia, findo os quais perderia o desafiante, caso nenhum dos dois houvesse caído (CAETANO, 1985, p. 262). E ainda: "O duelo, conhecido através de todos esses documentos sob as mais variadas designações e perífrases, tais como, *duelo, combate, pugna, prova, lide, repto, reto, desafio,... dar campo, meter campo, dar praça,* etc., mostra-se, na verdade, ser um costume e uma prática tão generalizados na sociedade portuguesa entre os séculos XI e XV, que mal se encontrará um documento de alguma estensão [sic] e importância que não se refira a ele" (p. 131). Mas adverte Moncada que nem sempre o era a título de "[...] elemento e meio de prova integrado num processo regular", mas sim "[...] um meio de efectivação dos direitos" (MONCADA, 1948, p. 138 et seq.).

2.3 Direito Canônico

No século IV, o Império Romano do Ocidente torna-se cristão.[49] Ao lado do direito romano, sem haver interação, convive um sistema jurídico próprio, o direito canônico,[50] instituído pela comunidade que seguia os ensinamentos de Jesus, e fundou a Igreja Católica, cuja fonte principal eram as Sagradas Escrituras – Antigo e Novo Testamento.

Como a Igreja Católica, em razão do ecumenismo, nunca se identificou diretamente com um Estado, admitia a dualidade dos sistemas jurídicos: o direito religioso e o direito laico. E, assim, seguindo as palavras de Jesus de que seu Reino não era deste mundo,[51] os cristãos, que viviam na clandestinidade, submetiam-se antes à autoridade religiosa, cujo poder era disciplinar e arbitral. A pena máxima era a excomunhão.

Único direito escrito durante a maior parte da Idade Média e que se apresentava de forma unitária e comum a todos os povos, o direito canônico exerceu inegável influência no desenvolvimento do direito laico da Europa ocidental.

Gilessen divisa três períodos na história do direito canônico, de acordo com sua interface com o direito laico: a) fase ascendente: dos séculos III a XI; b) apogeu: nos séculos XII e XIII; c) decadência, a partir do século XV e, sobretudo, no século XVI, época da Reforma e da secularização dos Estados,[52] estando ainda vivo.

Nos séculos IV e V, após Constantino permitir a organização da jurisdição episcopal, os bispos adquiriram competência, em matéria penal, para julgar todas as infrações puramente religiosas ou espirituais, sendo o julgamento realizado pelos tribunais eclesiásticos.

Assim, julgavam todas as pessoas que cometiam infrações contra a religião (*v.g.*, heresia, apostasia, simonia, sacrilégio, feitiçaria) e, também, em competência concorrente com os tribunais laicos, infrações que atentassem contra as regras canônicas, como no caso do adultério e da

---

[49] Na Europa, no início da Idade Média, encontram-se os seguintes sistemas jurídicos: o direito romano; o direito canônico; os direitos germânicos (no qual se inserem os direitos dos anglos e saxões); os direitos eslavos e o direito celta. (GILISSEN, 2003, p. 127-128).

[50] "Canon" provém do grego χανών. Significa regula; no latim, regra, norma, e designava as decisões dos concílios.

[51] EVANGELHO DE SÃO JOÃO 28, 26.

[52] GILISSEN, 2003, p. 136.

usura. Convém esclarecer que os clérigos, a partir do século V, gozavam de privilégio de foro, ou seja, só podiam ser julgados pelos tribunais eclesiásticos, tanto em matéria penal, quanto em matéria civil, havendo raras exceções ao *privilegium*.[53]

O processo penal canônico era acusatório,[54] vinculado à apresentação de um libelo escrito para que o réu fosse convocado pelo tribunal, ao qual apresentava suas exceções. Cabia às partes apresentar as provas de suas alegações.

Entretanto, em meados do século XII, no apogeu do direito canônico, o processo torna-se inquisitório, iniciado *ex officio* pelo juiz que tivesse conhecimento de uma infração, com atos secretos,[55] "[...] assentando em declarações de testemunhas cuja identificação era escondida do conhecimento do réu".[56] Por meio da bula *Ad extirpanda*, de Inocêncio IV, datada de 15 de maio de 1252, a tortura (*quaestio*) passou a ser permitida[57] e aplicada pela Inquisição,[58] instituição criada em 1216, por Inocêncio III, para combater a heresia. Deveria ser aplicada sem excessos e uma única vez. Visava tal método a obter a confissão, não importava a que custo e, mais ainda, o arrependimento do acusado. Em claro antagonismo às idéias da mais célebre compilação do direito canônico realizada por Graciano,[59] monge de Bolonha, inspirado nos métodos dos

---

[53] Nas Ordenações Filipinas, Livro II, Capítulo 1, vêem-se casos em que os clérigos e religiosos responderiam perante as justiças seculares (Ibidem, p. 140 e 157).

[54] Tinha tal característica até o século XII: "Então, salvo casos excepcionais, (como no caso de ter havido flagrante delito ou a vítima não ter deixado herdeiros), não havia juízo sem acusador legítimo e idôneo; este devia apresentar a acusação por escrito, e devia também apresentar a prova dos feitos que atribuísse, sendo responsável no caso de calúnia; não se podia actuar contra acusado ausente" (MARICONDE, Vélez. *El proceso penal inquisitorio*, Scritti giuridici in memoria di Calamandrei, Pádua, 1958. v. II, p. 509 *apud* BARREIROS, 1991, p. 32).

[55] O segredo não servia apenas para o bom desenvolvimento das investigações, mas também para a proteção dos humildes e daqueles que pudessem ser vítimas em sua boa fama (Cf. GRINOVER,1976a, p. 45).

[56] BARREIROS, op. cit., p. 31.

[57] A *quaestio* é instituto do direito romano, que fora resgatado no século em que ocorreu seu renascimento na Europa.

[58] De acordo com Testas, a Inquisição européia teve seu início provável a partir do século XIII, no ano de 1229, com o Tratado de Paris (TESTAS, Guy; TESTAS, Jean. *A inquisição*. São Paulo: Difusão Européia do Livro, 1968. p. 9-10).

[59] CORRÊA, Alexandre Augusto de Castro. "História do Direito Nacional desde a Antigüidade até o Código Civil de 1916". *In:* BITTAR, Eduardo Carlos Bianca. *História do direito brasileiro*. São Paulo: Atlas, 2003. p. 81.

glosadores e comentadores, e que foi publicada, posteriormente, em 1582, como primeiro *Corpus iuris canonici*, foi introduzido, no Concílio de Latrão, o juramento *de verita dicenda*: o acusado estava obrigado a dizer a verdade.[60]

O procedimento adotado pelos Tribunais do Santo Ofício da Inquisição foi regulamentado pelas *Decretales*, uma compilação de textos religiosos, no papado de Gregório IX.[61]

Entre os cânones ali reunidos, encontra-se no *Cum Causam*, de Inocêncio III, dirigido ao bispo de Placência, uma cláusula que muitos apontam como a origem do privilégio contra a auto-incriminação, a qual somente não prevaleceu em razão do estabelecimento do juramento *de verita dicenda*.[62]

Com a modificação do sistema processual penal adotado pela Igreja, *a priori,* para poder atingir os excessos cometidos pelos membros do clero, sobremaneira os que ocupavam cargos em elevada hierarquia, e, *a posteriori*, a finalidade era intensificar o combate aos hereges, aplicando meios radicais para o esclarecimento dos fatos, sendo justificada a tortura.

O procedimento canônico que era, de início, utilizado apenas para as ofensas à religião ou para as que atentassem contra a moral cristã, evoluiu para a perquirição de todos os delitos, em virtude de que o conceito "heresia" poderia ser estendido como ofensa contra o Estado. O rei recebia a sua legitimação de governar das mãos do papa e, diante da necessidade de auto-afirmação dos governos absolutos, foi inevitável que os direitos laicos se apropriassem desse novo caráter do direito canônico, perseguindo, por esse modo, os seus inimigos.[63]

O interrogatório era meio de prova e a tortura foi largamente empregada;[64] conseqüentemente, o princípio *nemo tenetur se ipsum accusare*

---

[60] Esse juramento foi abolido no Concílio de Roma, em 1725.

[61] Apesar de ter iniciado suas atividades em 1536, a Inquisição, em Portugal, estabeleceu-se oficialmente em 1547, por meio da bula *Meditatio Cordis*, de Paulo III, atuando em três grandes centros inquisitórios: Lisboa, Coimbra e Évora (BITTAR, Eduardo C.B. "Notícias da inquisição no Brasil: o processo e a tortura no período colonial". *In*: BITTAR, Eduardo C.B. *História do direito brasileiro*. São Paulo: Atlas, 2003. p. 114). O Tribunal do Santo Ofício da Inquisição foi abolido em 24-3-1821 em Portugal (BARREIROS, 1991, p. 59).

[62] "*Sed contra videtur quod non teneatur respondere quia nemo tenetur prodere se*". *Decretales,* Livro II, Título XX, Capítulo XXXVII (COUCEIRO, 2004, p. 44).

[63] Cf. GRINOVER, 1976a, p. 42.

[64] "A só existência de um acusado em poder do Santo Ofício era já sinônimo de condenação certa. Em verdade, tratava-se de uma bem organizada trama para ceifar

não tinha nenhuma importância,[65] muito menos caberia a mentira, pois o acusado era interrogado sob juramento de dizer a verdade. No processo inquisitório, o objetivo principal era a imediata punição do acusado, e a confissão, *probatio probatissima,* a prova central para o descobrimento da verdade,[66] que a justificaria.[67]

O Tribunal do Santo Ofício, além dos centros de organização, era itinerante. Instalava-se nas cidades, convocando os fiéis por meio de editais a delatarem os hereges[68] que se encontrassem em seu meio.[69]

---

cabeças. Os números não desmentem o que é dito: quantos foram os que efetivamente saíram ilesos após terem sido acusados e aprisionados pelo Santo Ofício? Poucos, sem dúvida" (BITTAR, 2003, p. 121).

[65] "A tendência era a busca de provas por meio do acusado ou com a sua cooperação. Nesse contexto, justificou-se o emprego da tortura, como meio de obtenção da confissão do acusado. A verdade, extorquida do acusado, era tida como decisiva para o resultado do processo penal" (QUEIJO, 2003, p. 7).

[66] "Já não se processa para se descobrir a verdade real, pois se faz do processo a *falácia real* para que seja instruído com o tipo de informação que o Tribunal deseja ver aparecer como incriminatória da conduta do réu. Todo tipo de expediente passou a ser aceitável em seu bojo: tortura; supressão de termos; indução de falsidades; contradição de depoimentos; escrivães preparados para distorcer palavras e depoimentos; utilização de pistas falsas como fundamentos de julgamentos; entre outras coisas. Ora, a verdade real era a verdade construída na boca do réu, mesmo que nenhuma palavra tivesse conseguido proferir durante suas extenuantes sessões de depoimento. Não foram poucos os que não chegaram a conhecer o final do processo, por morrerem nas masmorras fétidas antes mesmo de pronunciadas suas sentenças" (BITTAR, op. cit., p. 121).

[67] "Si presumeva che la tortura venisse usata in modo tale da ottenere non una nuda ammissione di colpevolezza, ma la rivelazione di dettagli che nessuna persona innocente poteva conoscere" (STEIN, Peter. *I fondamenti del Diritto Europeo – profili sostanziali e processuali dell'evoluzione dei sistemi giuridici.* Milano: Dott A. Giufreè Editore, 1987. p. 73).

[68] "Hereges serão os que fabulam teorias que negam ou contrastam com as Escrituras, aqueles que praticam dogmas diversos dos cristãos, aqueles que praticam a bruxaria, aqueles que blasfemam contra a Igreja, aqueles que causam a desordem, aqueles que não seguem a ortodoxia do culto institucionalizado pelos procedimentos eclesiásticos. Na vagueza da palavra *heresia,* e de suas sutilezas, inúmeras pessoas foram condenadas por conveniência política e por delações infames. Enfim, herege é aquele que a Igreja, através do Tribunal do Santo Ofício, define como herege" (BITTAR, op. cit., p. 113).

[69] Sobre a forma completa de como transcorria o processo inquisitório, *vide* Gonzaga, João Bernardino. *A inquisição em seu mundo.* São Paulo: Saraiva, 1993, bem como BITTAR, Eduardo Carlos Bianca. "Notícias da inquisição no Brasil: o processo e a tortura no período colonial". *In:* BITTAR, Eduardo C.B. *História do direito brasileiro.* São Paulo: Atlas, 2003.

Havia, então, durante os próximos quinze a trinta dias, o "Tempo da Graça", momento em que os hereges confessavam os seus pecados, com provas do seu arrependimento para obterem o perdão. Tais provas resumiam-se na prática de penitências e doação de bens para a Igreja.

O herege que não se confessava era, geralmente, preso[70] e, perante o tribunal, sob juramento, era interrogado pelo inquisidor,[71] sendo certo que o interrogatório poderia ter a freqüência que o inquisidor desejasse, não podendo ser indicado um momento processual adequado para sua realização.

Se o acusado confessasse o crime,[72] mostrando real arrependimento, seu julgador atuava como confessor, de modo que a ele seria aplicada penitência, e não mais prisão.

Alegando inocência, ou seja, resistindo à confissão espontânea, seria submetido à tortura,[73] segundo a conveniência e oportunidade da autoridade inquisitorial, que era exortada a agir com moderação, sopesando métodos e dosagem, não com fins humanitários, mas para que não repercutissem as irregularidades canônicas.[74] A confissão extraída mediante tortura deveria ser confirmada em posterior interrogatório. Caso insistisse

---

[70] Com a prisão, os bens eram seqüestrados e iniciava-se a oitiva das testemunhas e a obtenção das provas.

[71] A atuação dos inquisidores era organizada por bulas e decretais, e também pelos manuais. Entre os mais importantes autores, destacam-se: *Practica inquisitionis heretice pravitatis,* de Bernardo Gui, de 1320, e *Directorium Inquisitorium,* o Manual dos Inquisidores, do frei dominicano Nicolau Eymerich, de 1376.

[72] "Tudo se encaminhava para que ocorresse a Confissão do réu. Se ela não ocorresse havia um registro, via Notificação, no qual o réu tomava conhecimento que o Tribunal o via como um negativo porque persistia em seus erros e culpas. Muitas vezes isto era comunicado ao réu de mãos atadas e sob a ameaça de ser queimado se não apresentasse a sua Confissão. Com o registro da Confissão, os inquisidores tinham acesso a outros hereges e, por exemplo, às situações nas quais se praticava secretamente o judaísmo em Portugal. Se o Tribunal considerasse satisfeita a Confissão, incluindo-se o número de delações, o réu era encaminhado para ouvir sua sentença em auto-de-fé" (CAROLLO, Denise Helena Monteiro de Barros. *Homens de negócio cristãos-novos portugueses e a transformação do Antigo Regime.* 2001. Tese (Doutorado em História) – FFLCH/USP, São Paulo, *apud* BITTAR, op. cit, p. 129).

[73] "A tortura (*quaestio*) não era considerada como um meio de prova, mas como um processo utilizado para obter uma confissão em justiça, que constituía um *notorium iuris* e dispensava prova" (GILISSEN, 2003, p. 718). O que era notório não precisava de prova e tinha um valor maior que uma prova plena.

[74] TESTAS, G.; TESTAS, J. 1968, p. 39.

na inocência, bem como quando conseguisse permanecer em silêncio, após intermináveis sessões de depoimento,[75] seriam colhidas as provas. Há notícias de que poderia a defesa ser feita por advogado, quando permitida. Entretanto, este era advertido de que poderia ser condenado juntamente com o acusado por proteção à heresia. Cabia, pois, somente o mínimo: resolver as questões relativas à apreensão dos bens e aconselhar o acusado a confessar seu crime.

Sendo apurada sua culpa, o inquisidor poderia aplicar três espécies de pena: a confiscação dos bens, a prisão e a pena de morte. O acusado tinha um ano para demonstrar o equívoco da medida e, não obtendo êxito, era considerado herege, recebendo a punição cabível.

A sentença era publicada em um auto-de-fé e sua execução[76] era aplicada pelo poder temporal, nos casos de pena de morte, e as demais, pelo Santo Ofício.

2.4 Direito Anglo-saxão

Protegida pelo canal da Mancha, que lhe outorgou uma posição isolada do continente, a região que constitui atualmente a Inglaterra desenvolveu um sistema jurídico próprio denominado *commom law*.[77]

---

[75] Explica Haddad que, nesses interrogatórios, vigorava a máxima *reo tenetur se accusare*, e o interrogante devia abusar de toda a sua habilidade, com perguntas sugestivas e cavilosas, a fim de levar o acusado a cair em contradições e a confessar o delito que lhe fora imputado, para além de utilizar a tortura, esta "[...] não obstante presente no sistema acusatório, disseminou-se durante a época em que foi adotado o processo inquisitório e com ele se ligou estreitamente, a ponto de se pensar ter sido este o seu berço" (HADDAD, Carlos Henrique Borlido. *O interrogatório no processo penal*. Belo Horizonte: Del Rey, 2000. p. 63-64).

[76] "O conhecimento do crime da heresia pertence principalmente aos juízes eclesiásticos. E porque eles não podem fazer as execuções nos condenados no dito crime por serem de sangue, quando condenarem alguns hereges, os devem remeter a nós com as sentenças que contra eles derem, para os nossos desembargadores as verem, aos quais mandamos que as cumpram, punindo os hereges condenados, como por direito devem" (Ordenações Filipinas, Livro V, Capítulo 1, Dos hereges e dos apóstatas).

[77] "A expressão *common law* é utilizada desde o século XIII para designar o direito comum da Inglaterra, por oposição aos costumes locais, próprios de cada região; chamaram-lhe, aliás, durante vários séculos *comune ley* (lei comum), porque os juristas ingleses continuaram a servir-se do francês, o *law French*, até o século XVIII" (GILISSEN, 2003, p. 207).

O direito inglês inicia-se com a conquista da ilha da Inglaterra pelo duque da Normandia, Guilherme, "o Conquistador", no ano de 1066. Ele instala um governo forte, distribui a terra aos nobres, de forma eqüitativa entre vencidos e aliados, impondo o dever de fidelidade, proíbe guerras privadas e cria a figura do *sheriff*, o qual fiscalizava os condados. Manteve-se, portanto, como o maior senhor feudal e com autoridade para controlar a todos em seu território.

No princípio, eram aplicadas normas locais pelas assembléias denominadas *County Courts* ou *Hundred Courts* (o foro natural dos ingleses), e também pela justiça senhorial (questões internas dos feudos), normas comuns pelos Tribunais Reais de Justiça (questões criminais que ameaçavam a paz do reino) e normas eclesiásticas pelos seus respectivos Tribunais.[78]

Na luta pelo poder, em parte o jurisdicional, e das crises que se seguiram, uma foi crucial para a história. No reinado de João Sem Terra, que ascendeu ao trono em 1199, os nobres, insatisfeitos com os impostos cada vez mais pesados, inclusive para o patrocínio da guerra contra o rei francês Felipe Augusto, que fora perdida, e aproveitando que João Sem Terra fora excomungado pela Igreja Católica, ao não reconhecer a autoridade do bispo de Canterbury, fato que o deixou extremamente fragilizado, impuseram o estabelecimento de limites ao poder do soberano inglês, até mesmo de distribuição da justiça, na *Magna Charta Libertarum*, de 1215.

Entre as garantias estabelecidas, uma foi fundamental para estancar os atos arbitrários praticados pela Coroa: *"No free man shall be taken, or imprisoned, or disseised, or outlawed, or exiled, or in any way destroyed, nor will we go upon him, nor will we send upon him, except by the legal judgement of his peers or by the law of the land"*. Era a garantia de ser julgado por um júri formado por seus pares, uma salvaguarda da liberdade individual,[79] um direito fundamental.

A par disso, a aplicação da jurisdição pelos Tribunais reais foi sendo imposta em detrimento das jurisdições senhoriais e locais, as quais, já no

---

[78] A Inglaterra não sofreu influência maciça do direito canônico, nem tampouco a Inquisição ali se instalou com o seu procedimento inquisitório desprovido de mínimas garantias ao acusado. E também o *common law* não foi de todo romanizado, como os sistemas continentais, que sofreram, por vezes, fortes influências.

[79] STEIN, 1987, p. 79.

2. Um pouco de história: nascimento e desenvolvimento do direito ao silêncio 37

século XII e XIII, foram parcialmente tolhidas em sua competência,[80] mesmo porque eram os únicos que conseguiam impor suas decisões coativamente.[81]

Nos Tribunais reais, qualquer pessoa podia dirigir um pedido ao rei[82] e, após examinado, poderia ser concedido um *writ*, ordem enviada a um xerife para que o reclamado satisfizesse o interesse do queixoso. Como assevera Gilissen, "O direito desenvolveu-se em Inglaterra desde o séc. XIII, com base nesta lista de *writs*, isto é, das acções judiciais sob a forma de ordens do rei".[83]

Um destes *writs* eliminou a prática do duelo judiciário. Em 1166, Henrique II, por meio do *novel disseisin*, instituiu que o xerife deveria verificar, juntamente com doze homens, se o reclamado teria desapossado o queixoso de suas terras,[84] não mais havendo o embate das partes.

A essa época, também foi criado o *grand jury*, formado por 23 cidadãos, o qual dizia se a acusação tinha fundamento,[85] se poderia ser reconhecida a existência de um *case*. Entretanto, o órgão encarregado do julgamento era o *petty jury*, formado por doze cidadãos, que julgavam de acordo com o conhecimento que tinham do caso, uma vez que não eram produzidas provas; afinal, haviam sido proibidos os ordálios. Ao acusado era vedado o direito de ser ouvido.[86] Somente no século XV, as provas puderam ser produzidas perante o *petty jury*.

O acusado poderia furtar-se ao julgamento pelo júri. Optando por essa situação, era submetido à *peine forte et dure*: "[...] fechado numa

---

[80] GILISSEN, 2003, p. 210.
[81] RAMOS, 1996, p. 80.
[82] Até hoje prevalece na Inglaterra o princípio de que qualquer cidadão pode iniciar uma ação penal pública, apresentando uma acusação contra terceiro, autor de uma infração penal (Cf. DAVID, René. *O direito inglês*. São Paulo: Martins Fontes, 2000, p. 48).
[83] GILISSEN, 2003, p. 211.
[84] Ibidem, p. 214.
[85] "Admitida a acusação, caso o acusado não estivesse preso, determinava-se a expedição de um *writ of venire facias*. Se ele não fosse encontrado, expedia-se um *writ de capitas*, para que o *sheriff* o trouxesse. Não sendo encontrado em cindo cortes de condados, era considerado *outlawed*, ou seja, não poderia mais contar com a proteção da lei, o que significava que poderia ser morto por qualquer um, pois o fato não constituiria crime (era considerado *caput lupinum*, podendo ser morto como um lobo)" (BLACKSTONE, Willian. *Commentaries on the Law of England*. Oxford: Clarendon Press, 1769. v. IV, p. 313-315, apud COUCEIRO, 2004, p. 64).
[86] Cf. STEIN, 1987, p. 79.

sala escura, com as costas nuas sobre o chão de pedra, era colocado sobre o seu peito um grande peso de ferro, devendo passar a pão e água (três nacos de pão ruim num dia, três goles de água parada no outro".[87]

Comparecendo para o julgamento, após a leitura do *bill of indictment*, era perguntado ao acusado se era culpado ou inocente.

Confessando o delito, o acusado seria imediatamente julgado pelo Tribunal real.

Permanecendo calado, duas seriam as conseqüências: em se tratando de crimes de alta traição e *fellonies*, era presumida a sua confissão; para as demais infrações, era submetido a uma *peine forte et dure* até que falasse. Não era propriamente uma tortura o que se buscava e muito menos a auto-incriminação por meio dela; desejava-se a continuação do procedimento com uma declaração de culpado ou inocente. Os acusados que não tinham esperança em obter a absolvição optavam por se calar, pois muitos, inclusive, morreriam sem uma condenação, eximindo os seus herdeiros de perder o patrimônio.[88]

Para aqueles que não admitem que a origem do direito ao silêncio[89] proceda do direito canônico, argumenta-se que tenha suas raízes no *common law*, em virtude de o acusado poder permanecer calado sem que com isso houvesse a presunção de sua culpabilidade, e mais, por ter sido o primeiro sistema jurídico a abolir a tortura[90] como meio de obtenção de provas e dos juramentos no momento do interrogatório, o qual ganhara, por isso, uma feição de meio de defesa.

Há, entretanto, uma divergência com relação ao momento em que o privilégio contra a auto-incriminação passou a ser admitido na *common*

---

[87] RADBRUCH, Gustav. *El espíritu del derecho inglés*. Madrid: Revista de Occidente, 1958. p. 103, *apud* RAMOS, 1996, p. 87.

[88] "Em 1772, a *peine forte et dure* foi abolida por um *statute* que autorizava as Cortes a considerarem *pro confesso* todo acusado que permanecesse mudo, regra que já existia para os casos de traição. Em 1827, um novo *statute* passou a considerar o silêncio do acusado como equivalente a um *plea of not guilty*" (BAKER, J.H. *An introduction to English legal history*. Londres: Butterworths, 1990. p. 537-538, *apud* COUCEIRO, 2004, p. 65).

[89] Para Macnair, o privilégio do silêncio era concedido às testemunhas e para alegações de crime em procedimentos civis, e foi introduzido no direito inglês por influência do direito comum europeu, principalmente do direito canônico (MACNAIR, M.R.T. "The early development of privilege against self-incrimination". Oxford Journal of Legal Studies, Oxford. 1990. v. X, p. 67, *apud* COUCEIRO, op.cit., p. 67).

[90] Beccaria cita em 1764 que na Inglaterra não havia mais a prática da tortura (BECCARIA, Cesare. *Dos delitos e das penas*. Lisboa: Fundação Calouste Gulbekian, 1998, p. 97).

2. Um pouco de história: nascimento e desenvolvimento do direito ao silêncio

law. Sustenta Levy que sua utilização pode ser verificada a partir do século XVI, quando católicos e puritanos recorriam[91] às *Common Law Courts* embasados no princípio *nemo tenetur prodere se ipsum* para a concessão de *writs of proibition* e *habeas corpus*, a fim de não serem compelidos a prestar juramento *de verita dicenda* perante a *Court of High Commission* e a *Star Chamber*, entre 1558 e 1640, competentes para apurar delitos eclesiásticos, as quais foram extintas em 1641, contra--argumentando Wigmore que, na realidade, esse fato não passava de conflito de jurisdições e que o privilégio só teve aplicação a partir de 1640.[92]

Langbein ainda indica que, na verdade, o direito ao silêncio só desponta no século XVIII, com o fortalecimento do sistema acusatório inglês. Afinal, com a presença dos advogados,[93] o acusado pode definitivamente permanecer calado, pois possuía, então, alguém para falar em sua defesa, acrescentando Helmholz, de forma incisiva, que o *privilege against self-incrimination* é "[...] criatura dos advogados de defesa".[94]

Por fim, assevera Costa Andrade[95] que, a partir de 1679, o direito ao silêncio foi definitivamente implantado no *common law*.

Hoje, o princípio está totalmente incorporado ao processo penal inglês, sendo garantido ao acusado o direito de se calar, e o desenvolvimento do *privilege against self-incrimination* perpassa pelas regras da *desqualification for interest, confession rule* e *witness privilege*. A primeira, afastada em 1898, não permitia que o acusado falasse, mesmo sob

---

[91] Segundo Queijo, esteada em Helmholz, um dos argumentos utilizados pelos advogados nesses institutos jurídicos era que os acusados estariam diante de um verdadeiro dilema ao prestar o juramento: cometer perjúrio ou dar informações que poderiam ser usadas contra si. Começou, portanto, a ser discutida a legalidade do juramento (Cf. HELMHOLZ, R. H. et al., *The privilege against self-incrimination: its origins and development*. Chicago: Universidade de Chicago, 1997. p. 27, *apud* QUEIJO, 2003, p. 13).

[92] LEVY, Leonard W. *Origins of the Fifth Amendment*. Nova York: Oxford University Press, 1968. p. 331-332. WIGMORE, John Henry. *Evidence in trials at common law*. Aspen: Aspen Law & Business, 1961. p. 267-295 *apud* COUCEIRO, 2004, p. 68.

[93] O *Treason Act*, de 1696, admitiu a defesa pelo advogado nos crimes de traição, e depois, em 1836, em todos os crimes (LANGBEIN, John H. "The historical origins of the privilege against self-incrimination at common law". *Michigan Law Review*, Ann Arbor, v. 92, n. 5, p. 1047, *apud* COUCEIRO, op. cit., p. 71). Acrescenta Queijo que, no entanto, as defesas técnicas eram relativamente insignificantes até 1780 (QUEIJO, op. cit., p. 18).

[94] HELMHOLZ, R. H. et al. *The privilege against self-incrimination: its origins and development*. Chicago: Universidade de Chicago, 1997. p. 82, *apud* QUEIJO, op. cit., p. 16.

[95] ANDRADE, Manuel da Costa. *Sobre as proibições de prova em processo penal*. Coimbra: Coimbra Editora, 1992. p. 123.

juramento, pois era tido como desqualificado para depor em interesse próprio. Por outro lado, deriva dela que também não poderiam ser colhidas provas do acusado contra si mesmo. Somente após o século XIX, foi feita a conexão entre essa regra e o *nemo tenetur prodere se ipsum*. A segunda, estabelecida a partir do século XIX, impedia que o acusado fosse interrogado mediante juramento e, se o fosse, não poderiam as informações ser utilizadas contra ele, porque a regra não admitia confissões extorquidas por compulsão, e o juramento conteria esse caráter. E a última previa que a testemunha, mais do que o silêncio, poderia "[...] recusar-se a depor sobre qualquer questão que pudesse incriminá-la ou expô-la a futura perseguição".[96] No entanto, se iniciasse o depoimento, não poderia invocar a regra posteriormente.

O princípio *nemo tenetur prodere se ipsum* fortificou-se quando foi eliminada a impossibilidade de o acusado depor, bem como – e este fato é primordial – quando foi reconhecido que a *witness privilege rule* tinha os mesmos atributos de exclusão da *confesion rule*, ou seja, o que a testemunha dissesse não poderia ser utilizado contra ela, pois, sob juramento, teria sofrido compulsão para depor. Foi *leading case,* em 1847, o *Garbett case.*

A partir de 1967, a distinção entre *felonies* e *misdemeanours* desapareceu, sendo substituída pelas *indictable offenses* (infrações maiores), julgadas pela *Crown Court,* e as *non-indictable offenses* (infrações menores), julgadas pelas *Magistrates Courts,*[97] nas quais não há a formação do corpo de jurados.

Embora o juiz não proceda ao interrogatório do acusado no sistema acusatório inglês, a polícia pode interrogá-lo, mas observando sempre a advertência inicial de que tudo o que ele disser poderá ser usado como prova, bem como nunca proceder a um interrogatório abusivo, ou seja, insistir no ato quando o acusado já manifestou o desejo de permanecer silente. Note-se que não há nenhum meio de obrigá-lo a comparecer a esse ato. Essas regras são estritamente observadas pela polícia inglesa, ao contrário de outros países, segundo afirma René David, apontando como motivo a possibilidade de o juiz impedir a utilização de uma prova con-

---

[96] HELMHOLZ, R. H. et al. *The privilege against self-incrimination: its origins and development.* Chicago: Universidade de Chicago, 1997. p. 151-159, *apud* QUEIJO, 2003, p. 22 et seq.

[97] Na verdade, noventa por cento de todos os delitos são julgados por essas cortes (STEIN, 1987, p. 81).

2. Um pouco de história: nascimento e desenvolvimento do direito ao silêncio 41

trária à justiça, além da pouca importância que uma confissão obtida no interrogatório realizado pela polícia representa para a decisão da causa, "[...] embora em tese seja uma prova suficiente, por si mesma".[98]

O acusado somente será ouvido, e esse interrogatório só foi admitido a partir de 1898,[99] se for como testemunha em causa própria, sendo sujeito ao *cross-examination* e, nesse caso, não gozará do privilégio ao silêncio, devendo responder a todas as perguntas com a verdade. Acrescenta David que "[...] esse interrogatório tornou-se habitual, pois a recusa do acusado a se prestar a ele reforça inevitavelmente, no espírito do júri, a tese da acusação, muito embora essa recusa seja um direito do acusado".[100] Se, anteriormente, a acusação não podia mencionar a utilização do direito ao silêncio pelo acusado aos membros do júri, atualmente, o *Criminal Justice and Public Order Act*, de 1994, alterou esse fato, o que reforça a necessidade de o acusado depor para não ver sua defesa prejudicada.

No bojo desse *Act* consta a fórmula de abordagem da polícia com o suspeito: "*You do not have to say anything. But it may harm your defence if you do not mention when questioned something which you later rely on in court. Anything you do say may be given in evidence*".

Infelizmente, portanto, ao que parece, o direito ao silêncio na Inglaterra é relativo, pois causa uma presunção de culpabilidade ao acusado, quando este opta por permanecer calado. Recorda-nos a antiga disposição do Código de Processo Penal brasileiro que informava ao réu que o seu silêncio poderia ser interpretado em prejuízo de sua própria defesa.[101]

Acredita-se que "[...] les innocents n'ont rien a cacher"[102] e, por isso, principalmente pelas dificuldades no combate ao terrorismo, o direito ao silêncio teve seu âmbito reduzido. O'reilly afirma que houve um retrocesso de trezentos anos no direito criminal inglês.[103]

---

[98] DAVID, 2000, p. 54.
[99] Consta do *Criminal Evidence Act* de 1898 que *a person (charged with an offence) shall not be called as a witness in pursuance of this Act except upon his own application*.
[100] DAVID, 2000, p. 58.
[101] Art. 186 do Decreto-Lei 3.689, de 3 de outubro de 1941.
[102] BULLIER, A. J. "La restriction du droit au silence en droit penal anglais". *Revue de Science Criminelle et de Droit Pénal Comparé*, Paris, v. II, avr./juin, 1996. p. 507.
[103] O'REILLY, Gregory W. "England limits the right to silence and moves towards an inquisitorial system of justice. *The Journal of Criminal Law and Criminology*, Chicago, 1994. v. 85, p. 405.

Outra restrição pode ser observada com o *Criminal Justice Act*, de 1982, que eliminou as declarações do acusado realizadas sem juramento.

O *privilege against self-incrimination*, que se consubstancia no direito ao silêncio, tem enfrentando correntes que desejam, inclusive, a sua abolição, pois, se o processo penal busca a verdade dos fatos, o silêncio do acusado, principalmente na fase investigativa, impede que a polícia tenha contato com elementos importantes que poderiam ajudar no estabelecimento dela. E também evitaria a chamada "defesa de emboscada", referida por David como uma tática de defesa que se queda silente perante a *Magistrate Court*, somente observando as provas produzidas pela acusação e, sendo admitido o caso, age agora já perante o júri na *Crown Court*, minando os aspectos falhos da acusação e levando elementos para a causa que aquela não teve conhecimento prévio.[104]

Consideramos, entretanto, mais conveniente abraçar a corrente do "conservadorismo instrumental", que propugna a manutenção do direito ao silêncio diante da diversidade de motivos que uma pessoa pode apresentar para justificar essa atitude, não se restringindo somente à ocultação do delito e de sua culpabilidade.

Como sabido, a Inglaterra impôs seu sistema jurídico aos territórios que conquistou, não sendo diferente com a América. Em sua colônia mais famosa, houve, desde logo, a preocupação em definir as garantias do acusado durante a persecução penal, principalmente em decorrência dos atos abusivos do Almirantado, espécie de *Star Chamber* e *High Commission* no novo continente, que não respeitava os princípios estabelecidos pela *common law*.

Assim, mesmo antes da independência, os "Estados" iniciaram a elaboração de Constituições contendo regras processuais penais, sendo a primeira delas a de Virgínia, em 12 de junho de 1776, inspiração para as que se seguiram, cujo teor da sessão VIII era: *"That in all capital or criminal prosecutions, a man hath a right to demand the cause and nature of his accusation, to be confronted with the accusers and witnesses, to call for evidence in his favor, and to a speedy trial by an impartial jury of twelve men of his vicinage, without whose unanimous consent he cannot be found guilty; nor be compelled to give evidence against himself; that no man be deprived of his liberty, except by the law of the land or the judgmen of his peers"*.

---

[104] DAVID, 2000, p. 55-57.

2. Um pouco de história: nascimento e desenvolvimento do direito ao silêncio 43

Não foram todos os Estados que adotaram a fórmula em suas declarações de direitos. Nova Jersey, Geórgia, Nova Iorque e Carolina do Sul não incluíram o princípio *nemo tenetur se ipsum accusare*.

Quando da elaboração da Constituição Federal, promulgada em 17 de setembro de 1787, optou-se pela não inclusão de uma declaração de direitos em seu corpo. Entretanto, o povo americano insurgiu-se e foram, então, propostas emendas ao texto, tendo sido ratificada, em 1791, a V Emenda à Constituição dos Estados Unidos da América, que dispõe: *"No person shall be held to answer for a capital, or otherwise infamous crime, unless on a presentment or indictment of a Grand Jury, except in cases arising in the land or naval forces, or in the Militia, when in actual service in time of War or public danger; no shall any person be subject for the same offence to be twice put in jeopardy of life or limb; nor shall be compelled in any Criminal Case to be a witness against himself, nor be deprived of life, liberty, or property, without due process of law; nor shall private property be taken for public use, without just compensation"*.

Mas também nas terras ianques, com o decurso dos tempos, o privilégio tem sido objeto de discussão, inclusive legislativa. Se, durante um período liberal na década de 60, o direito ao silêncio foi protegido em vários *cases*, sendo o mais famoso deles o Miranda vs. Arizona,[105] em

---

[105] No dia 13 de março de 1963, Ernesto Miranda foi detido em sua casa e levado, sob detenção, para um distrito policial de Phoenix, no Estado do Arizona, pois era suspeito da prática de rapto e estupro. Ali foi identificado pela vítima. Em seguida, foi conduzido por policiais para uma sala de interrogatórios, tendo sido interrogado por dois agentes. Os agentes admitiram, em julgamento, que Miranda não foi informado de que tinha direito à presença de um advogado. Duas horas mais tarde, os agentes saíram da sala com uma confissão escrita, assinada por Miranda. Antecedendo a confissão, havia um parágrafo datilografado, declarando que tinha sido feita voluntariamente, sem ameaças ou promessas de imunidade e com "[...] perfeito conhecimento dos meus direitos legais, tendo consciência de que qualquer depoimento que eu faça pode ser usado contra mim". No julgamento, perante o júri, a confissão escrita foi admitida como prova, apesar da objeção do advogado de defesa, e os agentes confirmaram a fidelidade do depoimento escrito em relação à confissão verbal feita por Miranda durante o interrogatório. Miranda foi considerado culpado, tendo sido condenado de vinte a trinta anos de prisão em razão de cada delito, com pena cumulativa. No recurso, o Supremo Tribunal do Arizona sustentou que os direitos constitucionais de Miranda não tinham sido violados na obtenção da confissão, confirmando a sentença. A Suprema Corte dos Estados Unidos, em decisão relatada por Earl Warren (Sentença de 13-06-1966, 384 US 436), anulou a condenação, pois, dos testemunhos dos agentes e da confissão do réu, tornava-se claro que Miranda,

1966, quando foi declarado que o *privilege against self-incrimination* era fundamental para o sistema acusatório e que era um direito que se estendia durante todo o curso processual penal, até mesmo na fase preliminar perante a polícia, nos anos 70, as decisões da Suprema Corte Americana já não serão tão liberais diante da constatação da ineficiência ao combate do crime organizado e, em muitos momentos, os *Miranda Cards* foram afastados, ao argumento de que não constituiriam, por si sós, direitos constitucionalmente protegidos.

Exemplo desse endurecimento pode ser encontrado no *Organized Crime Control Act*, de 1970, no qual qualquer pessoa é obrigada a depor, pois não poderá invocar a V Emenda, perante Tribunal ou órgão público federal, após ter sido reconhecido que as atividades do crime organizado ameaçam a segurança interna e enfraquecem a estabilidade do sistema econômico dos Estados Unidos.

---

um mexicano indigente e com graves perturbações, não tinha sido de modo nenhum informado de seu direito a consultar um advogado e a tê-lo presente durante o interrogatório, nem o seu direito a não ser coagido à auto-incriminação foi de alguma maneira respeitado. Sem essas garantias, a confissão era inaceitável, observando-se que o mero fato de ter assinado um depoimento que continha uma cláusula datilografada afirmando que ele tinha "perfeito conhecimento" dos seus "direitos legais" não se aproxima da renúncia consciente e intencional necessária à desistência dos direitos constitucionais. Na decisão, a Suprema Corte definiu as chamadas Regras de Miranda (*Miranda rules*), as quais devem ser seguidas pelos agentes policiais, desde o primeiro momento em que efetuam uma *custodial interrogation*: a) quando uma pessoa é levada sob detenção, ou é por outra forma privada pelas autoridades da sua liberdade de modo significativo, e sujeita a interrogatório, o direito à não auto-incriminação fica vulnerado; b) esse direito deve ser protegido por garantias processuais e, a não ser que se adotem outros meios inteiramente eficazes para notificar a pessoa do seu direito a guardar silêncio, e para assegurar que o exercício do direito será escrupulosamente garantido, são necessárias as seguintes medidas; c) a pessoa deve ser esclarecida, antes de qualquer interrogatório, de que tem direito a guardar silêncio, que qualquer coisa que diga pode ser usada contra ela no tribunal, que tem o direito à presença de um advogado e que, se não tiver recursos para pagar um, ser-lhe-á designado um, antes de qualquer interrogatório, se ela assim o desejar; d) no decorrer do interrogatório, deve lhe ser dada oportunidade de exercer estes direitos; e) depois de prestadas estas informações e concedida tal oportunidade, a pessoa pode voluntária e conscientemente renunciar a esses direitos e concordar em responder a perguntas ou fazer um depoimento; f) mas, a não ser que tais informações e tal renúncia sejam demonstradas pela acusação em julgamento, nenhuma prova obtida como resultado do interrogatório pode ser usada contra ela (Cf. Warren, Earl, "Os direitos de Miranda", Revista *Sub Judice*, Coimbra, n.12, p. 103-114, jan./jul., 1998).

2.5 Sistemas continental-romanos

Assevera Vittorio Grevi que os iluministas[106] são os responsáveis pela elaboração de pressupostos ideológicos para considerar o imputado não um objeto de prova, ao qual se impunha o juramento e o dever de colaborar com a autoridade judiciária sob a ameaça de tortura, mas sujeito de direitos, e detentor do direito de defesa, o protagonista da autodefesa.[107]

As legislações dos Estados europeus continentais que eram inspiradas, pois, no método inquisitório canonista, a partir da Revolução Francesa, começam a modificar-se, sob as críticas de pensadores, como Hobbes,[108] Voltaire[109] e Beccaria.

Interessante destacar alguns trechos de Beccaria, em seu livro *Dos delitos e das penas* (1764). Sobre a tortura, entende ser uma crueldade praticada pela maioria das nações, que não deveria ser aplicada; pois, se o delito é certo, não tem peso a confissão; e, se incerto, não deveria torturar-se um inocente: "[...] é querer confundir a ordem das coisas o exigir que um homem seja ao mesmo tempo acusador e acusado, que a dor se torne crisol da verdade, como se o critério da verdade residisse nos músculos e nas fibras de um infeliz", acrescentando que seria "[...] um meio seguro de absolver os robustos celerados e de condenar os débeis inocentes".[110] Qualifica o juramento de inútil, pois incapaz de fazer alguém dizer a verdade, já que está em contradição com os sentimentos

---

[106] "Con sus postulados de razón, humanidad y respeto a la persona humana, el Iluminismo exigía la supresión del proceso inquisitivo y de la tortura" (ROXIN, Claus. *Derecho procesal penal*. Buenos Aires: Editores del Puerto s.r.l, 2000, p. 564).

[107] GREVI, 1972, p. 8.

[108] "[...] ninguém está obrigado por pacto algum a acusar a si mesmo, ou a qualquer outro cuja eventual condenação vá tornar-lhe a vida amarga. Por isso, um pai não está obrigado a depor contra o filho, nem o marido contra a mulher, nem homem algum contra quem lhe proporciona sustento; pois é vão todo aquele testemunho que se supõe ser contra a natureza. Contudo, embora ninguém seja obrigado por pacto nenhum a acusar-se, pode suceder que, num juízo público, ele seja forçado a responder mediante tortura. Tais respostas, porém, não constituem testemunho do fato em questão, mas apenas contribuições para se encontrar a verdade. Tanto faz que a pessoa sob tortura responda a verdade ou minta, ou mesmo que não diga nada – tudo o que ela fizer, ela tem o direito de fazer" (HOBBES, Thomas. *De Cive*. Parte I, Cap. II, n. 19. São Paulo: Martins Fontes, 1998, p. 49, *apud* COUCEIRO, 2004, p. 52).

[109] "Les formes en France ont été inventées pour perdre les innocents" (Voltaire (1694-1778), *apud* ROXIN, 2000, p. 564).

[110] BECCARIA, 1998, p. 93.

naturais do homem; "[...] como se o homem pudesse jurar sinceramente contribuir para a sua própria destruição [...] E porquê colocar o homem numa terrível contradição: ofender a Deus ou concorrer para a sua própria ruína? De tal maneira que a lei, que obriga a um tal juramento, manda que se seja um mau cristão ou mártir".[111] De certa forma, minimiza a importância da confissão e do ato do interrogatório, bem provavelmente porque o interesse maior era combater as práticas inquisitivas que dominavam os sistemas europeus, ao afirmar que "[...] aquele que se obstinasse em não responder às perguntas que lhe são feitas merece uma pena fixada pela lei, e pena das mais graves que sejam por ela prescritas, para que os homens não desiludam a necessidade do exemplo que devem ao público". E acrescenta que a pena não será necessária "[...] quando estiver fora de dúvida que um certo acusado tenha cometido um certo delito, de tal modo que o interrogatório seja inútil, precisamente da mesma maneira que é inútil a confissão do delito quando outras provas justificam a culpa".[112]

Assim, se, no sistema francês era exigido o juramento ao acusado antes do seu interrogatório, bem como poderia ser submetido à tortura para que confessasse, vemos, já em 1780 e 1788, a sua abolição, com o fim da *question préparatoire* e da *question préalable* e, em 1789, a supressão do juramento.

O *Code d'Instruction Criminelle*, de 1808, traz em seu bojo apenas a advertência de que poderia o acusado ficar em silêncio no interrogatório perante a *Cour d'assises* (Tribunal de jurados), segundo os arts. 317 e 319, mas não dispunha de regras suficientes para a sua garantia, podendo, inclusive, o juiz interpretar tal silêncio desfavoravelmente ao acusado.

Ainda hoje não está expressamente previsto. O atual Código de Processo francês simplesmente estabelece, para o interrogatório de *première comparution* (art. 114), que o juiz instrutor deve advertir o acusado que ele é livre para não fazer qualquer declaração, isso depois de ter procedido à sua identificação e demonstrados os fatos que lhe estão sendo imputados. Stefani e Levasseur defendem que essa advertência é fundamental, e que sua ausência pode redundar em nulidade do interrogatório (art. 114, n.1 e 170 do CPP).[113]

---

[111] Ibidem, p. 102-103.
[112] Ibidem, p. 150.
[113] STEFANI, Gaston; LEVASSEUR, Georges. *Droit pénal général et procédure pénale*. Paris: Dalloz, 1973. Tome II, p. 413.

2. Um pouco de história: nascimento e desenvolvimento do direito ao silêncio 47

Abalizada doutrina,[114] entretanto, defende que não há motivos para a não aplicação de tal disposição aos demais interrogatórios e reconhece sua manifestação por meio do princípio da presunção de inocência, mas Charlotte Girard, à luz dos arts. 328 e 442, adverte que "[...] l'accusé peut garder le silence mais à ses risques et périls",[115] mesmo porque lhe poderá ser interpretado desfavoravelmente.

Na Itália, os Códigos de Processo Penal de 1865 e de 1913 continham dispositivos que protegiam o silêncio do acusado. Com o advento do facismo, o Código Rocco, de 1930, aboliu o direito,[116] sendo restabelecido somente em 1969, com a Lei n. 932.

O art. 64, n. 3 do CPP prevê que o juiz deve advertir o indiciado que ele tem o direito de permanecer calado, entretanto, como no direito português, tal direito não se estende às informações relativas à sua qualificação.

É preciso salientar, entretanto, que o interrogatório não tem tanto mais importância no direito italiano, que adotou um sistema prevalentemente acusatório em 1988, desde a inovação prevista nos arts. 208 a 210, que se referem ao *esame delle parti*. É um meio de prova que pode ser solicitado ou consentido pelo acusado.

Na Alemanha, também reverberaram os princípios iluministas e, a partir do século XIX, foi adotado o princípio acusatório no processo penal. Insta salientar que o *Code d'Instruction Criminelle* foi convertido imediatamente em lei em parte do território alemão e permaneceu em vigor até 1849.

Atualmente, o direito ao silêncio é previsto no § 136 do StPO, estabelecendo que o acusado, no primeiro interrogatório, tem o direito de consultar um advogado, de ser informado dos termos da acusação e de poder permanecer calado. Existe regra explícita para o preso – § 115, n. 3 do StPO. Ademais, no § 243, n. 4 do StPO, consta que o juiz, na audiência de julgamento, deve advertir[117] o acusado de que tem direito ao

---

[114] PRADEL, Jean. *L'instruction préparatoire*. Paris: Cujas, 1990. p. 366.

[115] GIRARD, Charlotte. *Culpabilite et silence en droit compare*. Paris: Éditions L'Harmattan, 1997. p. 127.

[116] "A confissão do arguido assume, na seqüência da tradição inquisitória, papel de relevo, sendo minuciosamente, regulamentadas as formalidades inerentes ao interrogatório do mesmo, abolindo-se a advertência, tida por estranha e contraditória, feita pelo juiz ao arguido de que ele não é obrigado a responder" (BARREIROS, 1991, p. 46).

[117] Tanto o juiz, quanto o ministério público e a polícia, possuem uma obrigação estatal de instruir sobre o direito ao silêncio, não sendo permitido pressupor o conheci-

silêncio, sendo certo de que não lhe pode advir qualquer prejuízo se ficar calado, pois é vedado ao juiz deduzir sua culpabilidade.

Embora goze do direito ao silêncio, o acusado deve fornecer os dados relativos à sua identidade, sob pena de responder criminalmente, se mentir ou se recusar a oferecê-los.

Acrescenta Costa Andrade que "A Lei Fundamental não consagra *expresis verbis* o princípio *nemo tenetur*. Mas isto não tem impedido a doutrina e a jurisprudência germânicas de sustentarem, de forma praticamente unânime, que aquele princípio configura verdadeiro "direito constitucional não escrito", podendo ser afirmado, portanto, que "[...] goza hoje, na ordem jurídica alemã, de autêntica dignidade constitucional".[118] A posição dominante aponta os arts. 2.º, I c/c 1.º, I e 19.º, II da Constituição alemã como fundamento do direito ao silêncio.[119]

Diversamente, na Espanha, o direito ao silêncio é garantido expressamente na Constituição, nos arts. 17.3 e 24.2, e sua inobservância é causa de nulidade do interrogatório.

O interrogatório é tratado como uma oportunidade que o imputado tem a seu dispor para exercer sua defesa, não obstante seja também um meio de investigação, dimensão que não pode ser desconsiderada, tendo em vista o interesse estatal na *persecutio criminis*.

Velayos Martínez entende que a interpretação do princípio *nemo tenetur se ipsum accusare* deve ser a mais ampla possível, a fim de se favorecer as possibilidades de autodefesa do imputado. Comentando sobre o ordenamento jurídico espanhol, afirma que "Existe, por tanto, un derecho al silencio de carácter absoluto frente a cualquiera que sea la naturaleza y finalidad de la cuestión dirigida a un imputado. Esta afirmación es difícilmente susceptible de ser tachada de caprichosa, puesto que, reiterada jurisprudencia constante de nuestro más alto Tribunal ha venido

---

mento do direito pelo acusado. O legislador "[...] visou assegurar, com o dever de instrução, que ninguém, por ignorância da lei, sinta-se psiquicamente pressionado a contribuir ativamente com o Estado através de declarações auto-incriminatórias" (DIAS NETO, Theodomiro. "O direito ao silêncio: tratamento nos direitos alemão e norte-americano". *Revista Brasileira de Ciências Criminais*. São Paulo: Editora Revista dos Tribunais, n. 19, 1997. p. 188).

[118] ANDRADE, M. 1992, p. 124.

[119] O art. 2.º trata do direito ao livre desenvolvimento da personalidade e o art. 19.º determina que nenhum direito fundamental pode ser violado em seu núcleo essencial. O princípio da proteção da dignidade humana está referido no art. 1.º, como o valor supremo da Constituição, presente em todas as demais normas (Cf. NETO, 1997, p. 186).

sosteniendo que 'las normas deben interpretarse de acuerdo con la Constitución y siempre en el sentido más favorable a la efectividad de los derechos fundamentales".[120]

No art. 520.2.a, LEcrim, está estabelecido o direito ao silêncio, podendo ser ele total ou parcial, ou seja, é dado ao imputado o direito de não contestar algumas das perguntas que lhe forem formuladas.

Também em Espanha tem sido reconhecido que o imputado não é obrigado a informar os seus dados pessoais. Embora seja perguntado sobre a sua identificação civil (art. 388, LEcrim), não há menção sobre a obrigação de que os forneça "[...] y que además lo haga conforme a la verdad".[121] Aliás, se não tem uma obrigação de dizer a verdade, implicitamente, tem o direito de mentir.[122] Entretanto, é bom salientar que os Tribunais têm valorado negativamente as declarações falsas prestadas pelo imputado.

2.6 Portugal

Comungando da idéia de que "o Direito Português tem o seu início com a independência de Portugal", bem como da inter-relação que apresenta com os costumes e tradições vigentes anteriormente à formação do Estado,[123] é que, embora sucintamente, pois não é o foco central desta

---

[120] VELAYOS MARTÍNEZ, I. "El derecho del imputado al silencio". *Justicia,* Barcelona: José Maria Bosch Editor, n. I e II, 1995. p. 78.

[121] HUERTAS MARTÍN, M. Isabel. *El sujeto pasivo del proceso penal como objeto de la prueba.* Barcelona: José Maria Bosch Editor, 1999. p. 302.

[122] "Los derechos constitucionalmente reconocidos al imputado a no declarar contra sí mismo y a no confesarse culpable avalan la postura según la cual corresponde a aquél igualmente el derecho a la falsedad, de manera que, si decide declarar, no tiene por qué hacerlo verazmente. Desde el momento en que se reconoce al imputado no sólo el derecho a guardar silencio sino también, y explícitamente, los derechos a no declarar contra sí mismo y a no confesarse culpable, se está reconociendo a la vez, aunque implícitamente el derecho a la falsedad, ya que la vertiente adecuada para ejercitar éstos últimos por parte del sujeto que realmente sea el autor de los hechos que se le imputan, una vez que haya decidido no ejercer el derecho a guardar silencio, es declarar mendazmente; es decir, si se opta por declarar, puede optarse igualmente por ejercer los dos derechos mencionados – no declarar contra sí mismo, no declararse culpable – y por lo tanto eso significará, en muchas ocasiones, declarar falsamente, como proyección del derecho de defensa" (HUERTAS MARTÍN, 1999, p. 306).

[123] CAETANO, 1985, p. 27.

dissertação, abordaremos um pouco da história da formação do processo penal português.

Quando os bárbaros invadiram o Império Romano no século V, encontraram na Lusitânia colônias romanas governadas por *comites*, condes, responsáveis pelo governo militar e civil. Tinha também atribuições judiciais, sendo designado *Rector Justitiæ*, ou seja, regedor da Justiça, o mais alto posto da magistratura.

Os visigodos povoaram a região e, talvez por serem cristãos, "[...] deixaram-se influenciar pela autoridade moral dos Bispos e pela superioridade das leis romanas".[124] Como afirma Gilessen, o "[...] direito visigótico foi rapidamente romanizado".[125] Assim, apesar de possuírem sistema jurídico próprio, como já descrito, assimilaram um extrato de leis contidas nos Códigos Gregoriano, Hermogeneano e Teodosiano, de algumas Novelas, das Institutas de Gaio e das Sentenças de Paulo, no chamado *Breviarium*, de Alarico II, no ano de 506. Mais tarde, em 693, foi elaborado o Código Visigótico ou *Forum Judicum*, traduzido tempos depois para o espanhol com o nome de *Fuero Jusgo*.

A acusação poderia ser feita por qualquer pessoa do povo, quando se tratava de crimes graves, e somente pelo ofendido ou seus familiares, nos demais casos.[126]

O processo iniciava-se com a inscrição dessa acusação ou com o clamor público,[127] com a conseqüente citação do réu para comparecer em juízo, pois sua audiência era indispensável. A citação era realizada por mandado (*per jussionem*) ou por saião (*per sayonem*). Nesse caso, era levada a vara, sinal do juiz, revelando que o acusado estava sujeito às penas da contumácia, da prisão, desobediência e resistência, sendo a origem da condução debaixo de vara. O acusado era submetido a juramento e aos ordálios.

---

[124] ALMEIDA JUNIOR, 1959, p. 53.

[125] GILISSEN, 2003, p. 175. "A legislação visigótica tem muito de inspiração teodosiana e de trabalho dos jurisconsultos romanos, pois foi profunda a aculturação exercida pelo que de romano existia na península, de tal modo que, numa expressão feliz, podemos dizer que os godos foram, mais do que os outros bárbaros, não vencedores mas uns verdadeiros vencidos, influenciados que foram pela autoridade moral dos bispos e pela superioridade jurídica romana" (BARREIROS, 1991, p. 25).

[126] "O Código Visigótico dispensou a *inscriptio* nos casos de pequena gravidade e, além destes, nos de apresentação imediata do corpo de delito ou de flagrante delito, prescrevendo-lhes o processo sumário" (MENDES DE ALMEIDA, 1973, p. 48).

[127] José A. Barreiros aponta que o processo criminal germânico-ibérico também podia se iniciar com a denúncia e a *inquisitio* (BARREIROS, 1991, p. 26).

2. Um pouco de história: nascimento e desenvolvimento do direito ao silêncio

Em 714, os mouros invadiram a Lusitânia, sem modificar a estrutura da Justiça, embora tenham avocado para si as atribuições relativas à polícia, separando, pois, as duas funções e demonstrando sua possibilidade e conveniência.[128]

Em 718, Afonso I formou o reino de Lião, do qual era condado Portugal, concedido pelo rei D. Afonso VI a D. Henrique. Em 1139, seu sucessor, D. Afonso Henriques, declarou-se feudatário da Santa Sé e independente do reino de Lião, herdando a organização administrativa policial e judiciária, além das formas processuais, as quais sofreram forte influência do direito canônico, devido à força dos bispos, que exerciam jurisdição na qualidade de senhores feudais.

Datam dessa época os forais,[129] que "[...] eram cartas constitutivas dos municípios e os códigos que ou estatuíam ou fixavam o direito público local, e que constituíam com vários indivíduos uma pessoa moral, uma entidade social com certa autonomia",[130] os quais, de forma geral, apenas cuidavam do modo de processar e não de formas de processo. Exemplo disso é a ação com *rancura*, na qual seria proposta a ação penal com gritos ou sem eles: *cum rancura*[131] ou *sine rancura*. As primeiras, com clamor público ou clamor do ofendido, tinham lugar quando o acusado era apanhado em flagrante delito. Alguns forais só admitiam essa forma. A ação penal *sine rancura* servia aos demais casos, podendo ser direta

---

[128] ALMEIDA JUNIOR, 1959, p. 60-61. "Bem se pode, por isso, dizer que no que toca à estrutura do processo criminal, a influência árabe foi diminuta, pelo que não permitiu reforçar qualquer das duas tendências que até ali se vinham desenhando: a inquisitória, característica da decadência do Império Romano e a acusatória, definidora das instituições germano-ibéricas" (BARREIROS, op. cit., p. 25).

[129] Para Cabral Moncada, é um exemplo de antecedente histórico das Constituições modernas (MONCADA, 1948, p. 95-96).

[130] HERCULANO, Alexandre, apud ALMEIDA JUNIOR, 1959, p. 67. E ainda: "Forais eram leis particulares e variada que regiam cada um dos pequenos distritos ou conselhos do reino, sob outorga não só dos reis, mas também dos senhores ou donatários de terras. Leis criminais, civis e militares, e todas as outras posturas municipais se confundiam nesses numerosos e pequenos códigos, escritos, quase sempre, em latim bárbaro" (COELHO DA ROCHA, M.A. *Ensaio sobre a história do governo e da legislação de Portugal*. Imprensa da Universidade. Coimbra: 1887. p. 75, apud MENDES DE ALMEIDA, 1973. p. 52).

[131] "A ação *cum rancura* se verificava no flagrante delito: o acusador apresentando em juízo o corpo de delito, gritava e repetia: *Cavaleiros e peões;* ou, mais tarde, depois da fundação da monarquia: *Aqui d'El Rei!*" (SILVA, José Veríssimo Álvares da., apud MENDES DE ALMEIDA, op. cit., p. 48).

(*per esquissa*)[132] ou indireta. A ação indireta era solucionada por meio dos combates judiciários ou outros juízos de Deus.[133] Na ação direta, o juiz perquiria provas por meio de testemunhas e instrumentos. A *esquissa* ou inquérito tornou-se forma ordinária de instrução dos processos criminais.

O processo era simples. Tudo pleiteado direta e oralmente e os concelhos dos homens bons, desde a fundação da monarquia formados por juízes locais, decidiam de acordo com os usos e forais, ou bom senso.

No século XIII, agrava-se a luta dos reis em distinguir os crimes a serem apurados pela justiça secular, sendo debilitada a justiça senhorial, com a instituição de juízes certos e permanentes para o julgamento das causas, com competência *ratione loci*, podendo o acusado recorrer diretamente ao rei. A justiça eclesiástica ainda manteve sua influência, principalmente em matéria criminal, com o processo escrito e o sistema inquisitório, embora a sua competência tenha sido paulatinamente suprimida.[134]

---

[132] No século XII, é possível encontrar forais (*v.g.*, Miranda da Beira, 1136; Lousa, 1151; Sintra, 1154; Celeiros, 1160) nos quais em alguns graves delitos só podiam ser produzidas provas *per esquissa*, deixando de lado a prática dos ordálios (Cf. CAETANO, 1985, p. 263-264).

[133] "Tal era a ordem das provas judiciais nos julgamentos dos nossos primitivos concelhos. Por imperfeitas que elas fossem em geral, por bárbaro e absurdo que fosse o sistema dos juízos de Deus, é certo que o pensamento de todos esses métodos mais ou menos complicados, mais ou menos seguros para averiguar a verdade, fora o de criar garantias a favor da inocência contra o crime. Para apreciar com justiça a índole de semelhantes instituições convém que se não vejam à luz da civilização actual, mas que, remontando a essas eras, se meçam pelos costumes e ideias de então, quando o sentimento religioso, não só profundo, mas também exagerado, dava grande valor ao juramento de alma, sobretudo sendo dado sobre a cruz; a essas eras em que se acreditava que, não bastando à Providência as leis físicas e morais com que ela revela sabedoria eterna no regimento das cousas humanas, o seu dedo aparecia a cada momento em manifestações miraculosas, e que a vontade do homem podia compeli-la a semelhantes manifestações; nessas eras, enfim, em que a força e o esforço estavam como cercados de uma auréola divina e tantas vezes e em tantas cousas substituíam a justiça e o direito". (HERCULANO, Alexandre, *apud* CAETANO, 1985, p. 263).

[134] "Além de D. Afonso III, foram D. Diniz e D. Afonso IV os que iniciaram esse movimento de unificação judiciária e processual. Era ao influxo do direito romano, alargando o poder e prerrogativas da autoridade real, que tal se processava. Mas quanto ao processo criminal, ao contrário do acontecido com o processo civil, o direito canônico foi marcando predomínio, quer pela escritura, quer pela inquirição" (MENDES DE ALMEIDA, 1973, p. 52). Cf. ainda CAETANO, 1985, p. 374-375.

D. Afonso IV, sucessor de D. Diniz,[135] em 1325, instituiu os juízes de fora, os quais, quando se estabeleciam em um lugar, faziam cessar a competência dos juízes ordinários, pois foi considerado que fariam melhor justiça, uma vez que eram estranhos à terra, não tendo amigos ou inimigos, nem estavam sob jugo dos poderosos.

Aponta Almeida Junior que D. Afonso pode ser considerado "[...] o rei que deu as primeiras linhas gerais para o processo criminal",[136] primeiro com a lei das inquirições devassas,[137] de 2 de dezembro de 1325, depois com várias outras que determinavam, por exemplo, que os juízes deveriam conhecer as causas com dois homens bons, ou quando os juízes deveriam dar apelação ou não, e estabeleceu que as apelações de feito de morte deveriam ser encaminhadas aos ouvidores do crime.

As devassas foram gerais ou especiais.[138] As gerais, também chamadas Janeirinhas, aplicavam-se para delitos incertos; enquanto as especiais, para autores desconhecidos de delitos certos. As devassas realizavam-se sem citação da parte – ao contrário do inquérito, que contava com a presença do acusado – e, portanto, as testemunhas ouvidas nesse procedimento só agregariam valor ao julgamento se fossem reperguntas pelo réu ou se ele as aceitasse como judiciais, salvo revelia.

D. João I, em continuação ao movimento legislativo, e já sob influência do direito romano, em 1358, estabelece uma nova forma ao procedimento criminal, com a restrição das prisões preventivas, dos tor-

---

[135] "No tempo de D. Diniz, os clamores principiaram a ser autenticados pelos autos de querela" (MENDES DE ALMEIDA, op. cit., p. 49).

[136] ALMEIDA JUNIOR, 1959, p. 100.

[137] "A investigação oficiosa ocorria quando chegasse ao conhecimento do juiz a prática de crime grave na área do seu julgado, embora sem querela de ofendido ou interessado. De ofício, o juiz deveria então instaurar inquirição devassa, isto é, um inquérito público no qual seriam chamados a depor todos quantos pudessem esclarecer o facto e sua autoria. A inquirição era obrigatória no caso de homicídio, mas D. Afonso IV ordenou em 1341 que também tivesse lugar nas ofensas corporais (feridas de que pudesse resultar a morte) e 'em todos os outros feitos também de furtos como se alguns forçarem mulheres, ou em outros feitos de que entenderdes que merecem pena nos corpos aqueles que os fizerem". Ordenações Afonsinas, v, 34, §4 (CAETANO, op. cit., p. 384).

[138] "As Devassas geraes são perigosas, porque pódem abrir a porta á calumnia, e sacrificar á vingança victimas innocentes [...]. São mais toleraveis as Devassas especiaes; pois suppõe crime certo, e determinado, devendo preceder-lhe o corpo de delicto" (SOUSA, Joaquim José Caetano Pereira e. *Primeiras linhas sobre o processo penal*. Lisboa: Typografia Rollandiana, 1820, p. 21). As devassas somente foram extintas pela lei de 12 de novembro de 1821, à luz do movimento iluminista.

mentos, descrevendo formalidades para a apresentação das querelas[139] que, na maioria dos casos, devia ser jurada e acompanhada por testemunhas.

E surge a primeira referência à recusa de respostas: *"[...] sse o demandado diz que non he theudo a responder deue a dizer todalas razões que ha por ssy em cada huu passo"*, que consta do Livro das Leis e Posturas, fls.7, 1 coluna, ordenada por D. João I a Joanne Mendes, tratando-se de uma compilação de textos legais dos reinados de Afonso II, Afonso III, Dinis e Afonso IV.[140]

A legislação de Portugal compreendia, então, os forais, normas do direito romano[141] e do direito canônico, que foram compiladas por ordem de D. João I, tendo sido concluída e publicada[142] por D. Afonso V, em 1446, conhecida por Ordenações Afonsinas, dividida em cinco livros, encontrando-se no Livro V as leis penais e o processo criminal, "[...] notando-se neste a decisiva influência do direito canônico e de seu procedimento inquisitorial".[143]

Eram, pois, três os modos de se iniciar um processo criminal: por acusação, por denúncia e por inquirição, princípio firmado por Inocêncio III, no século III, nas *Decretales*: *tribus modis procedi potest: per accusationem, per denuntiationem, per inquisitionem.*[144]

A acusação era inscrita por meio do auto de querela, ao contrário da denúncia, que era meio de delação secreta, "[...] um meio de acusar sem inscrição", e, por isso, utilizada pelos fracos que temiam represálias e pressões dos poderosos. A inquirição era procedida, geralmente, *ex officio*, onde se fazia a investigação do crime ou, no início, "de qualquer insinuação *clamosa*".[145]

---

[139] "A querela era a queixa apresentada pelo ofendido ao juiz, a qual devia ser registrada por tabelião, perante testemunhas e após a prestação de juramento de malícia ou de calúnia pelo querelante, isto é, este devia jurar que a queixa era feita de boa-fé e representava a verdade. Seguidamente, o querelante tinha de indicar testemunhas para prova de acusação ou pedir prazo para o fazer. Em certos casos devia indicar fiadores que, no caso de abandono da acusação ou de se provar a malícia dela, respondessem perante a justiça pelas custas do processo e a indemnização ao ofendido" (CAETANO, 1985, p. 383-384).

[140] Cf. COUCEIRO, 2004, p. 101.

[141] D. Diniz empenhou-se na divulgação do *Corpus Iuris* nas terras lusitanas. Note-se ainda que a *Ley das Siete Partidas*, de 1260, teve força de lei em Portugal, vigorando até 1446 ou 1447, a qual adotava completamente o direito romano do *Corpus Iuris*.

[142] Impressa somente em 1792.

[143] MARQUES, 2000, v. I, p. 95.

[144] *Decretales*, V, título I, capítulo XXI e XXX.

[145] MENDES DE ALMEIDA, 1973, p. 50. Cf. ALMEIDA JUNIOR, 1959, p. 112.

2. Um pouco de história: nascimento e desenvolvimento do direito ao silêncio 55

Indica, dessa forma, Pereira e Sousa que "A Devassa, a Queréla, e a Denuncia saõ os modos porque se indagaõ os delictos no nosso Reino", acrescentando que a devassa, uma vez que não era conhecida dos romanos, foi adotada por influência do direito canônico.[146]

Após, e tendo havido a prisão do acusado, era realizada a citação, podendo o réu no interrogatório negar ou confessar o crime. Confessando, seria imediatamente proferida sentença condenatória. Negando o crime, seriam elaborados os artigos da acusação, sendo deles notificado o acusado. Depois de ouvidas as testemunhas, sobre as quais podia o acusado exigir a *recolatio* ou *confrontatio*, ou seja, que as testemunhas fossem reinquiridas em sua presença, o juiz, havendo fortes indícios de culpabilidade, submeteria o acusado a novo interrogatório para obter-lhe a confissão, utilizando, se fosse o caso, a tortura. Não havia, pois, lugar para o silêncio do acusado.

Em 1521, D. Manuel, o Venturoso, promulgou as Ordenações Manuelinas, também em cinco livros, reformando os forais, multiplicando o número de juízes de fora, fortalecendo, enfim, a jurisdição real sobre as outras, com introdução de importantes modificações no processo criminal, que constava do Livro V, que pouco foram alteradas posteriormente pelas Ordenações Filipinas, que datam de 1603 e foram promulgadas por Felipe II,[147] seguindo o espírito das Ordenações Manuelinas.

As ações deixaram de ser iniciadas por clamores, para utilizar as querelas juradas, ou denúncias, ou inquirições devassas. As querelas, para serem recebidas, necessitavam do juramento do queroloso e que fossem abonadas por uma testemunha conhecida. Foi prevista ainda a figura do promotor da Justiça, tanto para o cível como para o crime, como no Juízo Eclesiástico.

A indicação do acusado, com a qualificação do crime e as questões do processo, deixou de ser encargo do acusador para ser analisada pelo juiz, tomando o nome de sentença de pronúncia, ou *pronuntiatio* sobre a devassa ou sobre a querela.

Para essa sentença, bastavam como provas os indícios e o corpo de delito.[148] Para o julgamento, a confissão,[149] por vezes, acompanhada de tormentos, os instrumentos e as testemunhas.

---

[146] SOUSA, 1820, p. 19.
[147] As Ordenações Filipinas foram revalidadas por D. João IV, em 1643, após a libertação de Portugal do domínio espanhol.
[148] Para demonstrar a imprescindibilidade do corpo de delito, Pereira e Sousa conta-nos o seguinte fato: "Huma mulher viuva desappareceo improvisamente da Villa de Jeci

Os tormentos, "[...] perguntas judiciais feitas ao réu de crimes graves, a fim de compeli-lo a dizer a verdade por meio de tratos do corpo",[150] eram provas previstas desde o Código Visigótico, herança dos romanos que, por algum tempo, deixaram de ser aplicados, mas retornaram no século XIV, nos títulos 87 e 88 do Livro V das Ordenações Afonsinas.

A tortura era aplicada de forma oculta, após a realização da acusação escrita e diante de indícios graves, como confissão extrajudicial, fuga antes da querela. Mas a regra era de que não fossem os réus submetidos a essa prova, já que tinham o direito de apelação. Entretanto, foi aplicada incomensuravelmente para acatar o entendimento que considerava necessária a confissão do acusado para o julgamento da causa.[151] Assim, o juiz buscava, de todas as formas, colher no interrogatório as informações do acusado, com interrogatórios infindáveis, com perguntas e reperguntas, sugestivas e cavilosas, objetivando extorquir a confissão. Se o método não funcionava, lançava mão das ameaças e, por fim, da tortura. No entanto, convém evidenciar que não deveria haver condenação arrimada em confissões obtidas nos tormentos, a não ser que o réu a ratificasse em juízo, dias depois e em lugar afastado de onde havia sofrido a prática.[152]

---

sua patria, sem ser desde então vista jamais em algum lugar da visinhança. Espalhou-se a voz de que algum malvado a matára, escondendo o seu cadaver de maneira, que naõ era possivel acha-lo. O Juiz Criminal do districto, fazendo indagações a este respeito em virtude do seu officio, foi achar por acaso, hum homem escondido dentro de hum mato. Este homem appareceo assustado e tremulo. O Juiz o fez prender pela simples suspeita de ser elle autor do crime, e o remetteo ao Presidente da Provincia. O prezo naõ se abalou com o terror dos tormentos, o os soffreo sem ser convencido: mas por fim desesperado, e como cansado da vida, confessou ser culpado na morte, que elle ignorava. Perguntado de novo pelos Juizes, confessou que matára aquella mulher: e por esta confissaõ somente, sem ser convencido por outra alguma prova, foi condemnado, e punido com o ultimo supplicio. O posterior acontecimento justificou a sua memoria, e a sua innocencia; porque dois annos depois a mesma mulher, que estava ausente, tornou para a Villa. Reconheceo-se então a injustiça manifesta da Sentença, e o erro indisculpavel dos Juizes, aquella pela presença da mulher que se suppozera morta, e este pela falta do Corpo de delicto, necessario para fazer constar o homicidio" (SOUSA, 1820, p. 52).

[149] Pereira e Sousa salienta que a confissão deveria ser clara, séria, provavelmente verdadeira, judicial e espontânea. Este último caráter excluiria que fosse realizada sob tormentos (Ibidem, p. 134).

[150] ALMEIDA JUNIOR, 1959, p. 136.

[151] "Este he hum remedio extraordinário a que se recorria na falta da confissaõ, ou do convencimento do Réo". Somente com a Lei de 5 de março de 1790 foi reconhecido que os tormentos haviam caído em desuso em Portugal (SOUSA, 1820, p. 162-163).

[152] Lei de D. João I: "O julgador deve ser bem avisado que nunca condene ninguém que haja confessado no tormento, a menos que ratifique sua confissão em juízo; o qual

2. Um pouco de história: nascimento e desenvolvimento do direito ao silêncio 57

Durante toda essa fase do processo penal, não há garantia ao silêncio, embora estivesse previsto, nas Ordenações Manuelinas, que *"[...] a sexta cousa, que he necessária pera o litigante seer obriguado depoer aos artiguos, he, que non sejam os artiguos criminosos, porque no feito crime nom he a parte obriguada depoer aos artiguos que contra elle forem dadoos; porque sendo constrangido pera a elles depoer, sempre neguaria o crime de que fosse acusado, e seria causa de cahir em perjuro, por escusar a pena que por o tal maleficio mereceria se o confessasse; e bem assi non será obrigado de depoer aos artiguos, por que fosse demandado por algua pena pecuniária, ou sendo taees que encorreria nella, se confessasse os ditos artiguos"*,[153] pois *"[...] pronunciando sobre o libelo mande ao acusado, que conteste negando ou confessando, e não querendo contesta o Juiz conteste por elle por neguaçam"*.[154] A participação do acusado era exigida pela lei, buscando alguma expressão sobre a acusação que pairava sobre sua pessoa. Podia, por vezes, negar, mas devia se pronunciar sobre os fatos. E não estando convencido o juiz de sua colaboração, era submetido aos tormentos ou, de acordo com a gravidade da infração, aplicada uma multa.

Quanto ao silêncio, por si só, "Se o Réo naõ responde ás Perguntas judiciaes he havido por confesso".[155]

Portugal foi ter o primeiro Código de Processo Penal em 1929, aprovado e publicado pelo Decreto n.16.489, de 15 de fevereiro, a fim de organizar uma "[...] vastíssima e caótica legislação existente sobre o processo penal".[156] É o que podemos ver no relatório de uma das reformas sofridas por esse texto no Decreto-lei n.35.007, de 13 de outubro de 1945: "[...] a publicação do Código de Processo Penal obedeceu mais ao

---

juízo se deve fazer em lugar, que seja alongado donde foi metido a tormento, em tal guisa que o preso não veja ao tempo da ratificação o lugar do tormento; e ainda se deve fazer a ratificação depois do tormento por alguns dias, em tal guisa que o dito preso já não tenha dor do tormento que houve, porque em outra guisa presume o direito que, com dor e medo do tormento que houve, o qual ainda dura em ele, receando a repetição, ratificará a dita confissão, ainda que verdadeira não seja".

[153] Ordenações Manuelinas, Livro III, Título XL, e nas Ordenações Filipinas, Livro III, Título LIII.

[154] Ordenações Manuelinas, Livro V, Título I, e nas Ordenações Filipinas, Livro V, Título CXXIV.

[155] Sousa, 1820, p. 174.

[156] Barreiros, 1991, p. 78. Entre 1841 e 1929, foram publicados 274 diplomas legais com interesse para a matéria.

propósito de compilar a legislação processual, clarificando-a, do que ao proceder à sua reforma. [...] a estrutura do processo [...] ainda demasiadamente apegada a directrizes já ultrapassadas pela doutrina".

Antes disso, porém, tivemos movimentos que reformaram a estrutura processual penal portuguesa legada das Ordenações.

O primeiro deles, a Nova Reforma Judiciária, com diplomas que observavam os princípios fundamentais traçados pela Constituição de 1822. Eduardo Correia cita o Decreto n.24 de 16 de maio de 1832, o de 12 de maio de 1832, o de 29 de novembro de 1836 e o de 13 de janeiro de 1837 como os mais destacados e que marcaram a reforma de 1837.[157]

Em seguida, a Novíssima Reforma Judiciária, já sob a Constituição de 1838, publicada em 1841, passou a ser o diploma mais importante para o Processo Penal até a publicação do Código de Processo Penal de 1929. Foi adotado o sistema misto francês: "[...] instrução pré-acusatória (hoje chamada preparatória) judicial mas inquisitória, semi-secreta e escrita, finalizada por uma pronúncia ratificada por um júri e julgamento público e oral com decisão da matéria de facto pertencente a um outro júri".[158]

Nesse texto, já havia a preocupação com a forma de proceder ao interrogatório, realizado após a leitura do processo na audiência de julgamento, cravando que não era lícito fazer perguntas sugestivas, nem cavilosas, nem acompanhadas de dolosas persuasões, falsas promessas ou ameaças, podendo o juiz que assim procedia ser processado por crime de abuso de poder, de acordo com o art. 986º.

Após Decreto de 28 de dezembro de 1910, o réu não era obrigado a responder às perguntas do juiz, excetuando as que diziam respeito à sua identidade, constando no artigo 8.º que *"As perguntas ao reo em ato de julgamento foram autorizadas par que o mesmo reo se defenda, querendo, e não para que dê argumentos ou prova para a sua propria acusação"*,[159] o que denota claramente o entendimento de que o interrogatório era um meio de defesa. A informação sobre a recusa a respostas deveria ser dada no início do interrogatório.

---

[157] CORREIA, Eduardo Henriques da Silva. *Processo criminal*. Prelecções ao curso do 5.º Ano Jurídico de 1954-1955. Coimbra, 1956.
[158] BARREIROS, 1991, p. 66.
[159] SOUZA, João Pedro de. *Noções de processo penal*. Lisboa: Tipografia de Francisco Luis Gonçalves, 1915. p. 118.

2. Um pouco de história: nascimento e desenvolvimento do direito ao silêncio 59

Segundo a sistemática do Decreto n. 16.489, de 15 de fevereiro de 1929, o interrogatório do argüido que fosse detido deveria ser efetuado por um juiz, logo após a detenção, e está regulado pelos arts. 278 e seguintes. Era obrigatório que o argüido se identificasse.

Entre as provas previstas, vemos as declarações do argüido no art. 244, asseverando Eduardo Correia de que não se pode confundir a natureza desse depoimento com o depoimento prestado por testemunhas, não estando o argüido sob a regra do art. 242 e, portanto, não teria o dever de dizer a verdade. Diz o professor de Coimbra: "Esse interrogatório é de certo modo como que um processo especial de confirmação da ordem de prisão – e processo contraditório, portanto".[160] Acrescenta José A. Barreiros que, como o Decreto n.35.007 estruturou a instrução contraditória como um direito de defesa, mais do que objetivar um ato indispensável para a validação da captura, o interrogatório do argüido era também "[...] meio de defesa na instrução preparatória de todas as formas de processo".[161]

Outro não é o entendimento de Cavaleiro de Ferreira, que assevera que o fim imediato do interrogatório dos argüidos presos é permitir uma defesa rápida num momento em que são objeto de grave medida coercitiva – a prisão.[162]

Explica o autor que, entretanto, o interrogatório do argüido no Código de 29 não é apenas meio de defesa, mas também meio de prova. As declarações do argüido têm natureza de meio de prova quando não se reconduzem ao interrogatório previsto no art. 278. O argüido seria ouvido como se fosse testemunha, mas na qualidade de declarante, pois sujeito interessado diretamente na causa. Dessa forma, não lhe seria imposto o dever de prestar as declarações, assistindo-lhe o direito de prestá-las, decorrente, inclusive, do direito de audiência e, caso mentisse, não seria punido. Importante destacar com exatidão as palavras de Cavaleiro de Ferreira: "Foi este o modo de conciliar a conveniência de manter como sujeito de prova o arguido, sem o reduzir a objecto de prova. No entanto, o receio de que se pretendesse forçar as declarações do arguido, desvirtuando a natureza da prova por declarações, e a necessidade de respeitar a sua posição de parte, evitando a sua sujeição absoluta a um pretenso interesse de justiça, com postergação de sua defesa, interesse que o forçaria

---

[160] CORREIA, 1956, p. 169.
[161] BARREIROS, 1991, p. 90.
[162] FERREIRA, Manuel Cavaleiro de. *Curso de processo penal*. Lições proferidas no ano lectivo 1954-1955. Lisboa, 1955. v. I, p. 151.

a contribuir para a própria condenação, impunham certo condicionamento e limites às declarações dos arguidos". E acrescenta: "O que se pretendeu evitar definitivamente foi a restauração da confissão, inquisitòriamente obtida, como meio essencial de prova no processo, garantindo, através da definição legal dos direitos processuais do arguido, a genuinidade das suas declarações, quando desfavoráveis ao próprio arguido".[163]

Assim, a mais abalizada doutrina reconhecia que o argüido podia silenciar perante o juiz, sem que essa recusa a respostas o desfavorecesse juridicamente. Entretanto, como posteriormente concluiu Figueiredo Dias,[164] o silêncio do argüido pode lhe trazer prejuízos quando deixar de esclarecer fatos que só ele poderia fazer.

Em 1976, a Constituição da República Portuguesa assentou vários dispositivos programáticos relativos ao processo penal, constando no art. 32.º as normas específicas, nomeadamente a estrutura acusatória, a garantia de defesa do argüido, sua presunção de inocência, assistência de um defensor, instrução por um juiz competente, instrução contraditória, provas proibidas e princípio do juiz natural.[165]

Além desses dispositivos, e que muito nos interessa nesta dissertação, podemos assinalar o art. 18.º , que estabelece a direta aplicabilidade dos preceitos constitucionais respeitantes a direitos, liberdades e garantias. Esses mesmos direitos, liberdades e garantias só podem ser restringidos por lei nos casos expressamente previstos na Constituição, bem como o art. 37.º e o 26.º , que assegura a liberdade de expressão, o direito à palavra.

---

[163] FERREIRA, 1955. v. I, p.152-153.

[164] "Se o arguido não pode ser juridicamente desfavorecido por exercer o seu direito ao silêncio, já, naturalmente, o pode ser de um mero ponto de vista fático, quando do silêncio derive o definitivo desconhecimento ou desconsideração de circunstâncias que serviriam para justificar ou desculpar, total ou parcialmente, a infracção" (DIAS, Jorge de Figueiredo. *Direito processual penal*. Coimbra: Coimbra Editora Ltda., 1974. p. 449).

[165] "Parece-me, pois, indiscutível que a nova Constituição – mesmo quando possa, legitimamente, discordar-se num ou noutro ponto da regulamentação que estatui – consagra uma concepção rigorosamente democrática do processo penal, pedra-basilar daquele asseguramento do 'primado do Estado de Direito democrático' de que fala o preâmbulo constitucional. Os princípios de asseguramento de todas as garantias de defesa do arguido, da presunção de sua inocência, da instrução judicial, da estrutura acusatória do processo, da contrariedade da audiência, da proibição de provas ilegítimas e, finalmente, do juiz natural ou legal são testemunhos eloquentes" (Idem, "A nova constituição da República e o processo penal". *Revista da Ordem dos Advogados*, Lisboa, ano 36, jan./dez., 1976, p. 102).

2. Um pouco de história: nascimento e desenvolvimento do direito ao silêncio

Com o desiderato de adotar os princípios da Constituição, veio a lume o Decreto-Lei n. 377/77, de 6 de setembro. Uma das modificações nele previstas pode ser apreciada no art. 91.º referente aos direitos e liberdades, o qual confere poderes ao juiz de submeter à custódia aquele que fosse notificado ou avisado para comparecer a um ato e faltasse. A custódia não se equivale à prisão, anteriormente o procedimento regular. Anotamos ainda o art. 242.º, que tratava da recusa de depoimento ou declaração na fase instrutória. Fosse injustificada, o infrator seria sancionado com a prisão correcional e, numa lógica literal do dispositivo, poderia o juiz da instrução, sem procedimento contraditório, aplicar imediatamente uma pena de prisão até dois anos, numa clara antinomia com o sistema acusatório.[166]

Enfim, o Código de Processo Penal de 1929 e toda a legislação extravagante que contivesse normas processuais penais em oposição foram revogados pelo atual Código em vigor, o Decreto-Lei n. 78/87, de 17 de fevereiro.

À luz de suas normas, pois, e, principalmente das normas constitucionais de 1976, analisaremos o silêncio do argüido no interrogatório no processo penal português.

---

[166] Cf. BARREIROS, 1991, p. 99.

3. O DIREITO AO SILÊNCIO: SUA RELAÇÃO COM DIREITOS FUNDAMENTAIS E GARANTIAS INDIVIDUAIS DA CONSTITUIÇÃO

3.1 O devido processo penal: Princípio do contraditório

O processo criminal, na definição de Castanheira Neves, "[...] é a forma juridicamente válida da jurisdição criminal". Destaca ainda o professor de Coimbra a posição de Schmidt: "[...] o direito de processo criminal compreende todos aqueles princípios jurídicos e regras de direito que devem garantir que a questão de saber se um determinado cidadão cometeu ou não uma acção punível e como deverá ser por ela porventura punido possa ser decidida judicialmente de um modo que, respeitando os princípios de Estado de Direito e cumprindo as formalidades da Justiça, seja orientada pela intenção incondicionada à verdade e à justiça".[167]

Vemos, portanto, a necessária observância dos princípios do Estado de direito para a aplicação da lei penal. Na missão jurisdicional,[168] cumpre ao Estado zelar pelo respeito às formas procedimentais e aos princípios processuais.

Grinover assenta que "O importante é que a sentença se siga necessariamente a um procedimento legitimado pelo 'devido processo legal'.[169]

---

[167] NEVES, A. Castanheira. *Sumários de processo criminal. 1967-1968.* Coimbra, 1968. p. 3-4.

[168] "Assumido, pelo Estado, o monopólio da administração da justiça, há de ser conferido ao membro da comunidade (inclusive, evidentemente, ao próprio Estado), em contrapartida, o direito de invocar prestação jurisdicional com relação a determinado interesse em conflito com o de outrem" (TUCCI, Rogério Lauria. *Teoria do direito processual penal: jurisdição, ação e processo penal (estudo sistemático).* São Paulo: Editora Revista dos Tribunais, 2002. p. 198).

[169] "Entende-se, com essa fórmula, o conjunto de garantias constitucionais que, de um lado, asseguram às partes o exercício de suas faculdades e poderes processuais e, de

Não a um procedimento qualquer. Mas a um procedimento que garanta às partes, e não somente ao autor, a possibilidade de apresentarem a sua defesa e as suas provas e a possibilidade de influírem sobre a formação do livre convencimento do juiz. Só assim a resposta jurisdicional será, realmente, a resposta adequada ao Estado de Direito".[170]

Portanto, sobreleva-se que o juiz tem o dever de ouvir as partes, a fim de que, da atividade dialética desenvolvida por elas, possa aplicar a lei, segundo o seu convencimento alcançado sobre a verdade. A garantia do contraditório não pertence somente às partes, mas compreende a prestação jurisdicional em si, pois sustenta "[...] a regularidade do processo, a imparcialidade do juiz, e, acima de tudo, a justiça das decisões".[171]

Garante o Estado o direito à tutela jurisdicional[172] para todos, dispondo que "A todos é assegurado o acesso ao direito e aos tribunais para defesa dos seus direitos e interesses legalmente protegidos, não podendo a justiça ser denegada por insuficiência de meios económicos". Além da CRP, em seu art. 20.°, n. 1, os mais importantes diplomas internacionais de direitos humanos assim o têm feito: a) o art. 10.° da Declaração Universal dos Direitos dos Homens, em 1948 (DUDH); b) o art. 6.°, n. 1 da Convenção Européia para a Salvaguarda dos Direitos do Homem e das Liberdades Fundamentais, em 1950 (CEDH); c) o art. 14.°, n. 1 do Pacto Internacional de Direitos Civis e Políticos, de 1966 (PIDCP). Consagra, ainda, a CRP que "Todos têm direito a que uma causa em que intervenham seja objecto de decisão em prazo razoável e mediante processo eqüitativo" (art. 20.°, n. 4).

Assim, diante da prática de um delito a ser apurado em um processo perante a jurisdição penal, observando-se as normas do devido processo penal, o titular da ação penal – ordinariamente, o Ministério Público – tem o direito de ingressar com um pedido contra o autor do delito, que, por sua vez, terá o direito de defender-se, contradizendo todas as provas contra ele porventura apresentadas.

---

outro, são indispensáveis ao correto exercício da jurisdição" (GRINOVER, Ada Pellegrini; CINTRA, Antônio Carlos de Araújo; DINAMARCO, Cândido Rangel. *Teoria geral do processo.* São Paulo: Malheiros Editores, 1999. p. 82).

[170] GRINOVER, Ada Pellegrini. "O princípio da ampla defesa". *Revista da Procuradoria Geral do Estado de São Paulo*, n.19, 1982. p. 13.

[171] SOUZA, Artur César. *Contraditório e revelia: perspectiva crítica dos efeitos da revelia em face da natureza dialética do processo.* São Paulo: Editora Revista dos Tribunais, 2003. p. 171.

3. O direito ao silêncio: Sua relação com direitos fundamentais e garantias... 65

O contraditório é apontado como um dos princípios estruturantes do processo criminal baseado no modelo acusatório, modelo exigido pela CRP e também no CPP. A contrariedade possibilita a efetiva realização da dialética dentro de um processo. "O juiz, como imparcial que é, deve proporcionar ao M.º P.º e à defesa idênticas possibilidades para que façam valer as suas razões no processo, promovendo o contraditório".[173] Há uma relação, pois, do contraditório com a igualdade de armas.[174]

O instituto do contraditório foi conceituado por Mendes de Almeida como "[...] ciência bilateral dos atos e termos processuais e possibilidade de contrariá-los". Para ele, contrariedade ou contraditoriedade designa

---

[172] Segundo Miranda, o princípio da tutela jurisdicional envolve: o princípio do contraditório, o princípio do juiz natural ou legal; o princípio da independência dos tribunais e dos juízes, o princípio da fundamentação das decisões que não sejam mero expediente; a obrigatoriedade e a executoriedade das decisões e a sua prevalência sobre quaisquer outras autoridades; o respeito pelo caso julgado e, ainda, a adequada proteção do segredo de justiça e a publicidade das audiências dos tribunais. Continua o autor afirmando que são verdadeiros direitos, liberdades e garantias: o direito de acesso ao tribunal para defesa dos direitos e interesses legalmente protegidos, ou seja, o direito de ação; o direito ao juiz natural; o direito ao patrocínio judiciário; o direito a um processo eqüitativo; o direito a uma decisão em prazo razoável; o direito à execução de sentença; e, como direito social, o direito que a justiça não seja denegada por insuficiência de meios econômicos (Cf. MIRANDA, Jorge. *Manual de direito constitucional: direitos fundamentais*. Coimbra: Coimbra Editora, 2000. Tomo IV, p. 259-260).

[173] GONÇALVES, Fernando; ALVES, Manuel João; VALENTE, Manuel Monteiro Guedes. *Lei e crime. O agente infiltrado versus o agente provocador. Os princípios do processo penal.* Coimbra: Almedina, 2001. p. 57.

[174] "O princípio da igualdade, por outro lado, coloca as duas partes em posição de similitude perante o Estado e, no processo, perante o juiz. Não se confunde com o contraditório, nem o abrange. Apenas se relacionam, pois ao se garantir a ambos os contendores o contraditório também se assegura tratamento igualitário. O contraditório refere-se à oportunidade dada à parte de contrariar os atos da parte adversa" (FERNANDES, Antonio Scarance. *Processo penal constitucional*. São Paulo: Editora Revista dos Tribunais, 1999. p. 58). Em interessante tese de doutorado na Universidade de São Paulo, Paula Costa defende que melhor seria admitir que a paridade de armas está ausente no processo penal e revela a interação entre contraditório e igualdade de armas: "Se por um lado o contraditório não precisa da igualdade entre as partes para existir, por outro lado ele restaura a igualdade entre os interesses conflitantes perante e para o juiz. O contraditório controla a inquisitividade do juiz e contribui para a imparcialidade. Nesse sentido, embora o contraditório possa acontecer independentemente da igualdade, seu exercício eficaz produz, de forma diversa da paridade de armas, o equilíbrio entre os sujeitos processuais parciais" (COSTA, Paula Bajer Fernandes Martins. *Igualdade no direito processual penal brasileiro*. São Paulo: Editora Revista dos Tribunais, 2001. p. 97).

"[...] afirmação e negação da mesma tutela jurídica em relação ao mesmo interesse, ou, noutros termos, a afirmação e a negação da conformidade da pretensão com o direito objetivo".[175]

Assegura a CRP o contraditório durante o processo penal, em especial na audiência de julgamento e para os atos instrutórios que a lei determinar, de tal forma que somente as provas produzidas sob o crivo do contraditório na audiência de julgamento, ou, ainda, naqueles outros atos instrutórios que a lei determinar (*v.g.* declarações para memória futura, art. 294.º do CPP), poderão servir de sustentação para uma eventual condenação.

Canotilho e Moreira expõem que o âmbito normativo-constitucional do princípio do contraditório não se apresenta inteiramente líquido,[176] enfatizando, entretanto, que, em razão dele, o argüido tem o direito de "[...] intervir no processo e de se pronunciar e contraditar todos os testemunhos, depoimentos ou outros elementos de prova ou argumentos jurídicos trazidos ao processo, o que impõe designadamente que ele seja o último a intervir no processo". [177]

Segundo Greco Filho, a garantia do *due process of law* possui duas acepções, relativamente ao processo penal: a) significa processo necessário, uma vez que é impossível aplicar pena sem processo; b) significa processo adequado, ou seja, aquele que assegura a igualdade das partes, o contraditório e a ampla defesa.[178]

Para Rogério L. Tucci, o devido processo legal consubstancia-se numa "[...] garantia conferida pela Lei das Leis, Magna Carta, objetivando a consecução dos direitos denominados fundamentais, mediante a efetivação do direito ao processo, materializado num procedimento regularmente desenvolvido, com a concretização de todos os seus componentes e colorários, e num prazo razoável".[179]

Em sede criminal, constitui o devido processo penal, cujas garantias enumeram-se: a) acesso à justiça; b) juiz natural, com independência e imparcialidade; c) paridade de armas; d) plenitude de defesa; e) contra-

---

[175] MENDES DE ALMEIDA, 1973, p. 78-82.
[176] "Consideramos insuficiente a forma como o legislador constitucional plasmou o princípio do contraditório uma vez que não curou de especificar minimamente em que se consubstancia o referido princípio" (GONÇALVES; ALVES; VALENTE, 2001, p. 58).
[177] CANOTILHO, J.J Gomes; MOREIRA, Vital. *Constituição da República Portuguesa anotada*. Coimbra: Coimbra Editora, 1993. p. 206.
[178] GRECO FILHO, Vicente. *Manual de processo penal*. São Paulo: Saraiva, 1991. p. 54.
[179] TUCCI, 2002, p. 205.

ditório; f) publicidade dos atos processuais; g) motivação dos atos decisórios penais e possibilidade de seu reexame; h) prazo razoável para a duração do processo penal; i) inadmissibilidade de provas obtidas por meios ilícitos; j) presunção de inocência; l) legalidade da execução penal.[180]

Entre os tantos corolários constitucionais do devido processo penal, destacamos o princípio da reserva legal, princípio da irretroatividade da lei penal, a preservação da vida e da integridade física e moral do argüido, garantias relativas à prisão, inviolabilidade do domicílio e da correspondência e dos outros meios de comunicação e, por fim, do direito à não auto-incriminação e ao silêncio. Esse direito, como veremos, também apresenta natureza constitucional.

Está, pois, o direito ao silêncio dentre as garantias que integram o devido processo penal, as quais asseguram a regularidade do procedimento, orientado pela busca da verdade e da justiça, respeitando-se os direitos fundamentais do homem.

3.2 Princípio da plenitude de defesa

Ao tempo em que o Poder Público ou estatal chamou a si a repressão dos delitos, fez surgir ao infrator o poder de resistir à incriminação decorrente da persecução penal como garantia de liberdade. Nesse poder de resistência está a origem da defesa.[181]

Embora nem sempre a defesa tenha tido amparo legal no curso da história, Faustin Hélie assevera que se trata de "[...] um verdadeiro direito originário, contemporâneo do homem, e por isso inalienável". Sêneca nos deixou a seguinte lição: "Julgar alguém sem ouvi-lo é fazer-lhe injustiça, ainda que a sentença seja justa".[182]

Após o período humanitário, e as novas idéias sobre o processo penal e a evolução para o sistema acusatório, reconheceu-se efetivamente ao réu o direito à defesa,[183] deixando de ser apenas um objeto das investigações.

---

[180] Consultar especialmente os arts. 20.º, 24.º, 25.º, 27.º, 29.º, 32.º, 34.º, 202.º, 203.º, 205.º e 206.º da CRP.

[181] Cf. CLARIÁ OLMEDO, Jorge A. *Tratado de derecho procesal Penal*. Buenos Aires: Ediar, 1960. v. I, p. 277-279.

[182] Apud AZEVEDO, Vicente de Paulo Vicente de. *Curso de direito judiciário penal*. São Paulo: Saraiva, 1958. v. I, p. 73.

[183] "O mecanismo atual de defesa é muito mais o resultado de lutas políticas que a outorga pura e simples do Estado. Sem que a tal fosse forçado por pressões políticas,

Estabelece a CRP que "O processo criminal assegura todas as garantias de defesa, incluindo o recurso" (art. 32.°, n. 1), outorgando, a todos a plenitude de defesa.

Explicam Canotilho e Moreira que "todas as garantias de defesa" engloba indubitavelmente todos os direitos necessários e adequados para o argüido defender a sua posição e contrariar a acusação" e que tal "[...] preceito pode portanto ser fonte autónoma de garantias de defesa".[184]

Primorosa é a definição de Nicola Carulli sobre o direito de defesa, a qual abraçamos sem restrições: "Il diritto di difesa, più genericamente inteso, può considerarsi come un diritto dell'imputato a tutela della sua libertà, più specificamente esso può qualificarsi come il diritto di pretendere l'osservanza delle norme che evitano la lesione del proprio diritto di libertà e, sul piano più strettamente processuale (con più aderente riferimento al rito), come il diritto a che gli organi statuali agiscano in conformità del principio, costituzionale e di legislazione ordinária, dell'inviolabilità della difesa sia non impedendo l'esercizio dei diritti ricollegabili alla libertà dell'imputato sia rispettando nella loro attività il predetto principio, al quale sono tenuti ad ispirarsi".[185]

A defesa pessoal e a defesa técnica são facetas do direito à ampla defesa.[186]

Como bem recorda Geórgia Porfírio, é preciso diferenciar o exercício do direito à defesa do direito à plenitude de defesa. Aquele pode ser renunciável, enquanto o direito, não; posto ser a liberdade um bem indisponível no processo penal.[187]

---

o Estado não anuiria em permitir que o cidadão, historicamente oprimido, usasse de tantos meios e recursos para livrar-se da acusação" (VARGAS, José Cirilo de. *Direitos e garantias individuais no processo penal*. Rio de Janeiro: Editora Forense, 2002. p. 216).

[184] CANOTILHO; MOREIRA, 1993, p. 202.

[185] CARULLI, Nicola. *Il diritto di difesa dell'imputato*. Napoli: Casa Editrice Dott. Eugenio Jovene, 1967. p. 34.

[186] "A defesa é exercida tanto pelo réu, a chamada auto-defesa [sic], como pelo seu defensor, a chamada defesa técnica. Em caso de eventual choque de posições, deve prevalecer aquela que mais se coaduna com a função 'quase pública' de, dialeticamente, contribuir para a busca da verdade no processo penal, tornando desnecessário que o magistrado deixe a sua posição eqüidistante do conflito noticiado nos autos. Somente com a defesa verdadeiramente ampla, a função jurisdicional do Estado se realiza corretamente" (JARDIM, Afranio Silva. *Direito processual penal*. Rio de Janeiro: Forense, 1999. p. 371).

[187] PORFÍRIO, Geórgia Bajer Fernández de Freitas. *A tutela da liberdade no processo penal*. São Paulo: Malheiros Editores, 2005. p. 186.

3. O direito ao silêncio: Sua relação com direitos fundamentais e garantias... 69

A defesa técnica é exercida por defensor constituído pelo acusado, ou nomeado pelo juiz. É indispensável, pois se traduz em própria garantia da jurisdição penal.[188]

A defesa pessoal é disponível pelo acusado, a ser exercida ou não por ele. É um direito de liberdade, podendo participar do processo como sujeito ativo de direitos.

Pondera Elizabeth Queijo que a defesa pessoal se consubstancia nos direitos de presença e de audiência: o primeiro diz respeito à oportunidade de o acusado tomar posição em relação às provas produzidas e às alegações e, o segundo, ao momento do interrogatório.[189]

É, aliás, o interrogatório o momento sublime do exercício da defesa pessoal, pois é a oportunidade em que o argüido poderá diretamente emitir sua versão dos fatos para o julgador, influenciando no seu convencimento.

O direito ao silêncio está inserido na defesa pessoal, ao passo em que é garantida ao argüido a liberdade de autodeterminação, para decidir se colabora ou não com a persecução criminal ao ser interrogado.

Ensina Geórgia Porfírio que "O direito ao silêncio, inserindo-se na autodefesa, assume aspectos mais complexos, pois pode compreender, também, decisão do acusado de preservar sua intimidade, vida privada, honra ou imagem próprias ou de terceiros. Entretanto, ao calar-se, pode o acusado estar, predominantemente, praticando a autodefesa, não em sentido negativo, diga-se de passagem, mas extraindo disso conseqüências benéficas aos seus interesses".[190] Ou seja, o silêncio pode materializar-se numa estratégia defensiva.

---

[188] "Sendo o órgão estatal acusatório eminentemente técnico, a ele não poderá o imputado ficar inferiorizado, sob pena de quebrantar-se o princípio do equilíbrio processual entre as partes" (PEDROSO, Fernando de Almeida. *Processo penal. O direito de defesa: repercussão, amplitude e limites*. São Paulo: Editora Revista dos Tribunais, 2001. p. 35).

[189] QUEIJO, 2003, p. 74. No mesmo sentido, Grinover: "O princípio constitucional da ampla defesa desdobra-se em duas garantias: autodefesa e defesa técnica. A autodefesa significa a participação pessoal do acusado no contraditório, mediante sua contribuição para a função defensiva. Desdobra-se ela no direito de audiência e no direito de presença. O direito de audiência traduz-se na oportunidade de influir na defesa por meio do interrogatório. O direito de presença consiste na possibilidade de o réu tomar posição, a todo momento, sobre o material produzido, garantindo-se-lhe a imediação com o defensor, o juiz e as provas" (*Apud* VARGAS, 2002, p. 232).

[190] PORFÍRIO, 2005, p. 187.

Para Nicola Carulli, a defesa pode ser concebida como "[...] repulsione dell'attacco che si fonda su di um preteso diritto statuale di punire"; é um momento indefectível no processo penal, representando um instrumento indispensável à realização da justiça.[191] Afirma o autor que "Il diritto di defesa va individuato nel diritto di compiere tutte quelle attività dirette ad apportare un contributo alla decisione del giudice e nel pretendere da questi un comportamento, che non solo non elimini o diminuisca tale impulso al contributo, ma sia di per se stesso adempimento del dovere attivistico per la formazione della decisione".[192]

A defesa enlaça toda a temática do processo penal, referindo-se ora ao conteúdo propriamente processual, ora ao conteúdo de mérito.

Por isso, lembra Carulli que a doutrina divide a defesa em defesa penal e defesa processual. A defesa processual é aquela exercida contra a forma procedimental da acusação e a defesa penal é aquela exercida contra o conteúdo da acusação.

Assim, o exercício do direito de defesa realiza-se durante todo o desenvolvimento do processo penal, com aspecto processual, ou de mérito.

3.3 Princípio da presunção de inocência

Numa época em que a idéia da tortura era tida como imprescindível para obter uma confissão e, conseqüentemente, a verdade, Beccaria ergue sua voz, em 1764, defendendo que "Um homem não pode ser dito réu antes da sentença do juiz, nem a sociedade pode retirar-lhe a proteção pública, senão quando se tenha decidido que ele violou os pactos com os quais essa proteção lhe foi concedida".[193]

Foi a primeira manifestação do princípio da presunção de inocência, tendo sido agasalhado na Declaração dos Direitos do Homem e do Cidadão, de 1789, em seu art. 9.º n.2, com a seguinte formulação: "[...] sendo todo o homem presumido inocente até ser declarado culpado, se for indispensável prendê-lo, deve ser severamente punido pela lei todo o excesso de rigor desnecessário para dispor da sua pessoa".[194]

---

[191] CARULLI, 1967, p. 9-10.
[192] CARULLI, 1967, p. 23.
[193] BECCARIA, 1998, p. 92.
[194] "A presunção de inocência visava defender o arguido num duplo aspecto: dos tratamentos cruéis e degradantes (tortura e outras violências não estritamente necessárias

3. O direito ao silêncio: Sua relação com direitos fundamentais e garantias... 71

Outros textos internacionais também consagram o princípio da inocência: em 1948, a Declaração Universal dos Direitos do Homem; em 1950, a Convenção Européia dos Direitos do Homem;[195] em 1976, o Pacto Internacional dos Direitos Civis e Políticos; e, recentemente, em 2000, a Carta dos Direitos Fundamentais da União Européia (CDFUE) proclamou que "Todo o arguido se presume inocente enquanto não tiver sido legalmente provada a sua culpa" (art. 48.º , n.1).

Também a última Constituição portuguesa recebeu expressa previsão do princípio,[196] que, embora fosse reconhecido como inerente ao processo penal vigente no ordenamento jurídico do País, não era explicitamente validado antes de 1976.

Canotilho e Moreira prontamente advertem: "Não é fácil determinar o sentido do princípio da presunção de inocência do arguido".[197]

à sujeição do arguido ao processo); e da obtenção de confissões não espontâneas" (COSTA, Eduardo Maia. "A presunção de inocência do arguido na fase de inquérito". *Revista do Ministério Público*, ano 23, n. 92, 2002, p. 66 e 70).

[195] Segundo Merrills e Robertson, para a Convenção, o princípio da presunção de inocência apresenta três aspectos: a) refere-se a um julgamento justo, aplicando-se unicamente a casos criminais; b) refere-se ao tratamento do acusado e especificamente às conclusões que podem ser retiradas do comportamento das autoridades em relação a ele; c) implica o uso de presunções de fato ou lei para inverter o ônus da prova em casos criminais e à criação de ofensas de responsabilidade restrita. Os Estados devem confinar tais presunções "[...] dentro de limites razoáveis que tenham em conta a importância daquilo que está em causa e mantenham os direitos de defesa". Neste último aspecto, sobreleva-se o direito ao silêncio e se a possibilidade de se retirar inferências adversas da recusa de um suspeito em responder a questões é consistente com o art. 6, n. 2. No caso Murray, o Tribunal "[...] descreveu o direito a permanecer em silêncio e o privilégio contra a auto-incriminação como 'normas internacionais geralmente reconhecidas que residem no centro da noção de um procedimento justo ao abrigo do art. 6, n. 2". Para o Tribunal, cuida-se de imunidades relativas, devendo ser analisadas em casos concretos, individualmente. Todavia, cinco membros da Grande Câmara emitiram voto, defendendo que o direito ao silêncio deve ser tratado como absoluto e que a dedução de inferências adversas a partir do silêncio infringe sempre a presunção de inocência (MERRILLS, J.G.; ROBERTSON, A.H. *Direitos humanos na Europa: um estudo da Convenção Européia de Direitos Humanos*. Lisboa: Instituto Piaget, 2001. p. 125-129).

[196] "Todo o arguido se presume inocente até ao trânsito em julgado da sentença de condenação, devendo ser julgado no mais curto prazo compatível com as garantias de defesa" (art. 32.º, n.1,CRP).

[197] Apontam ainda que a proibição da inversão do ônus da prova em detrimento do acusado faz parte do seu conteúdo (CANOTILHO; MOREIRA, 1993, p. 203).

Não sendo mais "[...] um mero postulado ideal, mas verdadeiro princípio de prova",[198] um direito fundamental, significa a presunção de inocência que ninguém poderá ser julgado culpado enquanto não houver sido condenado por sentença alicerçada nas provas que demonstraram a culpabilidade do acusado no decorrer da atividade instrutória durante a qual o julgador buscou atingir a verdade por todos os meios legais disponíveis. É uma fórmula que impede que inocentes sejam condenados. Também é uma regra para a forma de tratamento do argüido durante a persecução penal. Seus direitos devem ser respeitados e sua punição somente pode ser suportada após sentença condenatória irrecorrível.

A doutrina tem analisado tal princípio sob os seguintes aspectos: a) a regra de julgamento quando houvesse dúvida; b) uma garantia política do cidadão; c) uma regra de tratamento do acusado durante o procedimento.

Segundo Geórgia Porfírio, enquanto garantia do estado de inocência, a presunção de inocência apresenta quatro dimensões: a) relaciona-se com a prova, como expressão máxima do *in dubio pro reo*; b) é postulado que orienta a interpretação das leis a fim de que prevaleça o que for mais favorável ao *ius libertatis*; c) é garantia para que não se considere a culpabilidade senão após sentença condenatória irrecorrível; d) é um postulado da jurisdição penal, que garante o devido processo legal, assegurando a liberdade e a fruição de direitos personalíssimos, durante a persecução penal e, por isso, direito fundamental.[199]

Para proferir uma sentença condenatória, o juiz deve eliminar qualquer dúvida razoável que tenha a respeito dos fatos. Caso contrário, sob a regra imposta pela presunção de inocência, deverá absolver o acusado. Por isso, é reconhecida como regra de julgamento e, assim, fixa o ônus da prova no processo penal.

Ao contrário do que ocorre no processo civil, não haverá uma repartição do ônus da prova.[200] "O *in dubio pro reo* é uma regra de julgamento unidirecional".[201] O órgão de acusação terá a incumbência de produzir

---

[198] SILVA, Germano Marques da. *Curso de processo penal.* Lisboa: Editorial Verbo, 2002. v. II, p. 107.

[199] PORFÍRIO, 2005, p. 80.

[200] COSTA, José Francisco de Faria. "O fenômeno da globalização e o direito penal econômico". *Revista Brasileira de Ciências Criminais,* ano 09, n. 34, 2001, p. 21.

[201] BADARÓ, Gustavo Henrique Righi Ivahy. *Ônus da prova em processo penal.* São Paulo: Editora Revista dos Tribunais, 2003. p. 296.

elementos que convençam o juiz da culpabilidade do acusado, espancando toda e qualquer dúvida razoável que exista em relação aos fatos alegados contra o réu.

Figueiredo Dias entende que não existe ônus da prova no processo penal, porque o tribunal tem um dever de investigação, deve buscar a verdade e determinar de ofício a produção das provas que sejam relevantes para a reconstituição dos fatos, independentemente da atividade desenvolvida pelas partes.[202]

O professor de Coimbra não admite o ônus da prova formal ou subjetivo, segundo o qual caberia às partes o encargo de produzir as provas relevantes para comprovar a veracidade de suas alegações. Entretanto, acena que alguns autores admitem o ônus da prova material ou objetivo, sendo essa uma regra de julgamento, pois, estando o juiz, após toda a atividade probatória realizada, em dúvida, deverá absolver o réu, arcando o órgão de acusação com as conseqüências do estado de incerteza sobre o fato em questão, o qual não foi superado no decorrer do processo.[203]

Também Germano Marques faz tal afirmação, acrescentando que "[...] o ônus da prova não tem relevância para o processo penal", pois não importa quem produziu as provas, mas sim a conseqüência advinda da falta da prova do fato alegado.[204]

Admitindo-se ou não o ônus da prova no processo penal, o importante é preservar a garantia política do cidadão que o Estado de Direito lhe outorgou como direito fundamental: ser considerado presumidamente inocente até o trânsito em julgado da sentença condenatória. E mais: não tem o acusado qualquer obrigação de demonstrar que não seja culpado.

Como professa Maria F. Palma, na estrutura acusatória, o princípio da presunção de inocência é "[...] uma regra do jogo de intervenientes em igualdade de circunstâncias, a merecer constante aprofundamento", e nesse contexto, "[...] implica que quem acuse demonstre globalmente que tem razão, segundo métodos e critérios aceites por todos, incluindo o próprio acusado".[205]

---

[202] DIAS, Jorge de Figueiredo. "Ónus de alegar e de provar em processo penal?". *Revista de Legislação e de Jurisprudência,* Coimbra: Coimbra Editora, n. 3473 e 3474, 1973, p. 128.

[203] DIAS, 1973, p. 139.

[204] SILVA, 2002, v. II, p. 110.

[205] PALMA, Maria Fernanda. "A constitucionalidade do artigo 342 do Código de Processo Penal (O direito ao silêncio do arguido)". *Revista Portuguesa de Ciências Criminais,* ano XV, n. 60, 1994, p. 103.

Anota Alexandra Vilela que, em Portugal, o princípio é visto essencialmente como regra probatória, afirmando vigorosamente que "[...] a presunção de inocência é muito mais do que uma simples regra probatória que determina que a prova da culpabilidade deva ser feita pela acusação. Antes possui ainda, e também, uma profunda ligação com a liberdade individual do argüido, o que se começa a revelar desde o momento em que se inicia o processo até ao momento em que é proferida decisão final irrecorrível".[206]

No curso do processo, o argüido merece tratamento igualitário ao de qualquer outra pessoa, sem diminuição do seu *status* perante os demais cidadãos. Sua condição primeira é de inocência.

Portanto, duas seriam as decorrências principais do princípio de presunção de inocência: primeiro, que a acusação demonstre a culpabilidade do argüido; segundo, no desenvolvimento de tal tarefa, não há como exigir a colaboração do argüido para a descoberta da verdade.

Afirma Elizabeth Queijo que "[...] o *nemo tenetur se detegere* coaduna-se perfeitamente com o processo penal informado pelo princípio da presunção de inocência, não se admitindo, em face do referido princípio, que o acusado venha a tornar-se objeto da prova".[207] Não se pode exigir que o acusado participe da produção da prova.[208] Por isso, pode-se extrair também do princípio da presunção de inocência o direito de não produzir prova contra si mesmo.

Um dos reflexos do princípio da presunção de inocência é que a eventual participação do argüido no desenvolvimento do processo penal esteja vinculada ao pleno respeito da sua vontade. "A posição do arguido há-de ser sempre de livre declaração e participação, não podendo, em conseqüência, ser penalizado pelo silêncio que eventualmente se reserve".[209]

---

[206] VILELA, Alexandra. *Considerações acerca da presunção de inocência em direito processual penal*. Coimbra: Coimbra Editora, 2000. p. 87.

[207] QUEIJO, 2003, p. 78.

[208] "A estrutura acusatória do Processo Penal, consagrada no artigo 32.º, n.5, da Constituição, delimita o princípio da presunção de inocência não só como uma atribuição do 'ónus da prova' ao tribunal, mas também como o direito do arguido a ser sujeito do processo e, por conseguinte, não ter de participar coactivamente na produção da prova" (PALMA, 1994, p. 109).

[209] VILELA, 2000, p. 95.

3.4 Direito à integridade pessoal

A simples assunção da dignidade humana como valor supremo do Estado Português bastaria para afastar a prática de tortura e tratos ou penas cruéis, degradantes ou desumanos. Mas a CRP reafirma explicitamente, como garantia constitucional, o direito à integridade pessoal no art. 25.º , n. 1 e n. 2, como corolário necessário do reconhecimento da dignidade humana como fundamento do Estado de Direito.

Apresenta ainda o tema correlação com a preservação do estado natural de liberdade do acusado, ao ser estabelecida, no art. 32.º, n. 8 da CRP, a impossibilidade de utilização das provas proibidas, com o seguinte teor: "São nulas todas as provas obtidas mediante tortura, coacção, ofensa da integridade física ou moral da pessoa, abusiva intromissão na vida privada, no domicílio, na correspondência ou nas telecomunicações". É uma disposição constitucional que garante ao argüido que não será ele objeto de prova, com desrespeito a seus direitos fundamentais. Como diz Manuel Meireis, "Neste campo, a protecção da integridade moral da pessoa assume já a categoria dogmática de garantia fundamental na medida em que se trata de o Estado reconhecer ao cidadão os meios processuais adequados à defesa dos seus direitos".[210]

Segundo a Convenção contra a tortura, da ONU, de 10-12-1984, "O termo 'tortura' designa qualquer ato pelo qual dores ou sofrimentos agudos, físicos ou mentais, são infligidos intencionalmente a uma pessoa, com o fim de se obter dela ou de uma terceira pessoa informações ou confissão; de puni-la por um ato que ela ou uma terceira pessoa tenha cometido ou seja suspeita de ter cometido; de intimidar ou coagir ela ou uma terceira pessoa; ou por qualquer razão baseada em discriminação de qualquer espécie, quando tal dor ou sofrimento é imposto por funcionário público ou outra pessoa no exercício de funções públicas, ou ainda por instigação dele ou com o seu consentimento ou aquiescência. Não se considera tortura as dores ou sofrimentos que sejam conseqüência, inerentes ou decorrentes de sanções legítimas" (art. 1.º).

Sobre o tema, Afonso da Silva diz que a tortura não é apenas um crime contra o direito à vida; na verdade, "[...] atinge a pessoa em todas as suas dimensões, e a Humanidade como um todo".[211]

---

[210] MEIREIS, Manuel Augusto Alves. *O regime das provas obtidas pelo agente provocador em processo penal.* Coimbra: Almedina, 1999. p. 201.
[211] SILVA, José Afonso da. *Comentário contextual à Constituição.* São Paulo: Malheiros Editores, 2005, p. 88.

Explicam Canotilho e Moreira que os tratos ou penas cruéis, degradantes ou desumanos consistem na inflicção de sofrimentos físicos (choques elétricos, agressões, etc.), morais (ameaças a membros da família, humilhação racial, etc.) ou mistos (violações, etc.), e acrescentam que a tortura nada mais é do que "[...] a forma mais agravada de tratamento cruel e desumano".[212]

A tortura configurou-se na maior crueldade exercida por várias nações no desenvolvimento do processo criminal, buscando a confissão de determinado delito, ou de outros não descobertos, e também a delação de crimes e criminosos.

Entretanto, criticando a sua prática, já advertia Beccaria que "O interrogatório de um réu é feito para conhecer a verdade, mas se é difícil descobrir esta verdade pelo ar, pelo gesto, pela fisionomia de um homem tranquilo, muito menos se descobrirá num homem no qual as convulsões de dor alteram todos os sinais através dos quais na maior parte dos homens transparece por vezes, mau grado seu, a verdade."[213]

A proteção absoluta contra a tortura e tratos ou penas cruéis, degradantes ou desumanos, como direito fundamental que também tutela a dignidade do homem, guarda estreita relação com o princípio *nemo tenetur se ipsum accusare*, pois evidencia a impossibilidade do emprego de qualquer desses meios para obter a colaboração do argüido na investigação criminal.[214]

3.5 Direito à reserva da intimidade da vida privada, à palavra e à liberdade de expressão

Reconhece ainda a CRP o direito à reserva da intimidade da vida privada, em seu art. 26.º.

Identifica-se uma intimidade exterior e outra interior, sendo a primeira aquela em que o homem, apesar de estar no meio de outras pessoas, alheia-se e, nesse alheamento, mantém-se "[...] impenetrável às solicitações dos que o rodeiam; [...] presente e ausente; rodeado e só",[215]

---

[212] CANOTILHO; MOREIRA, 1993, p. 177.
[213] BECCARIA, 1998, p. 96-97.
[214] No mesmo sentido, QUEIJO, 2003, p. 73.
[215] COSTA JUNIOR, Paulo José da. *O direito de estar só: tutela penal da intimidade.* São Paulo: Siciliano Jurídico, 2004. p. 14.

3. O direito ao silêncio: Sua relação com direitos fundamentais e garantias... 77

e a segunda, aquela em que o homem, mesmo estando só, pode acompanhar-se dos mais diversos fantasmas e, estando materialmente só, pode comunicar-se com o mundo pelos meios de que disponha.

Poderíamos falar ainda numa esfera individual e numa esfera privada, ambas merecendo proteção legal.

Baseando-se em Henkel,[216] Costa Junior afirma: "Os direitos que se destinam à proteção da esfera individual servem à proteção da personalidade, dentro da vida pública. Na proteção da vida privada, ao contrário, cogita-se da inviolabilidade da personalidade dentro do seu retiro, necessário ao seu desenvolvimento e evolução, em seu mundo particular, à margem da vida exterior".[217]

Portanto, na esfera privada, momento de uma solidão autêntica, o homem desenvolve a sua personalidade, sua individualidade, para que depois possa inserir-se na vida em relação (esfera individual).

A proteção à vida privada corresponde ao isolamento moral do homem, "[...] àquela aspiração do indivíduo de conservar a sua tranqüilidade de espírito, aquela sua paz interior (*la vie privée doit être murée*), que uma publicidade ou uma intromissão alheia viriam perturbar".[218]

O respeito à vida privada integra o conjunto dos direitos da personalidade.[219] Segundo Elimar Szaniawski, o direito ao respeito à vida

---

[216] Este subdividiu a esfera privada em outras esferas, de dimensões progressivamente menores: a) esfera privada *stricto sensu*; b) esfera de intimidade ou confidencial; c) esfera do segredo. Explica Manuel Meireis a teoria das três esferas (Dreisphärentheorie) ou dos três graus, partindo da esfera do segredo: "a primeira esfera, nuclear, tem a ver com a área absolutamente inviolável e intangível da vida privada das pessoas. Só a cada um pode interessar. Esta primeira esfera constitui o chamado núcleo essencial do direito fundamental 'intimidade' (artigo 34 da CRP) que, nos termos do artigo 18, n. 3 da CRP, não pode em caso algum ser violado. A segunda esfera da intimidade representa o conjunto de direitos que contendem com a vida privada da pessoa mas que são restritíveis face a outros interesses, valores ou direitos iguais ou superiores; é o que acontece com o interesse da prossecução da justiça no processo penal. Nestes casos o nosso texto constitucional admite certas restrições a direitos fundamentais, v.g.: artigo 34, na observância da necessidade e proporcionalidade (artigo 18, n.2 da CRP). A terceira esfera compreende ainda um conjunto de situações que, embora digam ainda respeito à imagem e à palavra da pessoa, não merecem, no entanto qualquer tipo de cautela. Cabem nesta terceira esfera as situações próprias da 'vida comercial', em que 'a personalidade do autor das palavras recua praticamente para um plano secundário, perdendo a palavra falada o seu caracter privado" (MEIREIS, 1999, p. 225-226).
[217] COSTA JUNIOR, 2004, p. 27.
[218] COSTA JUNIOR, 2004, p. 29.
[219] Podemos definir com Orlando Gomes: "Sob a denominação de direitos de personalidade, compreendem-se os direitos personalíssimos e os direitos essenciais ao de-

privada e o direito à integridade psicofísica são direitos especiais de personalidade que mais se destacam na produção de efeitos limitadores na liberdade absoluta de colher-se a prova judiciária.[220]

Por tal razão, mereceu proteção estatal, tendo o CP tutelado a reserva da vida privada, no capítulo VII, com os arts. 190.º a 199.º . A CRP também destacou que "A lei estabelecerá garantias efectivas contra a utilização abusiva, ou contrária à dignidade humana, de informações relativas às pessoas e famílias" (art. 26.º , n.2).

Entretanto, a vida em comum pode exigir limitações ao direito à intimidade, e o indivíduo pode ter sacrificado a sua intimidade em prol do interesse público.

Para além disso, o indivíduo pode permitir ou convidar que outros ingressem em sua intimidade.[221]

Contudo, pode o homem optar por recolher-se à solidão, ao silêncio, resguardando sua esfera íntima, mantendo-a impenetrável. Em nome desse direito constitucional, o homem não pode ter sua intimidade invadida pelo Estado, a não ser que o sacrifício legitimamente se imponha.

Por outro lado, o homem, ao sair do seu isolamento, tem garantido o uso da palavra e a liberdade de expressão (art. 37.º , CRP).

Todavia, esclarece Szaniawski que, embora alguns autores defendam a existência de um direito à prova, incluindo-o entre os direitos da personalidade, implicando um reconhecimento à existência de um direito

---

senvolvimento da pessoa humana que a doutrina moderna preconiza e disciplina no corpo do Código Civil como direitos absolutos, desprovidos, porém, na faculdade de disposição. Destinam-se a resguardar a eminente dignidade da pessoa humana, preservando-a dos atentados que pode sofrer por parte de outros indivíduos". E acrescentamos: por parte também do Estado (Cf. GOMES, Orlando. *Introdução ao direito civil*. Rio de Janeiro: Forense, 1998. p. 131). O Código Civil de 1966 tutela a personalidade no art. 70.º, n. 1, em cláusula geral, e depois, nos arts. 72.º a 81.º, tipifica os direitos especiais de personalidade.

[220] SZANIAWSKI, Elimar. *Direitos de personalidade e sua tutela*. São Paulo: Editora Revista dos Tribunais, 2005. p. 288.

[221] Cf. MEIREIS (1999, p. 226) que pondera: "Não defendemos a impossibilidade de os conhecimentos do juiz se referirem a essa área central de privacidade; ela não é por isso impenetrável; é impenetrável sim, mas apenas contra a vontade do titular do direito. Desta forma, nada obsta a que o arguido confesse factos pertencentes a essa mesma esfera da intimidade e que o juiz o valore. Assim, ao nível da primeira esfera, a proibição radical, não é uma proibição de valoração mas um *prius* em relação a este momento: é uma questão de proibição de interferência que nestes casos terá como conseqüência uma proibição de valoração".

3. O direito ao silêncio: Sua relação com direitos fundamentais e garantias... 79

ao silêncio como seu corolário, o melhor seria enquadrar essas categorias na disciplina do direito processual, pois apresentam características que se afastam do direito de personalidade. Diz o autor que "[...] o sistema processual da atualidade possui natureza de liberdade pública, é dirigido pelo juiz como órgão do Estado e, neste caso, o direito ao silêncio seria uma manifestação de desrespeito à consideração da justiça, sendo incompatível com a noção de Estado de direito".[222]

Por outro lado, sustenta Cirilo de Vargas que o silêncio está diretamente ligado à intimidade da pessoa, que se expõe, ou não, a seu exclusivo critério. "Se o nada dizer importa em nada informar, do ponto de vista lógico, sequer pode ser levado em conta como um dos elos da cadeia probatória, para afirmar a responsabilidade penal do acusado".[223]

---

[222] SZANIAWSKI, 2005, p. 272.
[223] VARGAS, 2002, p. 224.

4. FUNDAMENTO JURÍDICO

4.1 Direitos, liberdades e garantias pessoais

A República Portuguesa está baseada na dignidade da pessoa humana (art. 1.º, CRP), princípio que alicerça todos os direitos fundamentais,[224] pois decorrentes dela, de tal modo que sua nomeação na Carta Constitucional é primordial para o estabelecimento de como se conceberá a relação indivíduo e Estado. Assevera Canotilho que "A primeira função dos direitos fundamentais – sobretudo dos direitos, liberdades e garantias – é a defesa da pessoa humana e da sua dignidade perante os poderes do Estado".[225]

---

[224] Cardoso da Costa enfatiza que o princípio da dignidade humana não é um direito fundamental; é "[...] mais do que isso, já que representa o princípio de valor que é o fundamento mesmo (e o critério) desses direitos e do respectivo catálogo". E acrescenta: "[...] exprime, sim, o reconhecimento de um conjunto de direitos alienáveis e inderrogáveis, anteriores ao Estado e que este tem de respeitar, que se ligam e emergem da própria dignidade do homem enquanto homem, e enquanto pessoa, e são expressão infungível dessa dignidade. Numa palavra: no reconhecimento do princípio da dignidade da pessoa humana como fundamento do Estado vai a revelação da concepção ou do pressuposto antropológico essencial em que repousam e de onde derivam os direitos fundamentais ou direitos do homem" (COSTA, José Manuel M. Cardoso da. *O princípio da Dignidade da Pessoa Humana na Constituição e na Jurisprudência Constitucional Portuguesas*. Separata de Direito constitucional. Estudos em homenagem a Manoel Gonçalves Ferreira Filho. São Paulo: Dialética, 1999. p. 192).

[225] CANOTILHO, José Joaquim Gomes. *Direito constitucional e teoria da Constituição*. Coimbra: Livraria Almedina, 2003. p. 407-408. E depois: "Os direitos fundamentais cumprem a função de direitos de defesa dos cidadãos sob uma dupla perspectiva: 1) constituem, num plano jurídico-objectivo, normas de competência negativa para os poderes públicos, proibindo fundamentalmente as ingerências destes na esfera jurídica individual; 2)implicam, num plano jurídico-subjectivo, o poder de exercer positivamente direitos fundamentais (liberdade positiva) e de exigir omissões dos poderes públicos, de forma a evitar agressões lesivas por parte dos mesmos (liberdade negativa)".

Entendemos, segundo esposa Lopes, que "Os direitos fundamentais podem ser definidos como os princípios jurídica e positivamente vigentes em uma ordem constitucional que traduzem a concepção de dignidade humana de uma sociedade e legitimam o sistema jurídico estatal".[226]

Diferenciam-se, pois, dos direitos humanos ou do homem[227] que seriam os "[...] direitos válidos para todos os povos e em todos os tempos" enquanto os direitos fundamentais são os "[...] direitos do homem, jurídico-institucionalmente garantidos e limitados espacio-temporalmente".[228]

---

[226] LOPES, Ana Maria D'Ávila. *Os direitos fundamentais como limites ao poder de legislar*. Porto Alegre: Sergio Antonio Fabris Editor, 2001. p. 35. Entretanto, desde logo, apontamos que não há consenso sobre a definição de direito fundamental. É possível perfilar um conceito formal e material. Em sentido formal, são direitos fundamentais aqueles que foram expressamente consagrados pela legislação como fundamentais. Em sentido material, seriam aqueles que, por sua importância e conteúdo, são equiparados aos direitos fundamentais contidos no catálogo. Adotamos o conceito indicado por congregar os dois aspectos.

[227] "Costumam definir-se os direitos do homem como aqueles que cabem ao respectivo titular pelo simples facto de ser homem, e não por se envolver numa certa e determinada relação jurídica. Ou seja, os direitos do homem são a conseqüência necessária de por um indivíduo ter nascido se tornar pessoa. Como afirmaria La Palisse, todos os homens que existem nasceram como tais. Daí que não haja homem algum a quem possam ser denegados os direitos do homem [...]. O homem subjacente à actual concepção dos direitos do homem auto-atribui-se uma especial dignidade, que o configura como sujeito autónomo e moralmente responsável [...]. A dignidade humana é o corolário de que 'o natural' no homem é ser racional. Por isso é que ele luta pela sua progressiva libertação individual e colectiva, em termos inacessíveis às outras criaturas. Mas acresce que 'o natural' no homem é também ser social. Porque só se realiza integrado em grupos, é chamado a responder perante os outros membros do grupo. Acresce que o homem não é puro espírito, daí a sua vulnerabilidade e fragilidade, o que reclama ao mesmo tempo uma ideia de tolerância" (MOURA, José Souto de. "Direito e Processo Penal actuais e consagração dos Direitos do Homem". *Revista Portuguesa de Ciências Criminais*. Ano I, n. 4, 1991. p. 568-569).

[228] CANOTILHO, 2003, p. 397. E mais: "Los derechos humanos suelen venir entendidos como un conjunto de facultades e instituciones que, en cada momento histórico, concretan las exigencias de la dignidad, la libertad y la igualdad humanas, los cuales deben ser reconocidos positivamente por los ordenamientos jurídicos a nivel nacional e internacional. En tanto que con la noción de los derechos fundamentales se tiende a aludir a aquellos derechos humanos garantizados por el ordenamiento jurídico positivo, en la mayor parte de los casos en su normativa constitucional y que suelen gozar de tutela reforzada". (PEREZ LUÑO, Antonio. *Derechos humanos, Estado de derecho y Constituición*. Madri: Tecnos, 1995. p. 48).

4. Fundamento jurídico

Diferenciam-se, ainda, embora haja correlação, das liberdades públicas,[229] as quais correspondem os direitos humanos de primeira geração.[230] Também denominadas liberdades negativas, posto implicarem uma atividade negativa ou omissiva do Estado,[231] estão relacionadas ao *status negativus,* podendo o cidadão delas se valer para se opor à intervenção estatal, escolhendo o seu comportamento pessoal, desde que não lhe seja defeso por lei.

Grinover explica que, se a liberdade jurídica é "[...] o poder de autodeterminação por força do qual o homem escolhe seu comportamento pessoal", será ela puramente negativa, pois tratar-se-á apenas de omitir comportamento lesivo à liberdade alheia".[232]

Nessa seara, ainda se eleva a discussão acerca das teorias jusnaturalista e juspositivista.[233] Na dimensão jusnaturalista, a expressão direitos fundamentais identifica-se como os chamados direitos humanos, os quais independem do reconhecimento estatal, tendo sua origem numa ordem jurídica superior e anterior ao Estado, que é o direito natural, enquanto,

---

[229] Em sentido estrito, são "[...] faculdades de autodeterminação, individuais ou coletivas, declaradas, reconhecidas e garantidas pelo Estado, mediante as quais os respectivos titulares escolhem modos de agir, dentro dos limites traçados previamente pelo Poder Público". (CRETELLA JUNIOR, José. *Comentários à Constituição Brasileira de 1988.* Rio de Janeiro: Editora Forense, 1990 apud VARGAS, 2002, p. 29).

[230] São direitos fundamentais de primeira geração os direitos de liberdade cuja titularidade pertence ao indivíduo, sendo oponível ao Estado. De segunda geração são os direitos sociais, culturais e econômicos, onde o Estado é chamado a agir, prestando serviço ao cidadão, com o objetivo de alcançar a justiça social. De terceira geração são os direitos de solidariedade humana, tendo uma acepção difusa, pertencendo a toda a coletividade, como ocorre com a paz mundial, e o meio ambiente. Os direitos fundamentais de quarta geração ainda estão em formação teórica, correspondendo à globalização política na esfera da normatividade jurídica. Entre tantos outros, cf. SCHÄFER, Jairo Gilberto. *Direitos fundamentais: proteção e restrições.* Porto Alegre: Livraria do Advogado, 2001. p. 32-33.

[231] "No campo das liberdades públicas estas podem ser também positivas, ou seja: ao Estado cabe, além do dever de abster-se de ações violadoras dos direitos fundamentais, assegurar a inviolabilidade dos mesmos. O papel assegurador das liberdades passou a ser um dos fins" (VARGAS, 2002, p. 3).

[232] GRINOVER, 1976a, p. 10-11.

[233] Defende Vieira de Andrade que os direitos fundamentais podem ser analisados sob três perspectivas distintas: filosófica ou jusnaturalista, estadual ou constitucional e universalista ou internacionalista (Cf. ANDRADE, José Carlos Vieira de. *Os Direitos Fundamentais na Constituição Portuguesa de 1976.* Coimbra: Livraria Almedina, 2001. p. 13-34).

na dimensão juspostivista, os direitos fundamentais são aqueles positivados pelo legislador em um determinado sistema jurídico.[234]

Entre as várias teorias existentes sobre a concepção dos direitos fundamentais,[235] o Estado Português adotou o entendimento de que os direitos fundamentais podem ser regulados e restringidos por meio de lei,[236] entretanto, sem que ocorra qualquer diminuição de sua extensão, bem como do alcance do conteúdo essencial[237] que apresentam os preceitos constitucionais (art. 18.º, n. 3, CRP). Não há direito absoluto, nem mesmo quando nomeadamente fundamental.[238]

---

[234] Jorge Miranda ensina que os direitos fundamentais dividem-se em sentido formal e sentido material. Os primeiros são "[...] toda posição jurídica subjectiva das pessoas enquanto consagrada na Lei Fundamental", e quanto aos outros afirma que "[...] não se trata de direitos declarados, estabelecidos, atribuídos pelo legislador constituinte, pura e simplesmente; trata-se também dos direitos resultantes da concepção de constituição dominante, da ideia de Direito, do sentimento jurídico colectivo (conforme se entender, tendo em conta que estas expressões correspondem a correntes filosóficos-jurídicas distintas)" (MIRANDA, 2000, p. 359).

[235] Segundo Alexy, a classificação de maior prestígio é apresentada por Böckenförde, que distingue cinco teorias: a) a teoria liberal ou do Estado de direito burguês; b) teoria institucional; c) teoria axiológica ou da ordem dos valores; d) teoria democrático-funcional; e) teoria do Estado social (ALEXY, Robert. *Teoria de los Derechos Fundamentales*. Madrid: Centro de Estúdios Políticos y Constitucionales, 2002. p. 36).

[236] "O princípio fundamental do estado de direito democrático não é o de que o que a constituição não proíbe é permitido (transferência livre ou encapuçada do princípio da liberdade individual para o direito constitucional), mas sim o de que os órgãos do estado só têm competência para fazer aquilo que a constituição lhes permite (cfr. Art.111/2). No âmbito dos direitos, liberdades e garantias, a reserva de constituição significa deverem as restrições destes direitos ser feitas directamente pela constituição ou através de lei, mediante autorização constitucional expressa e nos casos previstos pela constituição (cfr. Art.18/2)" (CANOTILHO, 2003, p. 247).

[237] Não há consenso na determinação dos critérios para designar o conteúdo essencial de um direito fundamental. Mencionamos algumas das teorias: a) teoria da garantia institucional de Carl Schmitt; b) teoria da integração de Rudolf Smend; c) teoria de Düring (o conteúdo material de um direito fundamental confunde-se com a própria dignidade humana); d) teoria de Peter Häberle. Entre nós, cf., principalmente, Canotilho.

[238] "Os direitos fundamentais não são absolutos, ilimitados. Pela necessidade de coexistência dos direitos entre si, em dado ordenamento jurídico, é praticamente inevitável o surgimento de restrições mas, em se tratando de direitos fundamentais, deverão ser sempre reguladas por lei" (QUEIJO, 2003, p. 53). Também a liberdade não é absoluta. Se assim o fosse, "[...] levaria a uma situação caótica, onde as necessidades mínimas de uns não poderiam ser satisfeitas, ou, então, as liberdades dos mais fracos podiam ser suprimidas pelos mais fortes". Entretanto, há um "espaço mínimo de liberdade pessoal" que irremediavelmente não deve ser restringido, ou sequer violado (Cf. VARGAS, 2002, p. 3).

No entanto, é necessário estabelecer regras que preservem o núcleo essencial[239] que, de forma alguma, poderá ser violado.[240] É por isso que a Constituição também assinala que as restrições[241] devem limitar-se ao necessário para salvaguardar outros direitos ou interesses constitucionalmente protegidos (art. 18.º, n. 2, CRP).

Tem sido proposto que seja observado nessa matéria o princípio da proporcionalidade e o da ponderação de bens[242].

---

[239] "É a garantia do conteúdo essencial que não apenas aceita a possibilidade da limitação de um direito fundamental, mas também a sua regulação, com a finalidade de permitir que possa ser efetivamente exercido. Esta garantia, junto com os princípios da ponderação dos bens e da proporcionalidade, constitui um mecanismo indispensável na proteção e promoção dos direitos fundamentais, os quais não são direitos absolutos nem, muito menos, instrumentos da arbitrariedade do legislador" (LOPES, 2001, p. 190).

[240] CANOTILHO, 2003, p. 458.

[241] A sistemática de limites pode ser assim traçada: a) restrições ou limites expressos diretamente pela Constituição ou, indiretamente, pela lei; b) restrições ou limites implícitos (limites imanentes dos direitos fundamentais). Cf. Cf. BARROS, Suzana de Toledo. *O princípio da proporcionalidade e o controle da constitucionalidade das leis restritivas de direitos fundamentais*. Brasília: Brasília Jurídica, 2000. p. 160.

[242] Identifica-se o desenvolvimento teórico do princípio da proporcionalidade no direito administrativo francês e alemão e, graças à atividade do Tribunal Constitucional alemão, sua inserção no direito constitucional. Cf. BARROS, 2000. p. 35-57. O princípio da proporcionalidade (em sentido amplo) ou da proibição do excesso significa, "no âmbito específico das leis restritivas de direitos, liberdades e garantias, que qualquer limitação, feita por lei ou com base na lei, deve ser adequada (apropriada), necessária (exigível) e proporcional (com justa medida). A exigência da adequação aponta para a necessidade de a medida restritiva ser apropriada para a prossecução dos fins invocados (conformidade com os fins). A exigência da necessidade pretende evitar a adopção de medidas restritivas de direitos, liberdades e garantias que, embora adequadas, não são necessárias para se obterem os fins de protecção visados pela Constituição ou a lei. Uma medida será então exigível ou necessária quando não for possível escolher outro meio igualmente eficaz, mas menos 'coactivo', relativamente aos direitos restringidos. O princípio da proporcionalidade em sentido estrito (= princípio da 'justa medida') significa que uma lei restritiva, mesmo adequada e necessária, pode ser inconstitucional, quando adopte 'cargas coactivas' de direitos, liberdades e garantias 'desmedidas', 'desajustadas', 'excessivas' ou 'desproporcionadas' em relação aos resultados obtidos" (CANOTILHO, 2003, p. 457). "A finalidade da ponderação é determinar a prevalência, ainda que não absoluta, dos bens constitucionalmente protegidos, o que não é uma tarefa fácil, já que a preferência ou superioridade de um bem só pode ser decidida em função das circunstâncias especiais de cada caso concreto" (LOPES, 2001, p. 190). "Quando o intérprete pondera bens em caso de conflito entre direitos fundamentais, ele estabelece uma precedência de um sobre o outro, isto é, atribui um peso maior a um deles. Se se pode estabelecer uma fundamentação para esse resultado, elimina-se o irracionalismos subjetivo e passa-se para o

Obviamente, de acordo com seus interesses, cada comunidade jurídica estabelecerá e regulará em seus ordenamentos os direitos do homem.[243] Assim, encontramos, no capítulo I do título II, a descrição dos direitos, liberdades e garantias pessoais protegidos constitucionalmente pelo Estado Português[244] e, especialmente, entre eles, temos, no art. 32.º, as garantias oferecidas àqueles que sofrem um processo criminal.

A primeira delas é que o processo criminal deve assegurar todas as garantias de defesa (art. 32.º, n. 1, CRP), revelando, portanto, que o argüido ou, inclusive, o suspeito, pode utilizar-se de todos os meios que estiver a seu dispor a fim de exercitar o seu direito à defesa.[245] Certo é que esse direito fundamental é restringido por lei, desde que não afete o seu conteúdo ou núcleo essencial, quando, por exemplo, veda-se o uso de provas proibidas.

De outra sorte, não há como impedir que o argüido lance mão dos meios e instrumentos que entender convenientes, seja como forma de autodefesa ou defesa técnica, para melhor apresentar sua estratégia defensiva perante o Tribunal a que foi chamado.

O recém-aprovado texto da Constituição Européia deixa bem nítida a preocupação em garantir a preservação dos direitos de defesa, ao dispor, em seu art. II-108.º, n. 2, que todo argüido deve tê-los respeitado.

---

racionalismo objetivo" (BARROS, 2000, p. 172). "A ponderação é um modelo de verificação e tipicização da ordenação de bens em concreto. Não é, de modo algum, um modelo de abertura para uma justiça 'casuística', 'impressionística' ou de 'sentimentos'. Precisamente por isso, é que o método de *balancing* não dispensa uma cuidadosa *topografia* do conflito nem uma *justificação* da solução do conflito através da ponderação [...]. Ponderar princípios significa sopesar a fim de se decidir qual dos princípios, num caso concreto, tem maior peso ou valor [...]" (CANOTILHO, 2003, p. 1238 e 1241).

[243] "Em matéria de direitos humanos é óbvio que a protecção que eles possam proporcionar só se efectiva se se ultrapassar a fase das meras proclamações de princípios" (MOURA, 1991, p. 570).

[244] Canotilho defende a positivação constitucional dos direitos fundamentais, pois "[...] significa a incorporação na ordem jurídica positiva dos direitos considerados 'naturais' e 'inalienáveis' do indivíduo" (CANOTILHO, 2003, p. 377).

[245] "Hoy resulta claro, sin embargo, que una de las formas de defensa en el proceso es el silencio. Derecho que, lógicamente, no cabe limitar sólo a quienes se encuentran detenidos, sino que asiste a cualquier imputado, independientemente de que se halle o no sujeto a esa medida cautelar de carácter personal. Pues se incardina en la más amplia esfera del derecho de defensa, y la estrategia del silencio queda garantizada a todo sujeto imputado" (REVILLA GONZÁLEZ, José-Alberto. *El interrogatorio del imputado*. Valencia: Tirant lo Blanch, 2000. p. 35).

Cuida-se de um direito público subjetivo,[246] no qual se insere o silêncio do argüido, este uma garantia, mas também um direito, pois "[...] as clássicas garantias são também direitos".[247]

Explicitemos esses conceitos a fim de delimitar nosso objeto de estudo.

É uma garantia de liberdade, outorgando ao argüido liberdade de autodeterminação, possibilitando-lhe escolher entre calar-se ou colaborar com o Estado.

É um direito inserido no conteúdo constitucional da ampla defesa reconhecido pelo art. 32.º, n. 1 da CRP.[248]

Essa é uma disposição constitucional indesmentivelmente aberta,[249] uma vez que, ao inserir o vocábulo "todas", não expressa nomeadamente

---

[246] "O reconhecimento de direitos públicos subjetivos, dotados de garantias eficazes, constitui uma das características basilares do Estado de Direito. A missão última de tais direitos subjetivos é o resguardo dos valores da pessoa humana" (VARGAS, 2002, p. 28). Apesar de toda controvérsia sobre o conceito de direito subjetivo, Vieira de Andrade aponta a "[...] ideia comum de que a figura do direito subjectivo implica um poder ou uma faculdade para a realização efectiva de interesses que são reconhecidos por uma norma jurídica como próprios do respectivo titular" (ANDRADE, J., 2001, p. 114).

[247] CANOTILHO, 2003, p. 396.

[248] Esclarece Jorge Miranda que "Os direitos representam só por si certos bens, as garantias destinam-se a assegurar a fruição desses bens; os direitos são principais, as garantias são acessórias e, muitas delas, adjectivas (ainda que possam ser objecto de um regime constitucional substantivo); os direitos permitem a realização das pessoas e inserem-se directa e imediatamente, por isso, nas respectivas esferas jurídicas, as garantias só nelas se projectam pelo nexo que possuem com os direitos; na acepção jusracionalista inicial, os direitos declaram-se, as garantias estabelecem-se" (MIRANDA, 2000, p. 95). À sua lista de exemplos citada no manual, podemos incluir: ao direito de permanecer calado correspondem as garantias de defesa do argüido, dentre elas a de não produzir prova contra si mesmo. Vieira de Andrade afirma que "Todas as regras e princípios que garantem a liberdade e a integridade dos indivíduos em matéria penal e de processo penal [...] devem ser considerados como 'direitos-garantias'. São 'garantias', porque têm uma função instrumental, contendo normas de competência ou regras de acção estadual para proteção de outros direitos, que constituem, para este efeito, posições primárias; estes outros direitos serão, em regra, os direitos-direitos, conceito normalmente utilizado quando se refere uma posição que tem como objecto imediato um bem específico da pessoa (vida, honra, liberdade física, integridade, nome, imagem, palavra); ou os direitos-liberdades, que designam e definem espaços de decisão e de acção individual livres da interferência estadual" (ANDRADE, J., 2001, p. 117).

[249] "Quanto ao direito de defesa, constitui ele uma categoria aberta à qual devem ser imputados *todos os concretos direitos* [grifo nosso], de que o arguido dispõe, de co--determinar ou conformar a decisão final do processo" (DIAS, Jorge de Figueiredo. "Sobre

a concessão dos direitos subjetivos que açambarca, por isso, fonte autônoma de garantias de defesa. Seu sentido necessita ser interpretado para uma correta aplicação, principalmente se em colisão com outros direitos fundamentais, tendo já sido apontado que não existe direito absoluto. Estaria, pois, o direito ao silêncio compreendido nessa disposição?[250]

Partimos primeiramente da dignidade humana, contida no art. 1.º da Constituição, afirmando que, por si só, foi elevada a valor jurídico supremo do Estado Português, ao dispor que Portugal é uma República soberana, baseada na dignidade da pessoa humana. Como os princípios se dirigem não somente aos cidadãos, mas antes ao próprio Estado, este deve observá-lo, de forma a não produzir leis infraconstitucionais que violem a dignidade humana.

Jorge Miranda revela que a Constituição "[...] confere uma unidade de sentido, valor e de concordância prática ao sistema de direitos fundamentais" que, por sua vez, descansa na dignidade da pessoa humana, e explica: "[...] ou seja, na concepção que faz da pessoa fundamento e fim da sociedade e do Estado".

Não ignoramos a dificuldade que se apresenta na constatação do que signifique a expressão "dignidade humana", mas, numa aproximação induvidosa, acolhemos que consista que "[...] el hombre, como ente ético-espiritual, puede por su propia natulareza, consciente y libremente, autodeterminarse, formarse y actuar sobre el mundo que le rodea".[251]

O homem em si mesmo deve ser o valor supremo de nossa sociedade[252] – sua dignidade é o "[...] fundamento axiológico-normativo de

---

os sujeitos processuais no novo Código de Processo Penal". *O novo Código de Processo Penal:* Jornadas de direito processual penal. Coimbra: Livraria Almedina, 1989. p. 28).

[250] Maria F. Palma afirma que as garantias de defesa do argüido, asseguradas pelo n. 1 do art. 32.º da CRP, abrangem os direitos de declaração e de silêncio (PALMA, 1994, p. 109).

[251] VON WINTRICH, *Zur Problematik der Grundrechte*, 1957, p. 15 apud FERNÁNDEZ SEGADO, Francisco. "La dignidad de la persona como valor supremo del ordenamiento jurídico". *Estado e Direito: Revista Semestral Luso-Espanhola de Direito Público*, Lisboa, n. 17-18, 1996. p. 100. Defendendo também a autonomia do ser humano: "[...] respect for dignity implies respect for the autonomy of each person, and the right of everyone not to be devalued as a human being or treated in a degrading or humiliating manner" (CHASKALSON, Arthur. "Human dignity as a constitucional value". *The concept of dignity in human rights discourse*. Ed. David Kretzmer e Eckart Klein. Netherlands: Klumer Law Internacional, 2000. p. 134).

[252] Ao comentar sobre a inserção da dignidade humana na ordem jurídico-constitucional portuguesa, Cardoso da Costa enfatiza que é "[...] óbvio que ela tem o propósito

4. Fundamento jurídico

toda ordenação jurídica comunitária que se queira justa e que se radique numa exigência de humanidade".[253] Embora, por vezes, perca a consciência de sua dignidade, merece tê-la respeitada e protegida. É como afirma Nobre Júnior: "Por mais abjeta e reprochável que tenha sido a ação delituosa, não há como se justificar seja o seu autor privado de tratamento digno".[254]

Cremos plena de méritos a lição de Fernández Segado, quando afirma que dizer que a dignidade da pessoa é o fundamento da ordem política e da paz social não se resume a formular um preceito obrigatório para os cidadãos e para os poderes públicos, mas demonstra como entende o legislador constituinte qual seja esse fundamento. Conclui que "[...] quando la Constituición establece que la dignidad de la persona es fundamento de la paz social, pone de manifiesto que ésta no es conseguible sin la dignidad de la persona, o lo que es lo mismo: no hay paz social sin dignidad de la persona y no hay dignidad de la persona si falta la paz social".[255] Assim, quando o Estado se arroga como titular do *ius puniendi* e traça normas para descobrir e definir autoria e materialidade de um crime perpetrado, a fim de estabelecer novamente a paz social, não pode agir de forma a violar a dignidade humana.[256]

Não queremos com isso sustentar que todos os direitos sejam inerentes ao conceito dignidade[257] e que, por isso mesmo, invioláveis, o que redundaria em caracterizá-los como fundamentais.

---

e o alcance de inequivocamente marcar a Constituição portuguesa daquele profundo sentido humanista e personalista do Estado – o Estado existe por causa do homem, e não o homem por causa do Estado – que vem na linha da tradição cultural do Ocidente e marca o seu constitucionalismo democrático" (COSTA, J. Manuel, 1999, p. 19).

[253] DIAS, Jorge de Figueiredo. *Para uma reforma global do processo penal português. Da sua necessidade e de algumas orientações fundamentais.* Separata, p. 18-19.

[254] NOBRE JÚNIOR, Edílson Pereira. "O direito brasileiro e o princípio da dignidade humana". *Revista dos Tribunais*. São Paulo: Editora Revista dos Tribunais, n. 777, 2000. p. 477.

[255] FERNÁNDEZ SEGADO, 1996, p. 112.

[256] "A dignidade do homem é intocável e todo poder oficial tem a obrigação de a respeitar e de a proteger" (DIAS, Separata, p. 18).

[257] "Há um conjunto de direitos fundamentais, do qual decorrem todos os outros: o conjunto dos direitos que estão mais intimamente ligados à dignidade e ao valor da pessoa humana e sem os quais os indivíduos perdem a sua qualidade de homens. E, esses direitos (pelo menos, esses) devem ser considerados 'património espiritual comum da humanidade' e não admitem, hoje, nem mais de uma leitura, nem pretextos econômicos ou políticos para a violação de seu conteúdo essencial" (ANDRADE, J., 2001, p. 34). E depois,

Entretanto, entendemos que a opção que o argüido faça pelo silêncio, no momento do seu interrogatório, evidencia uma escolha livre e consciente de autodeterminar-se perante o Estado que pretende lhe tolher a liberdade. Demonstra Vittorio Grevi que o princípio *nemo tenetur se ipsum accusare* se configura como direito fundamental do cidadão[258] e, especificamente no processo penal, do acusado, caracterizando-se pelo direito à não auto-incriminação, como um comportamento do imputado que se compreende na área de exercício do direito de defesa e, por isso, oponível ao Estado,[259] sendo o momento de alertar que não se limita simplesmente ao ato de permanecer calado, como trataremos no capítulo seguinte. Colaborar ou não com o fim do processo penal é um ato que não pode ser restringido, limitado ou imposto pelo poder público,[260] sob risco de fazer do homem um objeto da ação estatal, o que é veementemente vedado pelo princípio da dignidade humana, mesmo porque seria afetado o âmago da intimidade do homem. É possível exigir que o homem confesse sua própria torpeza?

Destacamos a irretocável lição de Figueiredo Dias: "O princípio da presunção de inocência, ligado agora diretamente ao princípio – o primeiro de todos os princípios jurídico-constitucionais – da preservação da dignidade pessoal, conduz a que a utilização pelo argüido como meio de prova seja sempre limitada pelo integral respeito pela sua decisão de vontade – tanto no inquérito como na instrução ou no julgamento: só no exercício de uma plena liberdade da vontade pode o argüido decidir se e como deseja tomar posição perante a matéria que constitui objecto do processo".[261] Proteger essa decisão é impedir que o núcleo essencial da personalidade do argüido seja ameaçado por uma coação dirigida à auto--incriminação.

---

na p. 106: "Os direitos fundamentais são obrigatórios juridicamente, porque são explicitações do princípio da dignidade da pessoa humana, que lhes dá fundamento".

[258] Cf. Grevi, 1972, p. 49-50.

[259] "Nesta ótica, o princípio *nemo tenetur se detegere*, como direito fundamental, objetiva proteger o indivíduo contra excessos cometidos pelo Estado, na persecução penal, incluindo-se nele o resguardo contra violências físicas e morais, empregadas para compelir o indivíduo a cooperar na investigação e apuração dos delitos, bem como contra métodos proibidos de interrogatório, sugestões e dissimulações" (Queijo, 2003, p. 55).

[260] Diferentemente, pode ser estimulado e premiado como já em várias legislações por todo o mundo.

[261] Dias, 1989, p. 27-28.

Acrescenta com mestria Fernández Segado, ao comentar sobre o dispositivo na Constituição espanhola, e que também se aplica ao ordenamento português, que "La dignidad ha de permanecer inalterada cualquiera que sea la situación en que la persona se encuentre (también, qué duda cabe, durante el cumplimiento de una pena privativa de libertad), constituyendo, en consecuencia, un 'minimum invulnerable' que todo estatuto jurídico debe asegurar, de modo que, sean unas u otras las limitaciones que se impongan en el disfrute de derechos individuales, no conlleven menosprecio para la estima que, en cuanto ser humano, merece la persona".[262]

Estampados esses conceitos e idéias, podemos afirmar, então, que, embora seja difícil elaborar um conceito unívoco de dignidade humana, nela está o fundamento para a garantia de defesa do argüido no processo penal. Conseqüentemente, está também a garantia do direito ao silêncio.

De toda sorte, o direito constitucional da defesa foi delimitado pela norma infraconstitucional contida no Código de Processo Penal, o art. 343.º, o qual reconhece que o argüido possui o direito de permanecer calado. No entanto, não deve ser uma norma aplicada restritivamente ao momento da audiência de julgamento pelo Tribunal.[263] Não assegurar o direito ao silêncio nas fases precedentes ao julgamento é esvaziar a garantia constitucionalmente assegurada, de forma ardilosa e sagaz.[264]

Mas seria, então, o direito ao silêncio um direito constitucional ou não?

4.2 A garantia constitucional do direito ao silêncio

Importa salientar que, na esteira do pensamento de Federico de Castro,[265] a dignidade da pessoa humana e os direitos fundamentais a ela

---

[262] FERNÁNDEZ SEGADO, 1996, p. 113.

[263] Bem andou o art. 78.º, n. 3, do CPP italiano, quando deixou claro que a autoridade policial ou judiciária tem que informar ao imputado a faculdade de não responder "in qualsiasi fase del procedimento".

[264] "O processo penal português consagra um direito ao silêncio do arguido, permitindo-lhe que não responda a perguntas tendentes ao apuramento da sua responsabilidade – em qualquer fase do processo (artigo 61.º, n. 1, alínea c), do Código de Processo Penal), incluindo a audiência de julgamento (artigo 343.º, n. 1, do Código de Processo Penal) – assegurando que não será desfavorecido pelo exercício de tal direito" (PALMA, 1994, p. 101).

[265] DE CASTRO, Federico. *Derecho civil de España*. Madrid: Editorial Civitas, 1984. tomo I, p. 424.

inerentes não são formados por elementos estáticos, muito pelo contrário, são dinâmicos, abertos a um constante enriquecimento e, dessa forma, devemos conformar sua concepção também recorrendo aos diplomas internacionais que tratam dos direitos humanos.[266]

Posto isso, ganha em importância o PIDCP, de 16 de dezembro de 1966, aprovado pela Assembléia Geral da ONU, que dispôs, como garantia mínima, que toda pessoa acusada de um delito terá direito "[...] a não ser obrigada a depor contra si mesma, nem a confessar-se culpada", em seu art. 14.º, n. 3, al.g. Esse diploma foi ratificado por Portugal, pela Lei n. 29/78, de 12 de junho, estando, pois, incluído no ordenamento jurídico vigente, donde se extrai que é perfeitamente invocável.

Infortunadamente, a CEDH não tratou expressamente do direito ao silêncio, embora contenha, no art. 6.º, na garantia de um julgamento justo, o princípio da presunção de inocência, o qual, como já vimos, guarda estreita relação com aquele. Não foi outro o entendimento no caso Murray, [267] julgado em 08-02-1996 pela Corte Européia.

Prepondera na doutrina o entendimento de que os tratados e convenções internacionais que regulam direitos fundamentais possuem hierarquia equivalente a das leis internas, "[...] ou seja, que só são de aplicar internamente se e na medida em que forem conformes à Constituição",[268] e não a de normas constitucionais. Implica dizer que o princípio *nemo tenetur se ipsum accusare,* se não como direito fundamental implícito contido na ampla defesa, pode ser minimamente invocado pelo PIDCP, na qualidade de lei interna, sendo tal norma aplicável a todas as fases do

---

[266] Ensina-nos Vieira de Andrade que "Os direitos fundamentais internacionais serão os contidos nos pactos e convenções e ainda os que constem de regras de direito internacional geral ou comum. Relevam a este propósito aqueles que não existam, pelo menos formalmente, no catálogo interno, mas, mesmos quanto aos direitos 'repetidos', sempre poderão surgir formulações novas e mais claras, tal como lhes pode vir a ser dado, por via interpretativa, alcance mais vasto" (ANDRADE, J., 2001, p. 85).

[267] Nesse julgamento, a Corte estabeleceu que o direito a guardar silêncio, e de não contribuir para sua própria incriminação, embora não estejam expressamente mencionados pelo art. 6.º da CEDH, estão consubstanciados em normas internacionais reconhecidas, as quais pertencem ao âmago da noção de *procès équitable*, consagrado no citado artigo. Por outro lado, nesse mesmo julgamento, a Corte entendeu que o silêncio poderia ser interpretado desfavoravelmente ao argüido quando as provas apresentadas pela acusação fossem robustas, já que a situação demandaria uma explicação de sua parte (Cf. COUCEIRO, 2004, p. 95).

[268] ANDRADE, J., 2001, p. 39.

procedimento criminal, e não tão-somente na audiência de julgamento, ou após a constituição como argüido, como faz crer Catarina Veiga, ao apontar que estaria, então, estabelecida uma das mais importantes garantias de defesa expressa nomeadamente no art. 343.º do CPP.[269]

Por seu turno, Vieira de Andrade afirma: "Os direitos fundamentais internacionais fazem parte integrante do direito português, por constituírem princípios de direito internacional geral (art. 8.º, n. 1, da Constituição) e quando constem de convenções internacionais regularmente ratificadas e publicadas (art. 8.º, n. 2). E, em qualquer dos casos, são perfilhados pela ordem jurídica portuguesa com o caráter de direitos fundamentais (art. 16.º, n. 1)". Amparado por tal fórmula, continua: "[...] daqui se depreende directamente que é possível a existência de outros 'direitos fundamentais' em leis ordinárias ou em normas internacionais".[270]

Defender outra tese seria admitir hierarquia entre os direitos fundamentais: aqueles já expressamente definidos na "constituição material portuguesa" e os outros provenientes dos tratados e convenções internacionais, os quais seriam considerados infraconstitucionais.

Ao trazer à baila o retrocitado dispositivo legal, infere-se indubitavelmente o reconhecimento do art. 14.º, n. 3, al. g) do PIDCP "[...] como integrando a 'constituição material' portuguesa suscetível porventura de fornecer parâmetros de fiscalização judicial das normas internas".[271]

A incorporação de tratados e acordos, na ordem jurídica interna portuguesa, é regulada pelo art. 8.º, n. 2 da CRP, o qual exige que as normas sejam ratificadas ou aprovadas e oficialmente publicadas para, então, entrarem em vigor.

Digna de nota é a possível inconstitucionalidade das normas convencionais, uma vez que, preferencialmente, deveriam conformar-se com

---

[269] VEIGA, Catarina. *Considerações sobre a relevância dos antecedentes criminais*. Coimbra: Livraria Almedina, 2000, p. 43.

[270] ANDRADE, J., 2001, p. 37, 38 e 71. Eis a redação dos artigos citados: "Art. 8.º Direito internacional. 1. As normas e os princípios de direito internacional geral ou comum fazem parte integrante do direito português. 2. As normas constantes de convenções internacionais regularmente ratificadas ou aprovadas vigoram na ordem interna após a sua publicação oficial e enquanto vincularem internacionalmente o Estado Português. Art. 16.º Âmbito e sentido dos direitos fundamentais. 1. Os direitos fundamentais consagrados na Constituição não excluem quaisquer outros constantes das leis e das regras aplicáveis de direito internacional".

[271] ANDRADE, J. 2001, p. 39.

as normas constitucionais vigentes. Alertam Canotilho e Moreira que a situação pode gerar duas hipóteses: "ou o Estado se desvincula, podendo, da convenção internacional em causa, ou altera a Constituição no sentido conforme às obrigações internacionais".[272] Entendemos que a solução se encontra no art. 278.º, n. 1, com o qual o Estado pode agir preventivamente, a fim de não promover a recepção de convenções internacionais inconstitucionais.

Ingressando, pois, na ordem jurídica interna, discute-se sobre a hierarquia.

Entendemos que a "cláusula aberta" constante do art. 16.º, n. 1 da CRP, permite que os direitos fundamentais presentes nas convenções internacionais venham a integrar a ordem jurídica portuguesa com natureza constitucional, e não meramente como lei ordinária. Quis o legislador estender a tais normas que contenham direitos fundamentais a mesma proteção e a mesma garantia que são concedidas ao rol expressamente reconhecido na Constituição da República Portuguesa.

Como direito fundamental proveniente de norma constitucional internacional, o direito ao silêncio, por ter natureza análoga, recebe a aplicação do art. 17.º da CRP, e tem o mesmo regime dos direitos típicos. Ou seja, sendo direito fundamental reconhecido por meio do PIDCP e da conjugação dos arts. 16.º, n. 1 e 32.º, n. 1 da CRP, o direito ao silêncio goza do regime específico dos direitos e deveres fundamentais, que está contido na parte I, título I da Constituição e, por isso, possui aplicação direta, vincula todas as entidades públicas e privadas, e somente por lei pode ser restringido e com caráter restritivo. Sua suspensão só pode ocorrer excepcionalmente, entre outros pontos ali tratados.

Partindo, então, de uma interpretação sistemática e teleológica das normas da CRP, com destaque para a importância adquirida pelos direitos fundamentais, concluímos que o direito ao silêncio é uma garantia constitucionalmente assegurada, baseada no princípio da dignidade humana, pelo princípio da "cláusula aberta" suscitado pelo art. 16.º, n. 1, e por estar inserida no direito à ampla defesa, previsto no artigo 32.º, n. 1., ambos da CRP.

---

[272] CANOTILHO; MOREIRA, 1993, p. 86.

5. DIREITO AO SILÊNCIO: CONCEITO E NATUREZA JURÍDICA

5.1 Conceito

Nemo tenetur se detegere, nemo tenetur edere contra se, nemo tenetur se accusare, nemo tenetur se ipsum prodere, nemo tenetur se ipsum accusare, nemo tenetur turpitudinem suam e *nemo testis contra se ipsum*[273] são alguns dos aforismos latinos mais utilizados pela abalizada doutrina para identificar o direito de não auto-incriminação. Uns poucos falam ainda em *ius tacere* ou *ius tacendi*, já minimizando o alcance das primeiras expressões.

Podemos ainda falar em guardar silêncio, permanecer calado, todas expressões com sentido igual.

O sistema *commow law* cunhou o direito na expressão *privilege against self-incrimination*.

O princípio da não auto-incriminação tem sido previsto nos mais diversos diplomas internacionais, a começar pelo já citado PIDCP, de 16 de dezembro de 1966 (art. 14.º §3, g: "Toda pessoa acusada de um delito terá o direito, em plena igualdade, pelo menos, às seguintes garantias: [...] g) a não ser obrigada a depor contra si mesma, nem a confessar-se culpada"), como também pela Convenção Americana sobre Direitos Humanos, mais conhecida como Pacto de Costa Rica, aprovada em 22 de novembro de 1969 (art. 8.º, §2, al. g: "Toda pessoa acusada de delito tem direito a que se presuma sua inocência enquanto não se comprove legalmente sua culpa. Durante o processo, toda pessoa tem direito, em plena

---

[273] Ninguém é obrigado a se manifestar, ninguém é obrigado a se denunciar, ninguém é obrigado a se acusar, ninguém é obrigado a se descobrir; ninguém é obrigado a acusar a si mesmo, ninguém é obrigado a declarar a própria torpeza, ninguém testemunhe contra si mesmo.

igualdade, às seguintes mínimas garantias: [...] g) direito de não ser obrigado a depor contra si mesma, nem a declarar-se culpada)". O princípio foi reconhecido como garantia mínima aos imputados.

Embora não previsto expressamente tanto na Carta Africana dos Direitos Humanos e dos Povos, de 27 de julho de 1981, como no projeto da Carta de Direitos Humanos e dos Povos para o Mundo Árabe, de julho de 1971, tais diplomas indicam o direito de defesa como garantia perante os Tribunais,[274] o que, em nossa ótica, é suficiente para abranger o direito ao silêncio.

Também a DUDH, de 10 de dezembro de 1948, bem como a CEDH, de 4 de janeiro de 1950, não contêm expressamente o princípio *nemo tenetur se ipsum accusare*. Entretanto, ambas reconhecem o princípio da presunção de inocência, e a Declaração remete ainda, em seu art. 11.º, n. 1, a "todas as garantias necessárias de defesa" para que sejam asseguradas ao acusado.

A Convenção Européia refere-se a um processo eqüitativo ou, melhor dizendo, justo, e a Corte de Strasbourg, analisando o caso Funke vs. France, de 25-02-1993, reconheceu o princípio a partir do art. 6.º, n. 1 desse diploma,[275] pois, em um *procés equitable* não é possível exigir que o acusado faça prova de si mesmo.

A etimologia da palavra silêncio é dupla: deriva tanto do termo latino *silentium*, significando a abstenção do ato de falar, o estado de uma pessoa que se cala, quanto de outro termo latino, *sileo, es, ere, ni*, exprimindo a situação daquele que não revela o seu pensamento.

Não nos interessa somente a privação do falar como se fora sinônimo da palavra "silêncio" neste estudo. O silêncio do interrogando perante seu interlocutor deve estabelecer ausência de manifestação psicológica de qualquer ordem. Por outras palavras, o interrogando que apresenta impassibilidade, ou até indolência, não revela o seu pensamento sobre as

---

[274] Cf. COUCEIRO, 2004, p. 92.

[275] "[...] la Cour constate que les douanes provoquèrent la condamnation de M. Funke pour obtenir certaines pièces, dont elles supposaient l'existence sans en avoir la certitude. Faute de pouvoir ou vouloir se les procurer par un autre moyen, elles tentèrent de contraindre le requérant à fournir lui-même la preuve d'infractions qu'il aurait commises. Les particularités du droit douanier ne sauraient justifier une telle atteinte au droit, pour tout accusé au sens autonome que l'article 6 attribue à ce terme, de se taire et de ne point contribuer à sa propre incrimination. Partant, il y a eu violation de l'article 6.1" (Cf. Ibidem, p. 93-94).

questões que lhe são dirigidas, muito ao contrário daquele que, durante o interrogatório, à medida que lhe são feitas imputações, sem proferir palavra, sorri, ironiza, franze a sobrancelha, demonstra indignação, entre outros possíveis gestos, pois essas são atitudes que integram a defesa do argüido de outra forma, que não o silêncio. Delas se podem extrair inferências para o curso do processo.

Outra não é a posição de Velayos Martinez,[276] bem como de Huertas Martín[277] que adverte que o comportamento físico do imputado pode ser valorado pelo julgador, mas sob crítica rigorosa, pois cada pessoa tem reação diversa ante aquilo que lhe é imputado, e nunca pode ser valorada como prova, "[...] sino, en su caso, como instrumento para calibrar la atendibilidad o no de otros medios de prueba, en este caso, concretamente la declaración del imputado".

Com outro intuito, porém, ora pertinente, o Abade Dinouart erigiu, na classificação das diferentes espécies de silêncio, nomeadamente, um silêncio prudente e um silêncio artificioso; complacente ou zombador; espirituoso ou estúpido; um silêncio de aprovação ou de desprezo; de humor ou de capricho; um silêncio político.[278]

De suas explicações, inferimos que a escolha do acusado em guardar silêncio possui, mormente, as características de prudente e de político, se o acusado busca saber calar oportunamente, numa estratégia defensiva, que só a ele cabe decidir, já que se encontra numa situação em que é obrigado a conviver e deve sopesar suas atitudes, bem como não deixa de ser político, o qual advém de "[...] um homem prudente, que se poupa, que se conduz com circunspecção, que nem sempre se abre, que não diz tudo o que pensa, que nem sempre explica sua conduta e seus desígnios; que, sem trair os direitos da verdade, nem sempre responde claramente, para não se deixar revelar".[279]

Na concepção de Altavilla, "[...] o silêncio é uma atitude rara", uma vez que contraria uma das vertentes mais elementares do direito de defesa, que se corporifica nos dados positivos e favoráveis que seriam apresentados à tese do argüido.

---

[276] VELAYOS MARTÍNEZ, 1995, p. 65-66.
[277] HUERTAS MARTÍN, 1999, p. 369-370.
[278] DINOUART, Abade. *A arte de calar*. São Paulo: Martins Fontes, 2002. p. 15 et seq. Esse livro foi publicado em 1771, principalmente para tratar de questão religiosa.
[279] Ibidem, p. 18.

E continua dizendo que, nessas hipóteses, embora raras, "[...] não se pode, simplesmente, ver nesse comportamento, sem mais nada, uma presunção de culpabilidade",[280] aspecto que analisaremos mais à frente, ao tratarmos da valoração do silêncio do argüido.

Como assevera Elizabeth Queijo, "O direito ao silêncio é uma das decorrências do *nemo tenetur se detegere* no interrogatório".[281]

O princípio implica que ninguém é obrigado a depor contra si mesmo, mas também ninguém é obrigado a produzir prova ou praticar atos lesivos à sua própria defesa.[282] É como assevera Costa Andrade: "[...] o arguido não pode ser fraudulentamente induzido ou coagido a contribuir para a sua condenação, sc., a carrear ou oferecer meios de prova contra a sua defesa". Tratando-se de culpabilidade ou aplicação de pena, "[...] não impende sobre o arguido um dever de colaboração nem sequer um dever de verdade".[283]

Portanto, além das declarações do argüido, o princípio atinge a produção de provas, principalmente as periciais, bem como atos em que o argüido seja convocado a participar. Em sua concepção máxima, poderia o argüido, amparado também pelo direito constitucional da ampla defesa, recusar-se, por exemplo, a fornecer sangue para exame de dna,[284] ou participar de ato de reconhecimento. Entretanto, esses aspectos não serão

---

[280] ALTAVILLA, Enrico. *Psicologia judiciária.* Coimbra: Almedina, 2003. v. II, p. 26.
[281] QUEIJO, 2003, p. 82.
[282] Asencio Mellado destaca as notas essenciais do conteúdo do princípio: "[...] por un lado la necesaria libertad sin límite alguno que ha de rodear a las declaraciones que ofrezcan y emitan las personas sometidas a investigación penal, libertad que lo ha de ser tanto en lo relativo a su decisión de proporcionar la misma declaración, sin actuación alguna sobre su voluntad consciente, como en lo referido contenido de sus manifestaciones sin que en ningún caso se pueda obligar a compeler por la fuerza o por medio del establecimiento de sanciones coactivas al imputado a realizar una conducta positiva; por otro lado la posibilidad del imputado, si elige declarar, de no hacerlo conforme a la verdad habida cuenta de su derecho a no colaborar en su punición" (ASENCIO MELLADO, José Maria. *Prueba prohibida y prueba preconstituida.* Madrid: Editorial Trivium, 1989. p. 126).
[283] ANDRADE, M. 1992, p. 121.
[284] Há uma linha doutrinária que entende que, se o princípio *nemo tenetur se ipsum accusare* fosse aplicado com toda a carga que possui, restaria inviabilizada a apuração dos fatos. Defende Elizabeth Queijo que "[...] nem mesmo o grau de certeza proporcionado por certas provas, fruto do desenvolvimento tecnológico, cujo exemplo mais representativo são os exames de DNA, poderá justificar o sacrifício de direitos do acusado em prol da busca da verdade" (QUEIJO, 2003, p. 44).

aqui tratados,[285] embora o desejássemos e os tenhamos como relevantíssimos. Interessa-nos examinar as declarações do argüido e daquele que poderá vir a ser constituído argüido, definindo o que implica a opção de permanecer calado no momento dos interrogatórios.

5.2 Natureza jurídica

Como já assinalado, o *ius tacere* é um direito constitucionalmente protegido. É um direito fundamental do cidadão. É um direito que protege qualquer pessoa que venha a ser acusada de um delito, garantindo-lhe que não seja obrigada a declarar contra si mesma. Ninguém é obrigado a declarar-se culpado, ou seja, ninguém é obrigado a confessar o crime que tenha praticado.

Para além disso, "[...] o que está fundamentalmente em jogo é garantir que qualquer contributo do arguido, que resulte em desfavor da sua posição, seja uma afirmação esclarecida e livre de autorresponsabilidade".[286]

O *ius tacere* protege o acusado de possíveis abusos que o Estado possa vir a cometer na *persecutio criminis*, em busca da verdade.

A justificação de sua conformação como direito constitucional deriva da interpretação normativa dos princípios constitucionais expressamente nomeados na Constituição da República Portuguesa, como também – e consideramos a via mais adequada – dos direitos fundamentais que possuem natureza constitucional, os quais se referem ao direito de não produzir prova contra si mesmo. Na órbita portuguesa, defendemos que é a interpretação do art. 14.º do Pacto que impõe a natureza constitucional do direito ao silêncio.

Entretanto, não é possível deixar de reverenciar a posição de Costa Andrade que aponta como matriz jurídico-constitucional do princípio –

---

[285] Costa Andrade aponta o problema acerca das provas a serem produzidas utilizando o corpo do argüido, sendo ele forçado a uma ação ou compelido a tolerar a ação. "Todo um espectro de problemas a que a própria lei processual penal portuguesa está longe de assegurar resposta completa e expressa. E que, nessa medida, obrigam também a doutrina e a práxis nacionais a progredir sem o arrimo do direito positivo. E sendo certo que o caminho terá de fazer-se sob a vigilância permanente de um dos mandamentos que presidem ao processo penal de um Estado de Direito: precisamente de que todo o atentado à liberdade dos cidadãos carece de expressa legitimação legal" (ANDRADE, M. 1992, p. 130).

[286] Ibidem, p. 121.

para ele, *nemo tenetur se ipsum accusare* – a tutela jurídico-constitucional de valores ou direitos fundamentais, como a dignidade humana, a liberdade de ação e a presunção de inocência, lembrando que é unívoca a vigência desse princípio no Direito Processual Penal português.[287]

Como bem lembram Moura e Moraes, no plano do direito material, o direito ao silêncio está inserido no âmbito da proteção à privacidade ou intimidade.[288]

Cavaleiro de Ferreira ensina que as provas pessoais são colhidas pela declaração, o meio de a pessoa narrar os fatos de seu conhecimento e, por isso, "A declaração é um acto moral da personalidade; como tal pressupõe liberdade".[289] Assim, se é garantida a liberdade de expressão, outra conclusão não podemos ter de que a manifestação pelo silêncio é um direito constitucional, visto ser a "expressão" imediata da garantia de liberdade de expressão derivada da personalidade humana.

Sendo, pois, um dos direitos que conformam a personalidade, está protegido constitucionalmente também pelo art. 26.º n. 1, da CRP, que reconhece a todos o direito à reserva da intimidade da vida privada.

Acrescentamos, ainda, o direito à palavra, constante do mesmo artigo, como um dos atributos da personalidade, o qual garante a todos a possibilidade de manifestação com liberdade.[290]

No plano do direito processual, o direito ao silêncio relaciona-se com o princípio do devido processo legal, da ampla defesa, do contraditório e da presunção de inocência.

Aponta Velayos Martínez que alguns autores defendem que o direito ao silêncio é uma forma de expressão do direito de defesa. Assim, inferem a sua natureza constitucional com origem no direito de defesa, edificado na autodefesa, a qual, por sua vez, segundo esclarece o autor, não deve ser compreendida somente como uma conduta verbal de negação do

---

[287] ANDRADE, M. 1992, p. 125.
[288] MOURA, Maria Thereza Rocha de Assis e MORAES, Maurício Zanoide. "Direito ao silêncio no interrogatório". *Revista Brasileira de Ciências Criminais*. São Paulo: Editora Revista dos Tribunais, n. 6, 1994, p. 137.
[289] FERREIRA, 1955, v. II, p. 319.
[290] "Diferentemente do que antes sucedia, o direito ao livre desenvolvimento da personalidade é hoje reconhecido como um valor fundamental da ordenação jurídica. O direito da pessoa à sua própria palavra falada [...] pertence também ao conteúdo deste direito geral de personalidade" (Decisão alemã citada por ANDRADE, M., 1992, p. 141).

argüido, porém, estendida aos conceitos de não declarar contra si mesmo e não confessar-se culpado.[291] Vittorio Grevi, inclusive, defende que o direito de permanecer calado é um complemento do direito de não declarar contra si mesmo e não confessar-se culpado.

Estabelecendo uma conexão entre o direito de não auto-incriminar--se e o direito de defesa, o direito ao silêncio, abrangido pelo primeiro, representa uma tática ou uma opção realizada no exercício do direito de defesa.

---

[291] VELAYOS MARTÍNEZ, 1995, p. 70.

6. O DIREITO AO SILÊNCIO E O INTERROGATÓRIO

6.1 Titulares do direito ao silêncio: o argüido

Ao contrário do Código de Processo Penal de 1929,[292] o Código em vigor não definiu expressamente a figura do argüido. Indica, entretanto, hipóteses em que a pessoa deva ser constituída como argüido, o que podemos verificar nos arts. 57.º , 58.º e 59.º , do CPP, pois tratam do momento e do modo de obtenção do estatuto jurídico-processual do argüido. O estatuto é um complexo de direitos e deveres do qual é titular o argüido, nomeados, principalmente, no art. 61.º , do CPP,[293] não sendo essa enumeração exaustiva.

---

[292] "É arguido aquele sobre quem recai forte suspeita de ter perpetrado uma infracção, cuja existência esteja suficientemente provada" (Art. 251.º).

[293] "**Art. 61.º Direitos e deveres processuais**. 1 O arguido goza, em especial, em qualquer fase do processo e, salvas as excepções da lei, dos direitos de: a) Estar presente aos actos processuais que directamente lhe disserem respeito; b) Ser ouvido pelo tribunal ou pelo juiz de instrução sempre que eles devam tomar qualquer decisão que pessoalmente o afecte; c) Não responder a perguntas feitas, por qualquer entidade, sobre os factos que lhe forem imputados e sobre o conteúdo das declarações que acerca deles prestar; d) Escolher defensor ou solicitar ao tribunal que lhe nomeie um; e) Ser assistido por defensor em todos os actos processuais em que participar e, quando detido, comunicar, mesmo em privado, com ele; f) Intervir no inquérito e na instrução, oferecendo provas e requerendo as diligências que se lhe afigurarem necessárias; g) Ser informado, pela autoridade judiciária ou pelo órgão de polícia criminal perante os quais seja obrigado a comparecer, dos direitos que lhe assistem; h) Recorrer, nos termos da lei, das decisões que lhe forem desfavoráveis. 2 A comunicação em privado referida na alínea e) do número anterior ocorre à vista quando assim o impuserem razões de segurança, mas em condições de não ser ouvida pelo encarregado da vigilância. 3 Recaem em especial sobre o arguido os deveres de: a) Comparecer perante o juiz, o Ministério Público ou os órgãos de polícia criminal sempre que a lei o exigir e para tal tiver sido devidamente convocado; b) Responder com verdade às perguntas feitas por entidade competente sobre a sua identidade e, quando a lei o impuser, sobre os seus antecedentes criminais; c) Prestar

A constituição em argüido reveste-se de um ato formal, no qual se comunica, verbalmente ou por escrito, que, a partir daquele momento, a pessoa adquire a qualidade de argüido, pois contra si está sendo deduzida uma acusação ou requerida instauração num processo.

Argüido é, segundo Germano Marques, "[...] a pessoa que é formalmente constituída como sujeito processual e relativamente a quem corre processo como eventual responsável pelo crime que constitui objecto do processo".[294]

Não há duvidas, e todos os autores assim o entendem, de que, só após a constituição do argüido, podemos falar em sujeito processual passivo, sendo-lhe assegurado o exercício de direitos e deveres processuais. Aliás, assim dispõe o art. 60.º, do CPP.[295] Portanto, o direito ao silêncio, previsto no art. 61.º, n. 1, al. c, para o argüido nasce no momento de sua constituição nessa qualidade.

É hora de destacar que a lei, em muitas oportunidades, recorre indistintamente às expressões suspeito, argüido, réu, indiciado, acusado, culpado, para as diversas fases do processo penal.

Vasco Ramos indica que o legislador aparentemente utilizou uma forma nem sempre criteriosa para se referir ao sujeito passivo do processo, ora denominando-o argüido, ora réu. Conceitua-os da seguinte forma: "Arguido será o sujeito passivo do processo, a partir do momento em que determinado crime suficientemente comprovado é imputado a determinada pessoa" e "[...] será réu o arguido a partir do momento em que o juízo de suspeita que sobre ele recaia se transformou em juízo de probabilidade, e este é confirmado pelo juiz, ou seja a partir da pronúncia".[296]

Castanheira Neves distingue três designações: suspeito, réu e argüido, explicando que o termo argüido, geralmente, é usado em sentido idêntico ao de réu, mas é mais amplo, pois abrange o suspeito. Réu é "[...] a

---

termo de identidade e residência logo que assuma a qualidade de arguido; d) Sujeitar-se a diligências de prova e a medidas de coacção e garantia patrimonial especificadas na lei e ordenadas e efectuadas por entidade competente".

[294] SILVA, 2000, v. I, p. 286.

[295] "**Art. 60.º Posição processual**. Desde o momento em que uma pessoa adquirir a qualidade de arguido é-lhe assegurado o exercício de direitos e de deveres processuais, sem prejuízo da aplicação de medidas de coacção e de garantia patrimonial e da efectivação de diligências probatórias, nos termos especificados na lei".

[296] RAMOS, Vasco A. Grandão. *Direito processual penal: noções fundamentais*. Luanda: Ler & Escrever, 1995. p. 173.

pessoa criminalmente pronunciada com fundamento numa acusação pertinente. Antes da acusação, a pessoa é mero suspeito".[297]
José A. Barreiros define: réu é o argüido pronunciado.[298]
Entendemos que o suspeito é aquele que pode vir a ser argüido, pois sobre ele pesam indícios de que tenha cometido ou se prepara para cometer um crime, ou que nele participou ou se prepara para participar.
E argüido é aquele que foi formalmente comunicado de sua constituição, sendo apontado como autor de um delito determinado, objeto a ser apurado no curso do processo penal.
Sabemos, portanto, que o argüido é detentor de direitos e deveres, mas e o mero suspeito?[299] Poderia ele permanecer calado, sendo alcançado pelo direito ao silêncio?[300]
A princípio, diríamos que não, posto não ser ele sujeito processual e não ter a autoridade interrogante a obrigação de lhe fazer a advertência de que poderia guardar silêncio, logo no início da formulação das perguntas.
Entretanto, vislumbramos que, de modo muito sutil, a lei portuguesa garante, inclusive ao suspeito, esse direito, o qual é fundamental para a defesa.
Cabe à autoridade definir, observando a lei, o momento no qual irá comunicar ao suspeito a sua constituição em argüido, ou seja, onde está a fronteira que separa o suspeito do argüido, a indagação informal do interrogatório e, para isso, como alerta Germano Marques, a acusação e o requerimento de instrução não exigem a presença de indícios de responsabilidade do acusado – "[...] e bem pode suceder que não existam indícios suficientes" [301] – e, sendo assim, não há motivos para retardar a

---

[297] NEVES, 1968, p. 161-162.
[298] BARREIROS, 1981, p. 391.
[299] De acordo com o art. 1.º, al. e, CPP, "Suspeito é toda pessoa relativamente à qual exista indício de que cometeu ou se prepara para cometer um crime, ou que nele participou ou se prepara para participar". Também havia previsão legal no CPP de 1929, no art. 252.º: "Aquele a respeito do qual se procura na instrução averiguar dos fundamentos de suspeita de ter cometido uma infração". Anota José A. Barreiros que o conceito de "[...] suspeito apura-se por exclusão de partes, sendo a pessoa sobre quem recai um juízo de probabilidade menos forte do que aquele que impende sobre o argüido" (Ibidem, p. 390).
[300] "Todos aqueles que possam auto-incriminar-se por meio de declarações prestadas perante autoridade têm o direito de calar. Desse modo, não é somente o indiciado ou o acusado, em processo penal, que tem direito ao silêncio. Igualmente, o averiguado ou suspeito, contra o qual ainda não existem indícios convergentes de autoria de infração penal, faz jus ao direito ao silêncio" (QUEIJO, 2003, p.197).
[301] SILVA, G., 2000, v. I, p. 286.

comunicação[302] ao suspeito. Isso como modo de o quanto antes definir sua posição jurídica no procedimento em curso, mas não podemos olvidar da cautela que deve permear tal decisão, primeiro, porque a condição de argüido tem caráter irreversível, mesmo que desvaneçam os indícios probatórios que contra ele militavam, e, depois, porque dela ainda defluem várias conseqüências socialmente negativas para a pessoa, para além de poder causar a restrição da liberdade.

Filiamo-nos ao pensamento de José A. Barreiros que não vê óbice na existência da figura do argüido no arcabouço estrutural do inquérito policial.[303]

Não podemos perder de vista que a "[...] constituição de arguido é um dever, verificados os respectivos pressupostos, para defesa do próprio arguido e é um direito deste para poder gozar dos direitos inerentes à qualidade de sujeito processual",[304] entre eles ser interrogado por autoridade judicial, e não pela autoridade policial, e com assistência de um defensor.

Se houve retardamento na constituição, o que configura mera irregularidade, e o suspeito foi ouvido, sem as garantias defensivas cabíveis, a lei impõe a inadmissibilidade da prova[305] a ser usada contra o declarante. Assim grava em virtude da indevida restrição da liberdade de opção da pessoa, uma vez que lhe foi negado o conhecimento de sua verdadeira posição processual, não podendo avaliar se devia calar ou responder.

Para Revilla González, "La demora injustificada en la comunicación de la imputación, impidiéndole al sujeto afectado su efectivo conocimiento, pese a constar de manera evidente su identidad y encontrarse localizado, incide de modo negativo sobre su derecho de defensa [...] Cuando existen sospechas o datos que permiten inferir la posible existencia de responsabilidad de un sujeto determinado en relación con los hechos investigado, no cabe intentar extraer de él un testimonio que sería de adquisición ilegítima".[306]

---

[302] Anota Germano Marques que "[...] o retardamento dessa constituição pode significar a frustração de direitos de defesa que a lei pretendeu assegurar" (Ibidem, p. 287).
[303] Cf. BARREIROS, 1981, p. 394.
[304] SILVA, G., 2000, v. I, p. 301.
[305] Florescendo esta como "[...] sanção pela ilegalidade cometida pela sua não constituição atempada de arguido" (Ibidem, p. 290).
[306] REVILLA GONZÁLEZ, 2000, p. 71.

Melhor esclarecendo, o suspeito, ouvido como testemunha, ao prestar declarações, estas podem ser valoradas, se não o prejudicarem; se, por outro lado, contiverem elementos que, de alguma forma, o incriminem, essa prova é inadmissível, pois ninguém é obrigado a depor contra si mesmo. Assim trata o tema o art. 58.º, n. 3, do CPP. Dessa forma, o direito ao silêncio, mesmo na fase pré-processual, ou seja, no inquérito policial, é garantido à pessoa que possa vir a ser acusada de um crime.

Essa dualidade advém do estatuto híbrido que o suspeito possui. Como esclarece Gil Santos,[307] o suspeito não pode ser ouvido como declarante, nem como testemunha, se o objetivo é comprovar os indícios de autoria ou participação no delito em apuração. É sempre bom lembrar a lição de Muller-Dietz, segundo o qual "[...] do suspeito pode resultar um acusado, mas pode também resultar uma testemunha", citado por Dias Neto, ao constatar que é comum surgir uma "[...] figura intermediária do suspeito sobre quem ainda não há uma posição processual definida".[308]

Tem o suspeito a possibilidade legal de requerer a sua constituição como argüido, como vemos no art. 59.º, n. 2, CPP: "A pessoa sobre quem recair suspeita de ter cometido um crime tem direito a ser constituída, a seu pedido, como arguido sempre que estiverem a ser efectuadas diligências, destinadas a comprovar a imputação, que pessoalmente a afectem".

Essa norma permite que o suspeito que estiver sendo investigado por meio de diligências, destinadas a comprovar a imputação, que pessoalmente o afetem, antecipe[309] a sua defesa, pedindo a sua constituição como argüido, até porque pode estar interessado em colaborar, como também em expor provas que o eximam da responsabilidade criminal do fato delituoso que lhe fora imputado.

Defendemos, portanto, que a oitiva do suspeito deve ser cercada de cuidados para que não se percam as informações colhidas em suas decla-

---

[307] SANTOS, Gil Moreira dos. *O direito processual penal.* [S.I.: s.n.,19—]. p. 153.
[308] DIAS NETO, 1997, p. 191.
[309] "O risco a ser evitado é que a polícia, interessada na eficiência da investigação, utilize-se indevidamente de seu poder discricionário, prolongando-se mais do que o necessário na esfera das indagações informativas para evitar o momento da instrução. Maiores esclarecimentos são necessários para evitar que as indagações informativas se constituam instrumento de manobra para privar o acusado de seus direitos. À vista disso, sustenta Rogall, para que a instrução do direito ao silêncio possa cumprir com os seus objetivos é necessário assegurar que esta ocorra o quanto antes" (DIAS NETO, 1997, p. 192).

rações por ser considerada prova proibida. Para isso, bastaria que a autoridade interrogante explicasse, logo no início, a sua condição de suspeito, dando-lhe oportunidade de exercer sua defesa, calando-se, pois não se exige que forneça elementos que o prejudiquem – eis que serão estes inaproveitáveis como prova, ou requerendo sua constituição como argüido, condição na qual poderá, inclusive, confessar o delito.

Com propriedade, acrescenta Revilla González que as declarações colhidas de um suspeito que deveria ter sido constituído como argüido, para além de não deverem ser utilizadas contra ele próprio, não devem ser também utilizadas contra outros sujeitos acusados. Defende que tais declarações devem considerar-se como ilegitimamente obtidas e excluída a sua apreciação sem tal limitação subjetiva. "Máxime, si consideramos que la situación de esos otros imputados aparece ligada a la propia situación de quien ha prestado declaración, pudiendo referirse a circunstancias o hechos ligados a los propios, comprometiendo la responsabilidad de ambos; y tales declaraciones podrían no haberse producido si se le hubiese interrogado como imputado, respetando su derecho al silencio".[310]

Algumas questões periféricas merecem ser abordadas.[311]

Por força da redação do PIDCP, goza do direito ao silêncio toda pessoa acusada em um processo penal. Para além disso, não podemos excluir o menor de dezesseis anos, embora seja submetido a um procedimento especial; a pessoa coletiva, quando admitida sua responsabilidade criminal, e nem mesmo os acusados em procedimento disciplinar, pois a eles também poderá ser imposta uma sanção.

Deve ainda ser estendida a garantia à própria vítima, já que ela não pode ser constrangida a revelar qualquer detalhe que a possa prejudicar, não sendo obrigada, portanto, a responder a perguntas que a incriminem. Merece, pois, tratamento igualitário ao destinado ao argüido.

Também as testemunhas são alcançadas, embora parcialmente, pelo direito ao silêncio, já que não lhes é exigido que respondam a perguntas auto-incriminatórias. Entretanto, têm a obrigação de responder, e com a verdade do que sabem, sobre fatos delituosos imputados a outrem, à exceção dos casos previstos em lei em que é possível, então, manter o segredo.

---

[310] REVILLA GONZÁLEZ, 2000, p. 73.

[311] "[...] a liberdade de declaração não é um exclusivo do arguido. Com maior ou menor amplitude e consistência, ela assiste igualmente a outros sujeitos processuais, nomeadamente a vítima ou as testemunhas" (ANDRADE, M., 1992, p. 120).

Dessa forma, salvo quando a lei dispuser de modo diferente, incumbe à testemunha, entre outros deveres, o de responder com verdade às perguntas que lhe forem feitas, mas "[...] não é obrigada a responder a perguntas quando alegar que das respostas resulta a sua responsabilização penal" (art. 132.º, n. 2, CPP).[312]

Segundo comenta Santos e Leal-Henriques, "[...] é o reconhecimento do legítimo direito ao silêncio".[313]

Qualquer pessoa, desde que não seja portadora de anomalia psíquica, tem capacidade para ser testemunha. Convocada ou notificada, deve comparecer, prestar juramento, observar o que lhe está sendo pedido e responder com a verdade.

Pode a verdade ser omitida em duas hipóteses: a) porque não é obrigada a fornecer prova contra si mesma; b) porque a lei o permite, como é o caso de recusa do depoimento, em atenção aos laços afetivos, que envolvem familiares ou cônjuges. Mesmo sabendo a verdade, uma mãe não pode ser obrigada a depor contra seu filho. Assim também o é quando as perguntas forem relativas a segredo profissional, de funcionários ou segredos de Estado.

Portanto, a testemunha que se escusa de responder a certas perguntas, sob a justificativa de que poderia dali emergir sua responsabilidade penal, não pode ser acusada de falso testemunho.

Anota Paolo Tonini que as partes não necessitam informar para a testemunha que ela pode recorrer ao direito ao silêncio, quando porventura lhe fizerem perguntas que a incriminem, mesmo porque, a princípio, desconhecem o teor da resposta e qual será o seu caráter. Entretanto, se a testemunha optar pelo silêncio "[...] deve justificá-lo, com o óbvio limite de não ser obrigada a precisar muitos detalhes; caso contrário, poderia fornecer elementos contra si mesma". E acrescenta, citando o art. 207, n. 1, do CP italiano: "O juiz valora as justificativas adotadas e pode novamente advertir a testemunha sobre o dever de dizer a verdade".[314]

---

[312] Dias Neto indica que o CPP alemão, em seu §55, "[...] determina que toda testemunha poderá negar-se a dar informação diante de uma pergunta, cuja resposta possa submeter a ela ou a determinados familiares ao risco de uma investigação por ilícito penal ou administrativo" (DIAS NETO, 1997, p. 189). A testemunha deve ser notificada desse direito.

[313] SANTOS, M. Simas; LEAL-HENRIQUES, M. *Código de Processo Penal anotado*. Lisboa: Rei dos Livros, 2000. v. II, p. 724.

[314] TONINI, Paolo. *A prova no processo penal italiano*. São Paulo: Editora Revista dos Tribunais, 2002. p. 127.

Lembra Elizabeth Queijo que "O reconhecimento do direito ao silêncio para o suspeito e a testemunha tem grande relevância na tutela do *nemo tenetur se detegere*. Se o princípio somente fosse reconhecido ao indiciado e ao acusado, em processo penal, facilmente se poderia fraudar a sua incidência. Bastaria tomar declarações do suspeito como testemunha".[315]

Concluímos, assim, que não só o argüido é titular do direito ao silêncio, mas também aquele que possa, por meio de declarações perante a autoridade, fornecer elementos auto-incriminatórios.

6.1.1 A pessoa coletiva

Quando compatíveis com sua natureza, os direitos fundamentais podem ser exercidos pela pessoa coletiva, não sendo exclusivos, portanto, da pessoa humana.

Aliás, assim estabelece a Constituição da República Portuguesa, ao dispor que "As pessoas colectivas gozam dos direitos e estão sujeitas aos deveres compatíveis com a sua natureza" (art. 12.º , n. 2).

De tal forma que a pessoa coletiva, ocupando o pólo passivo da relação jurídico-processual-penal, por meio do seu representante legal, poderá invocar o *ius tacere*, já que "A lei só pode restringir os direitos, liberdades e garantias nos casos expressamente previstos na Constituição" (art. 18.º , n. 2). A norma de caráter constitucional que abriga o *nemo tenetur* não diz o contrário.

6.2 Invocação do direito ao silêncio

Embora a CRP, em seu art. 32.º , n. 1, mencione que o princípio da ampla defesa será assegurado no processo criminal, a garantia é, sem dúvida alguma, estendida a qualquer tipo de processo a que uma pessoa venha a ser submetida, no qual o resultado final possa a vir a ser uma imposição de penalidade.

Assim, a invocação do direito ao silêncio é cabível em instâncias administrativas e disciplinares.[316] Se uma pessoa é acusada de um delito,

---

[315] QUEIJO, 2003, p. 198.

[316] No Estado de Direito, as garantias essenciais de defesa devem ser estendidas aos ilícitos de mera ordenação social e às sanções disciplinares (Cf. MIRANDA, 2000, p. 203-

6. O direito ao silêncio e o interrogatório

a fim de preservar sua liberdade de declaração, e sendo o princípio *nemo tenetur se ipsum accusare* "[...] emanação normativa da dignidade humana e do livre desenvolvimento da personalidade",[317] o direito ao silêncio deve ser amplamente garantido, pois ela não é obrigada a depor contra si mesma, nem a declarar-se culpada. Lembra Elizabeth Queijo que o direito ao silêncio incide "[...] em declarações e depoimentos prestados em sindicâncias e processos administrativos, sejam eles realizados por autoridades do Poder Executivo, Legislativo ou Judiciário".[318]

O direito ao silêncio abrange ainda não só os interrogatórios formais, mas também as declarações colhidas informalmente por qualquer entidade. Exclui-se, segundo o entendimento de Roxin, citado por Couceiro, as declarações espontâneas, exemplificando que "[...] quando alguém, fora dos casos de interrogatório, admite espontaneamente, perante policiais ou outras autoridades, a prática de um delito, tal declaração pode ser empregada contra ele, ainda que não tenha sido advertido de seus direitos".[319]

-204). Num outro giro, a Corte Européia de Direitos Humanos decidiu que o art. 6.º, n.1 da CEDH, a qual garante um *procés équitable* também se aplica aos procedimentos que importam sanções fiscais, no caso Bendenoun vs. France, em 24-02-1984. Também não podemos concordar com a obrigação de colaboração do contribuinte com o Fisco, e posterior utilização dos elementos colhidos como prova em processo penal. Interessante a lição de Gomes: "[...] entre um processo administrativo de controlo e a abertura de acções penais não há sempre uma distinção muito marcada, pois quando o fiscalizado adquire os direitos de argüido no processo penal, pode já ter sido constrangido a prestar muitas indicações incriminatórias no processo administrativo de controlo anterior." E mais: "[...] seria profundamente injusto e contraditório que, por um lado, a Administração fiscal devesse incentivar o arguido para repor a verdade fiscal e pagar os impostos e acréscimos legais devidos com prejuízo do direito constitucional ao silêncio, do arguido, e, por outro lado, o Ministério Público pudesse aproveitar-se das provas assim conseguidas para autonomamente acusar o mesmo arguido colaborante. Por isso mesmo, entendemos que, enquanto dura o processo de averiguações, o Ministério Público não pode iniciar o processo de inquérito e não pode abocar o processo de averiguações, e, ainda que, no caso de o contribuinte infractor ter reposto a verdade fiscal e requerido o pagamento dos impostos em dívida e respectivos acréscimos legais, espontaneamente ou a solicitação da Administração Fiscal, não pode discricionariamente afastar o arquivamento dos autos, previsto no n. 1 do art. 26.º do RJFNA (Regime Jurídico das Infrações Fiscais não Aduaneiras), acusando o arguido, com base nas confissões assim obtidas" (GOMES, Nuno. *Evasão fiscal, infracção fiscal e processo penal fiscal.*Lisboa: Rei dos Livros, 2000. p. 316-317).

[317] ANDRADE, M., 1992, p. 131.
[318] QUEIJO, 2003, p. 196.
[319] ROXIN, Claus. *La evolución de la política criminal, el derecho penal y el proceso penal.* Valencia: Tirant lo Blanch, 2000. p. 144, *apud* COUCEIRO, 2004, p. 194.

Mas, é evidente que "[...] o princípio *nemo tenetur* não comporta descontinuidades, sequer graduações, em função das sucessivas fases do processo ou da intervenção das diferentes instâncias formais. Irrestritamente válido em relação às autoridades judiciárias, terá de sê-lo igualmente perante os órgãos de polícia criminal. Acolhendo-nos à conhecida e expressiva metáfora de Radbruch, o princípio terá de colher o respeito tanto do juiz que "habita o andar nobre da casa, onde predominam formas esmeradas de tratamento", como da polícia criminal que ocupa a "cave do edifício, onde a regra é o recurso a processos mais rudes de tratamento".[320]

A autoridade policial, portanto, tem o dever de observar, tal qual a autoridade judiciária, o direito ao silêncio.

Aliás, a experiência nos ensina que é justamente no inquérito policial o momento em que a pessoa corre maior risco de sofrer restrições às suas garantias processuais, seja pela vulnerabilidade em que se encontra, seja pela ausência, na maioria das vezes, de defensor, seja pela proximidade com a ocorrência do evento delituoso, caso de uma prisão em flagrante.

Vittorio Grevi anota que seria, indubitavelmente, incongruente que, havendo a previsão legal de que a autoridade judiciária deve advertir o argüido sobre a faculdade de não responder, não fosse a mesma garantia prevista para o interrogatório perante a polícia: "[...] tanto più quando si consideri che in quella sede – e soprattutto in occasione di 'interrogatori condotti febbrilmente nel clima di allarme cagionato dal delitto' – con molta maggiore facilità può profilarsi il pericolo di abusi nel senso della coartazione della libertà morale della persona interrogata".[321]

Vozes há contra a observância do direito ao silêncio nos interrogatórios policiais e, como já vimos, para o suspeito, pois estaria sendo perdida uma enorme chance para a descoberta da verdade "material" ou da colheita de elementos relativos à infração penal, que pudesse orientar as investigações e diligências subseqüentes.

Neste ponto, Elizabeth Queijo coloca o dedo na ferida: "Referida objeção traz à tona a questão atinente à opção do processo penal entre a prevalência do interesse social na eficiência da persecução penal e do mito da verdade material sobre a tutela da dignidade e liberdade do indivíduo, que não deixa de ser também de interesse público. Trata-se,

---

[320] ANDRADE, M. 1992, p. 131-132.
[321] GREVI, 1972, p. 106-107.

em resumo, da escolha do legislador entre um processo ético, ditado por regras de respeito à pessoa e repulsa às arbitrariedades estatais, e um processo que busca a verdade a qualquer custo, inserido no modelo inquisitorial".[322]

A CRP não deixa margem a dúvidas: o processo penal português tem estrutura acusatória e, há muito, defende Figueiredo Dias, que o que se busca é uma verdade processualmente válida.

Portanto, embora haja qualquer palha de fundamento na crença de que possa haver limitação do direito ao silêncio em outras esferas, restringindo-o ao momento processual penal diante da autoridade judiciária, é preciso, mais uma vez, ressaltar que "[...] todo atentado à liberdade dos cidadãos carece de expressa legitimação legal".[323]

É uma escolha de política criminal: perde-se na eficiência da investigação com a aplicação ampla do direito ao silêncio em prol de um "[...] interesse superior em uma rigorosa proteção dos direitos invioláveis do argüido".[324]

6.3 O interrogatório no processo penal: disciplina no Código de Processo Penal

Em vários momentos processuais, pode o argüido prestar declarações perante a entidade interrogante e, segundo Germano Marques,[325] são declarações que apresentam dupla natureza, como meio de prova e como meio de defesa, argumentando que apresenta a característica de meio de defesa, pois o argüido tem autodeterminação sobre o que diz, podendo, inclusive, nada dizer, e é também meio de prova, posto estar sistematizado no capítulo relativo à produção de prova.

O argüido presta declarações no interrogatório. Interrogatório, do latim *interrogare*, é o ato processual no qual a autoridade judicial ou o órgão da polícia criminal, toma as declarações do argüido sobre a sua qualificação pessoal e sobre os fatos que lhe são imputados e quaisquer circunstâncias que influam sobre estes.[326]

---

[322] QUEIJO, 2003, p. 196.
[323] ANDRADE, M., 1992, p. 130.
[324] GREVI, 1972, p. 109.
[325] SILVA, G., 2000, v. II, p. 181.
[326] "Consiste o interrogatório em declarações do réu resultantes de perguntas formuladas para esclarecimento do fato delituoso que se lhe atribui e de circunstâncias

Huertas Martín define-o como "[...] un acto procesal mediante el cual se procede a la identificación del sujeto, a la notificación de la acusación, a la recogida de elementos de descargo y de pruebas, perfilándose así como un acto complejo que tiende a tutelar intereses diversos, y que se dirige a la obtención de diferentes finalidades paritariamente representadas por la exigencia de alcanzar el descubrimiento de la verdad y de garantizar la defensa del imputado".[327]

Para Tourinho Filho, o interrogatório é um dos atos processuais mais importantes, pois, por meio dele, "[...] o juiz ouve do pretenso culpado esclarecimentos sobre a imputação que lhe é feita e, ao mesmo tempo, colhe dados importantes para o seu convencimento".[328]

Existem autores que defendem a supressão do interrogatório do rito processual penal, porque, sendo meio de defesa, não deveria o argüido ser submetido a tal espécie.

Não concordamos com isso. Embora acreditemos que o interrogatório seja essencialmente meio de defesa, nem por isso aceitamos que a sua realização é inútil, ou deveria ser desprezada. Muito ao contrário; aliás, tem o argüido o direito de ser ouvido, princípio basilar que deve ser preservado.

Por outro lado, não é bom que se restrinja completamente o direito de pesquisa sobre a verdade dos fatos. E quando o argüido for o único a saber o que aconteceu? Lembra Asencio Mellado que "La propia clandestinidad en la que de ordinario y por su peculiar naturaleza suele ser cometido el delito, dada la intencionalidad del autor de evitar toda publicidad, da lugar a que las declaraciones del imputado adquieran en ocasiones un nota de necesidad indiscutible para la obtención del esclarecimiento de los hechos acaecidos cuando, en principio, no hay otro modo de arribar a su conocimiento".[329]

O interrogatório é uma peça fundamental na formação do convencimento do julgador. Entretanto, a participação do argüido precisa ser

---

pertinentes a esse fato", eis como define Marques, que considera o interrogatório um meio de prova. E acrescenta: "Embora o réu preste esse 'depoimento pessoal' com toda liberdade, não deixa ele de ser um meio de provocar a confissão do delito" (MARQUES, 2000, v. II, p. 387).

[327] HUERTAS MARTÍN, 1999, p. 296.

[328] TOURINHO FILHO, Fernando da Costa. *Processo penal*. São Paulo: Saraiva, 2000. v. III, p. 267.

[329] ASENCIO MELLADO, 1989, p. 118.

totalmente livre, voluntária e consciente, já que não tem o dever de colaborar com a justiça.

No processo penal português, identificamos três tipos de interrogatório a que será submetido o argüido.

Primeiramente, quando o argüido for detido, a Constituição determina que, no prazo máximo de 48 horas após a detenção, o juiz deve interrogar o detido, a fim de analisar a restituição à liberdade ou a imposição de medida de coação adequada (art. 28.º, n. 1).

Também há previsão, no art. 143.º, do CPP, que o argüido detido que não for interrogado pelo juiz de instrução em ato seguido à detenção será apresentado ao ministério público para ouvi-lo sumariamente e, se não optar pela libertação, deve providenciar a apresentação do argüido detido ao juiz no prazo constitucional e, de acordo com a sistemática do art. 141.º, interrogará o argüido.

No interrogatório, sob pena de nulidade insanável (art. 119.º , b e c, CPP), é exigida a presença do ministério público e do defensor. Se o argüido não tiver advogado, ser-lhe-á nomeado pelo Tribunal. Perguntamo-nos, entretanto, nesse caso, se é concedida ao argüido a oportunidade de se entrevistar antes de prestar declarações com o defensor que lhe está sendo nomeado, se tem a oportunidade, inclusive, de recusar quem está lhe sendo nomeado, ou se a medida não passa de um ato *pro forma*, ou seja, o argüido não tem, na verdade, uma efetiva defesa técnica ao seu dispor. O primeiro interrogatório é um momento importantíssimo para a construção da estratégia defensiva, não sendo apenas um momento para controle judicial da prisão sem culpa formada. Por isso, não só a liberdade de forma imediata é afetada, mas também todos os atos defensivos a serem praticados posteriormente podem vir a ser afetados[330] se não for garantida a necessária entrevista do argüido com o defensor, para que este possa, se julgar conveniente, aconselhá-lo até mesmo a permanecer calado. Como bem lembra Germano Marques, trata-se, freqüentemente, da primeira vez em que o argüido está a ser confrontado com os indícios recolhidos no processo que apontam a sua responsabilidade e,

---

[330] Segundo o art. 141.º, n. 5, CPP, ao argüido será perguntado sobre sua participação no delito, além de causas que possam excluir a ilicitude ou a culpa. Ainda sobre circunstâncias que influam na determinação da pena ou de sua responsabilidade. Ora, fica claro que, sem a devida instrução e esclarecimento prestado pelo defensor, o argüido poderá dizer coisas que agravem a sua situação, como também pode deixar de dizer coisas que promovam a sua absolvição, ou diminuam a pena.

por isso, não deveria ser assistido por um defensor oficioso, geralmente um advogado estagiário.[331]

O juiz de instrução perguntará, então, sobre a qualificação do argüido, conforme dispõe o art. 141.º, n. 3, CPP e, após, deve informar os direitos previstos no art. 61.º, n. 1, CPP. A lei diz que o juiz explicará os direitos se isso parecer necessário. Entendemos que sempre é necessário. E numa linguagem compreensível. Duas seriam as ponderações principais a serem feitas logo no início do interrogatório: primeiro, que, antes de ser interrogado, o argüido tem o direito de se entrevistar em privado com o defensor que está lhe sendo nomeado. Se o argüido pedir a entrevista, o ato deverá ser suspenso por um prazo razoável, a fim de permitir que a defesa se estruture, já que está tomando, naquele preciso momento, ciência dos indícios de responsabilidade criminal do argüido.[332] Em segundo lugar, a advertência do direito ao silêncio implica explicar que não tem o dever de produzir prova contra si mesmo, nem de confessar-se culpado e que optar pelo silêncio não redundará em qualquer conseqüência jurídica que lhe seja desfavorável. Não basta que o juiz apenas diga que não está obrigado a falar, que só fala se quiser. Essa advertência é falha, posto ser incompleta. Cabe ao juiz explicar por que tem o argüido o direito ao silêncio e como será a valoração do seu silêncio, pois, acima de tudo, deve zelar pelo respeito e garantia dos seus direitos constitucionais. Além disso, é preciso esclarecer ao argüido que ele pode responder a algumas perguntas e calar em relação a outras, pois pode haver silêncio total ou parcial.

Evidentemente, o ministério público, caso proceda ao interrogatório, de acordo com o art. 143.º , CPP, também deve assegurar ao argüido a presença do defensor, embora este não possa interferir no ato, mas o argüido tem o direito de com ele se entrevistar anteriormente, e ser advertido sobre o direito ao silêncio.

Em outra oportunidade, no inquérito, o interrogatório do argüido, preso ou em liberdade, será realizado pelo ministério público, ou pelo órgão de polícia criminal, caso tenha sido o ato delegado pelo ministério

---

[331] SILVA, G., 2000, v. II, p. 184.

[332] "Entendemos, aliás, que após a exposição dos factos imputados ao arguido, este tem o direito de conferenciar com o seu defensor, nomeadamente para o assistir, esclarecendo-o sobre o seu direito de responder ou não, porque a lei assegura ao arguido o direito de assistência por defensor em todos os actos do processo" (SILVA, G., 2000, v. II, p. 186).

público. Se houver a fase de instrução, que tem caráter facultativo, o juiz de instrução realizará o interrogatório. Assim determina o art. 144.º , CPP.

A sistemática a ser observada nesses interrogatórios é a mesma do primeiro interrogatório do argüido detido, obedecendo às normas estatuídas em tudo o que for aplicável.

Por fim, o interrogatório do argüido em audiência é regulado pelos arts. 342.º a 345.º do CPP. São disposições que tratam da identificação do argüido, das declarações propriamente ditas, com a importante advertência do direito ao silêncio, pois é o momento no qual a confissão adquire um valor probatório exponencial. A confissão obtida em interrogatório é um meio de prova. Se o argüido confessa integralmente e sem reservas a prática de um delito, os juízes do Tribunal decidirão sobre a necessidade da produção de outras provas em audiência. Garantir, pois, amplamente o silêncio é robustecer o ato da confissão.

Cabe ainda salientar que, ao final da audiência de julgamento, após as alegações, o argüido será novamente interrogado pelo juiz, a fim de que pronuncie sobre mais alguma coisa que tenha a alegar em sua defesa (art. 361.º, CPP).

6.3.1 O interrogatório e sua natureza jurídica

Muito se tem discutido sobre a natureza jurídica do interrogatório. Seria um meio de prova? Seria um meio de defesa? Natureza dúplice? Ainda não há consenso na doutrina sobre a matéria.

Alguns vislumbram nele mero ato instrutório, ou seja, um meio de prova.[333] O argüido seria, pois, objeto de prova. Assim entende Foschini: "[...] l'interrogatorio non è nè un mezzo di difesa nè un mezzo di contestazione, ma un mezzo di prova e che corrispondentemente l'imputato, lungi dall'avere alcun diritto di mentire o di tacere per difendersi, è invece soggetto all'onere processuale di dichiarare la verità".[334]

Vasco Ramos aponta que "O interrogatório é, simultaneamente, um direito do arguido e um meio de prova, aliás um meio importante de prova. Como meio de prova, através de declarações do argüido, quer

---

[333] "Mezzi di prova sono tutti quegli elementi che possono servire ad ottenere la certeza giudiziale, secondo il critério della verità reale" (MANZINI, 1931, v. III, p. 154).
[334] FOSCHINI, Gaetano. L'imputato. Studi. Milano: Dott. A. Giuffrè Editore, 1956, p. 58.

enquanto confessa quer quando nega o crime, contribui ou pode contribuir para a descoberta da verdade".[335]

Por outro lado, poucos não são aqueles que defendem o caráter defensivo do interrogatório.

Sabatini, por exemplo, observa que o interrogatório, se bem que se revista de caracteres de meio de prova, diante da obrigação de o órgão jurisdicional fazer a advertência ao argüido de que não é obrigado a responder às perguntas, denota a evolução histórica do conceito jurídico do ato, considerado antes como principal instrumento para alcançar a confissão, passa a ser considerado hoje como simples meio de defesa, em homenagem ao princípio de humanidade segundo o qual ninguém deve se converter em acusador de si mesmo.[336]

Bento de Faria afirma que o interrogatório é meio de defesa, não podendo envolver nenhum tipo de constrangimento moral, pois o acusado deve ser "[...] o único senhor das suas palavras".[337]

Para Huertas Martín, as declarações do argüido devem considerar-se meio de defesa, e isso não obsta que delas se desprendam elementos probatórios. Em tal caso, constituir-se-iam em meio de prova, contribuindo para a acusação ou para a defesa.[338]

Aponta Serra Dominguez que a discussão em torno da natureza jurídica do interrogatório é artificial, e somente foi iniciada devido à excessiva influência que a confissão exerce no resultado do processo. Desaparecida essa circunstância, perdeu sentido combatê-la, mas foi, de certa maneira, excluído o seu valor probatório, outorgando-lhe unicamente o seu caráter de meio de defesa.[339]

Grinover, Fernandes e Gomes Filho explanam que o interrogatório é meio de defesa, convertendo-se em meio de contestação da acusação e instrumento para o acusado expor sua própria versão. Pode se constituir em fonte de prova, quando o juiz tomar conhecimento de elementos úteis para a descoberta da verdade; mas não é meio de prova, porque não está ordenado *ad veritatem quaerendam*. Acrescentam que o argüido não tem

---

[335] RAMOS, V., 1995, p. 175.
[336] SABATINI, Guglielmo. *Teoria delle prove nel diritto giudiziario penale*. Catanzaro: Gaetano Filipo, 1909. v. I. p. 282.
[337] FARIA, Antonio Bento de. *Código de Processo Penal:* Decreto-lei n. 3689, de 3 de outubro de 1941. Rio de Janeiro: Record, 1960. v. I, p. 247.
[338] HUERTAS MARTÍN, 1999, p. 294.
[339] SERRA DOMÍNGUEZ, M. "Declaración del imputado e indagatoria". *Estudios de Derecho Procesal*. Barcelona: Ariel, 1969, p. 740.

obrigação nem dever de fornecer elementos de prova e, por isso, "O direito ao silêncio é o selo que garante o enfoque do interrogatório como meio de defesa e que assegura a liberdade de consciência do acusado".[340]

Nesse sentido, também observa Enio Rossetto: "No processo acusatório, em que se reconhece o direito ao silêncio, o interrogatório não deve ser considerado meio de prova, mas de defesa; no entanto, pode ser fonte de prova, na medida em que dele podem resultar elementos probatórios".[341]

Julgando o interrogatório uma peça por vezes insubstituível, já que o argüido é o único a poder efetivamente discorrer com certeza como ocorreram os fatos, Asencio Mellado explica que os esquemas do processo inquisitório[342] encontram-se superados e que, no modelo acusatório, não é mais cabível procurar alcançar a confissão a qualquer preço. Não sendo mais o argüido um objeto do processo, há que se concluir que suas declarações são, em essência, um meio de defesa. Afirma o professor de Alicante que "[...] el interrogatorio del imputado es por encima de todo un medio de defensa. Ello es pura y lógica consecuencia de la posición procesal del inculpado como sujeto y no simple objeto del procedimiento debiendo primar esta consideración sobre cualquier otra, pues lo contrario se contrapone a la propia coherencia del sistema que por otra vía podria ser burlado".[343]

Entretanto, a posição preponderante reside entre aqueles que entrevêem uma natureza híbrida, ou seja, haveria um duplo fim no ato do interrogatório.

Explica Greco Filho: "O entendimento mais aceito sobre a natureza do interrogatório é o de que é ele ato de defesa, porque pode nele esboçar-se a tese de defesa e é a oportunidade para o acusado apresentar sua versão dos fatos, mas é, também, ato de instrução, porque pode servir como prova".[344]

---

[340] GRINOVER; FERNANDES; GOMES FILHO, 1998, p. 79.

[341] ROSSETTO, Enio Luiz. *A confissão no processo penal*. São Paulo: Editora Atlas S.A., 2001. p. 152.

[342] "[...] nesse sistema o interrogatório só poderia ser meio de prova, pois a única finalidade do processo penal, que a tudo se antepunha, era a pronta punição do criminoso e a defesa social. Para atingir esse fim tudo seria válido, utilizando-se meios coercitivos para obrigar o réu a falar e para assim atingir-se a verdade real." (GRINOVER, Ada Pellegrini. "Interrogatório do réu e direito ao silêncio". *Ciência penal.* São Paulo: Editora Convívio, 1976. p. 19).

[343] ASENCIO MELLADO, 1989, p. 118-119.

[344] GRECO FILHO, 1991, p. 200.

Havendo três interrogatórios no processo penal, Figueiredo Dias anota que há entendimentos de que o primeiro interrogatório seria fundamentalmente uma defesa, o segundo seria o argüido sujeito de prova e o terceiro, de natureza dúplice. Rechaça tal idéia, considerando que "[...] qualquer dos interrogatórios tem de ser revestido de todas as garantias devidas ao argüido como sujeito do processo – e constitui, nessa medida e naquela outra em que tem de respeitar a inteira liberdade de declaração do argüido, uma expressão do seu direito de defesa ou, se quisermos, um meio de defesa. Mas também qualquer dos interrogatórios visa contribuir para o esclarecimento da verdade material, podendo nessa medida legitimamente reputar-se um meio de prova". Lembra, no entanto, que as últimas declarações em audiência de julgamento constituem puro ato defensivo (art. 361.º, CPP).[345]

Para Germano Marques, em qualquer fase do processo, as declarações do argüido revestem-se de natureza dúplice, meio de defesa e meio de prova, destacando que as declarações do argüido estão regulamentadas no capítulo relativo à produção da prova.[346]

David Azevedo acredita na natureza dúplice do interrogatório, indicando que não há colisão entre os fins, "[...] posto toda a atividade probatória desenvolvida pelo réu no processo ser meio de prova exercido pela defesa". É meio de prova, pois seu conteúdo pode influir na decisão; é meio de defesa, uma vez que se trata de uma oportunidade conferida ao argüido de introduzir elementos de seu interesse no processo.[347]

Por sua vez, Cavaleiro de Ferreira menciona que "O interrogatório do arguido não é e não deve ser somente um meio de prova. É também um meio de defesa. A doutrina tem debatido a questão de saber se com uma ou outra característica é de considerar o interrogatório do argüido".[348]

O interrogatório é, em sua essência, meio de defesa, sendo, eventualmente, fonte de prova, quando a simples presença do argüido contribui para o esclarecimento da verdade.

É meio de defesa, porquanto a Constituição da República Portuguesa assegura ao argüido todos os meios de defesa, incluindo, portanto, o direito de audiência. Ao proceder ao interrogatório, a autoridade inter-

---

[345] DIAS, 1974, p. 440-443.
[346] SILVA, G. 2000, v. II, p. 181.
[347] AZEVEDO, David Teixeira de. "O interrogatório do réu e o direito ao silêncio". *Revista dos Tribunais*. São Paulo: Editora Revista dos Tribunais, n. 682, 1992. p. 287.
[348] FERREIRA, 1955, v. I, p. 150.

rogante tem a obrigação de advertir o argüido acerca do direito ao silêncio e, se o argüido silente permanecer – o que representa sua expressão mais natural –, o interrogatório é mero ato defensivo.

É meio de defesa porque o argüido só colabora se o desejar livremente, fornecendo dados para a investigação ou para a formação do convencimento do julgador na audiência.

Entretanto, não podemos fechar os olhos para a eventual coleta de provas pelo julgador, quando mantém, pelo ato do interrogatório, contato direto com o argüido, pois ele analisa a pessoa do argüido como um médico examina o paciente à procura dos sintomas de uma doença, no caso, a mais grave doença social, o delito, e se aquela pessoa à sua frente for o autor apontado pelas provas já anteriormente colhidas. O interrogatório pode vir a ser meio de prova quando, por exemplo, o juiz repara que o argüido tem uma profunda cicatriz no lado direito do rosto ou era manco da perna direito e as testemunhas assim identificaram aquele que as assaltou na calada da noite. Mesmo sem que o acusado tenha pronunciado qualquer palavra, o juiz deve colher as impressões pessoais que observou no contato físico com o acusado.[349]

Por outro lado, se o acusado, direta e livremente, fornecer dados relevantes para o esclarecimento dos fatos, além de ser um ato de defesa, o interrogatório pode se tornar meio de prova. Mas, obviamente, essa não é a sua essência.

6.4 Valor probatório do interrogatório: confissão

Independentemente da natureza jurídica que se repute ao interrogatório, as declarações prestadas pelo argüido são sempre importantes para a apuração da verdade. Já afirmava Figueiredo Dias que o argüido, sem sombras de dúvidas, é aquele que pode "[...] dar relevantes esclarecimentos sobre a matéria da *notitia criminis* e da acusação", sendo ou não o culpado.[350]

---

[349] "Claro é, contudo, que qualquer reação observada pelo magistrado, e que lhe pareça relevante e digna de nota, deverá ser consignada em o termo da inquirição, pois, do contrário, dela não poderá servir-se para seu livre convencimento, posto que aquilo que não se encontra no processo inexiste para o mundo (*quod non est in actis non est in mundo*)" (PEDROSO, 2005, p. 53).

[350] DIAS, 1974, p. 440.

No entanto, vários são os autores que negam ou entendem diminuto o valor probatório do interrogatório. Lembra Malatesta que, após ser a confissão considerada a rainha das provas por muitos e por muito tempo, tanto que "[...] julgaram legítimo todos os meios para obtê-la, desde a abominável tortura, até a injustiça das penas de desobediência", em reação oposta, já sob a égide do humanismo, negaram-lhe qualquer valor e, conseqüentemente, estigmatizaram como "cruel e imoral" o interrogatório do acusado.[351]

Mazzanti entende que o interrogatório não tem valor probatório,[352] o que Malatesta considera ilógico: "[...] se a palavra do acusado não deve ter nenhum valor, nem a favor, nem contra ele, é melhor obrigá-lo ao silêncio, não podendo sua palavra senão enganar ou fazer perder tempo". E resume seu pensamento: "[...] tem-se um testemunho cuja avaliação é considerada motivo de suspeita: eis tudo". Suspeita essa, aliás, que pode estar presente em qualquer testemunho, dependendo do caso em questão, razão pela qual Malatesta defende o valor probatório das declarações do argüido.[353]

Jorge Romeiro aponta que o acusado sempre distorce a verdade dos fatos, seja culpado, seja inocente e, por essa mesma razão, seu valor seria diminuto.[354] Afirma Carlos Haddad que "[...] não se sustentam os argumentos que negam caráter probatório ao interrogatório, uma vez que não são raras as ocasiões em que dele são extraídos elementos e indícios aptos à formação do convencimento do juiz".[355]

Defende Elizabeth Queijo que o valor probatório das declarações prestadas pelo argüido está intrinsecamente interligado com a natureza jurídica que se atribua ao interrogatório: nos ordenamentos jurídicos que o consideram como meio de prova, haveria maior relevância nas declarações do argüido e, quando meio de defesa, o valor seria escasso. Explica a autora que, na primeira hipótese, é atribuído valor probatório às declarações do argüido, porquanto ele seria submetido a juramento antes

---

[351] MALATESTA, Nicola Framarino dei. *A lógica das provas em matéria criminal*. Campinas: Bookseller Editora, 1996. v.I, p. 417.
[352] MAZZANTI, Manlio. "Rilievi sulla natura giuridica dell'interrogatorio dell'imputato". *Rivista Italiana di Diritto e Procedura Penale*, 1961. p. 1179.
[353] MALATESTA, 1996, p. 418.
[354] ROMEIRO, 1942, p. 54.
[355] HADDAD, 2000, p. 35.

de ser interrogado e, por outro lado, na segunda hipótese, não tem o acusado obrigação de dizer a verdade e, portanto, poderia mentir.[356]

Discordamos do posicionamento citado, uma vez que não é um simples juramento que pode conduzir uma pessoa a dizer a verdade ou não, a fornecer elementos que esclareçam a verdade sobre a acusação. Nesse caso específico, o valor das declarações independe da natureza jurídica que se impute ao interrogatório. Ensina Fenech: "[...] el hecho de que el imputado tenga una tendencia a ocultar lo desfavorable y que pueda perjudicar, por lo que su declaración difícilmente pueda considerarse como un medio de prueba objetivo y eficaz, es un problema que afecta no a la naturaleza jurídica del acto, sino, a lo sumo, a la valoración de este medio de prueba. También el testigo y el perito pueden faltar a la verdad, utilizar el acto procesal de su declaración para fines ilícitos [...]".[357]

No interrogatório, o argüido pode assumir três posicionamentos distintos: a) calar; b) negar os fatos, sem apresentar excludentes de ilicitude ou culpa ou com apresentação de excludentes de ilicitude ou culpa; c) confessar os fatos, total ou parcialmente.

Sobre a valoração do silêncio, adiantamos que não poderá nunca ser prejudicial ao acusado.[358]

Se o argüido negar os fatos e indicar indícios de excludentes de ilicitude ou culpa, defendemos que é dever do Tribunal, posto ser guiado pelo princípio da investigação, bem como também do ministério público, – que tem não só a atribuição de comprovar autoria e materialidade, mas, inclusive, de afastar qualquer excludente, em promover a busca de provas dos indícios revelados pelo argüido.[359] O argüido goza de presunção de inocência e não tem o ônus de apresentar provas. A simples e plausível dúvida que estabeleça na ação penal com relação à ilicitude ou culpabilidade aos fatos que lhe são imputados deverá ser analisada a seu favor – *in dubio pro reo*.[360] Não apresentando excludentes, será a negativa do

---

[356] QUEIJO, 2003, p. 89.

[357] FENECH, Miguel. *Derecho procesal penal*. Barcelona: Labor, 1952. v. I, p. 796.

[358] "Se o argüido se negar a prestar declarações ou a responder a algumas perguntas, seja qual for a fase do processo, o seu silêncio não poderá ser valorado como meio de prova pois o seu silêncio do exercício do seu direito de defesa que em nada o poderá desfavorecer (art. 343.º, n. 1, e 345.º, n. 1)". (SILVA, G., 2000, v. II, p. 188).

[359] "Isso não significa, porém, que o defensor não possa e não deva proceder às suas próprias averiguações complementares, sempre que tal seja imposto ou aconselhado pela função de defesa [...]" (DIAS, 1974, p. 488).

[360] "Se as provas da acusação, para terem conseqüências jurídicas, devem conduzir à certeza da criminalidade, as da defesa produzem seu efeito quando chegam, simples-

argüido analisada perante o conjunto probatório constante dos autos, segundo o livre convencimento do julgador.

Se o argüido optar pela confissão, há de se examinar o momento em que foi efetivada e seus efeitos.

Primeiramente, confissão é a declaração pela qual o argüido reconhece como verdadeira a imputação dos fatos que lhe fora feita.

Quando o argüido confessar, na fase do inquérito ou da instrução, é obviamente necessário que a coleta das provas atinentes ao fato delituoso seja realizada, pois a confissão não é mais a "rainha das provas" e há sempre a possibilidade de o argüido, em novos interrogatórios, alterar suas declarações, por exemplo, negando a autoria do fato. O seu primeiro interrogatório teria valor probatório? Para ser simplesmente utilizado como único suporte para uma condenação,[361] entendemos que não, pois uma pessoa pode confessar por vários motivos: proteger o verdadeiro culpado, escapar de um delito mais grave, etc. Na verdade, a confissão será livremente valorada e apreciada pelo julgador e, segundo seu critério, guiado pelo princípio da íntima convicção, considerada para efeitos probatórios ou não.

Entretanto, seu valor probatório é diminuto, conferindo apenas, *a priori*, esteio para que o juiz de instrução, com os demais elementos contidos no processo, profira sentença de pronúncia, uma vez que, se o argüido exercer o direito ao silêncio em audiência, não poderão as declarações anteriores serem sequer lidas no julgamento.[362] Nem mesmo podem ser inquiridos os agentes da polícia judiciária que intermediaram as declarações sobre o conteúdo destas.[363]

---

mente, a abalar tal certeza; e a isso chegam, fazendo simplesmente admitir a credibilidade do próprio assunto" (MALATESTA, 1996, v. I, p. 135).

[361] Huertas Martín assevera que a confissão é um indício que não é válido em si mesmo, "[...] sino que necesariamente ha de conjugarse con otros indicios o elementos de prueba para la enervación de la presunción de inocencia" (HUERTAS MARTÍN, 1999, p. 343).

[362] Não é essa a solução preconizada por Asencio Mellado no ordenamento jurídico espanhol. Diz ele: "Si en una fase anterior el imputado ha declarado – claro está con las suficientes garantías y ante la Autoridad Judicial –, y guarda silencio en el acto del juicio oral, estimamos que sería de aplicación en este punto lo establecido en el artículo 714 de la LECrim y, por tanto, la utilizabilidad de las anteriores manifestaciones tras su lectura en la vista y sometimiento a contradicción (artículo 730 de la LECrim)" (ASENCIO MELLADO, 1989, p. 124).

[363] **"Julgamento penal – recusa do arguido a prestar declarações – inquirição dos agentes de polícia – anteriores declarações – irregularidade**. Recusando-se o

6. O direito ao silêncio e o interrogatório

Por outro lado, se o argüido apresentar uma nova versão dos fatos, poderá ser confrontado com as contradições ou discrepâncias sensíveis entre elas.

Da leitura dos arts. 357.º e 356.º, ns. 7 e 8, consideramos que nenhum valor probatório pode haver em confissão prestada perante os órgãos da polícia criminal ou perante o ministério público, uma vez que somente poderá ser valorada em audiência, se assim o permitir o argüido. E, se o permitir, é porque ratifica o seu conteúdo.

A lei processual penal é explícita, quando exige a intermediação judicial para a recolha das declarações do argüido a serem utilizadas no julgamento. As declarações prestadas ao ministério público ou aos órgãos da polícia criminal têm o objetivo maior de orientar as investigações e a determinação das diligências a serem efetuadas na fase do inquérito policial, com vistas à descoberta do autor e à existência do fato delituoso, não tendo, contudo, o argüido dever de colaborar com a justiça.[364]

Em audiência de julgamento, quando o argüido declara que pretende confessar os fatos que lhe são imputados, será obrigatoriamente perguntado se o faz de livre vontade e fora de qualquer coação e se o seu caráter será integral e sem reservas.

Havendo resposta positiva, e tratando-se de crime punível com pena de prisão não superior a cinco anos, não havendo co-argüidos, ou havendo, todos confessarem livre, integral e coerentemente, sem reservas, e sem a suspeita do caráter livre da confissão prestada, o Tribunal considerará provados os fatos em discussão, sem necessidade de produção de outras provas, momento em que serão produzidas de imediato as alegações orais e, após, se o argüido não for absolvido por outros motivos, passa-se à determinação da sanção aplicável, além de ser reduzida a taxa de justiça em metade.

---

arguido a prestar declarações em julgamento, não podem aí ser inquiridos órgãos de polícia criminal sobre os factos que apuraram e de que tiveram conhecimento por anteriores declarações do arguido que não foram lidas nesse julgamento. Se forem inquiridas essas pessoas, verifica-se irregularidade que fica sanada se não for arguida tempestivamente" (Ac. do STJ, de 95-06-29, proc. N. 47.919). Por outro lado, **"Prova testemunhal – agente policial**. O agente policial não está impedido de depor sobre factos de que tenha conhecimento directo obtido por meios diferentes das declarações do arguido no decurso do processo, ainda que as tenha ouvido e que elas não possam ser lidas em audiência" (Ac. do STJ de 97-05-22, proc. N. 152/97).

[364] "O arguido não tem o dever de colaborar com a justiça [...]" (Ac. do STJ de 98-02-05, acs. STJ VI, l, 190).

Não havendo a concorrência de todos esses requisitos legais, a confissão será livremente apreciada pelo Tribunal.

6.5 Garantias e requisitos no interrogatório

Uma das formas mais eficazes de se identificar o sistema processual penal adotado pelo ordenamento jurídico de um Estado é destrinçando os caracteres do ato do interrogatório.[365] Particularizamos, neste contexto, a célebre frase de Figueiredo Dias: "Diz-me como tratas o arguido, dir--te-ei o processo penal que tens e o Estado que o instituiu".[366]

Já vimos que o princípio *nemo tenetur se ipsum accusare* possui várias implicações e, entre elas, o direito ao silêncio no interrogatório.

Costa Andrade assevera que o princípio extrema entre si os modelos acusatório e inquisitório, sendo um "[...] critério seguro de demarcação e de fronteira entre o processo de estrutura acusatória e as manifestações de processo inquisitório".[367]

Ferrajoli aponta que, "No processo inquisitório pré-moderno do imputado, o interrogatório representava "o início da guerra forense", isto é, "o primeiro ataque" do Ministério Público contra o réu de modo a obter dele, por qualquer meio, a confissão". E continua: "[...] no modelo garantista do processo acusatório, informado pela presunção de inocência, o interrogatório é o principal meio de defesa, tendo a única função de dar vida materialmente ao contraditório e de permitir ao imputado contestar a acusação ou apresentar argumentos para se justificar".[368]

O processo inquisitório não convive com o direito ao silêncio no interrogatório, mesmo porque é um sistema no qual se busca a todo custo a confissão, até sob tortura. O argüido não passa de um objeto de prova e tem o dever de responder àquilo que lhe é perguntado e com a verdade.

Vivemos, segundo determina a CRP, numa estrutura acusatória e, portanto, é natural que ao direito ao silêncio fosse concedido um matiz

---

[365] "É no interrogatório que se manifestam e se aferem as diferenças mais profundas entre método inquisitório e método acusatório" (FERRAJOLI, Luigi. *Direito e razão. Teoria do garantismo penal*. São Paulo: Editora Revista dos Tribunais, 2002. p. 485).

[366] DIAS, 1974, p. 428.

[367] ANDRADE, M. 1992, p. 122.

[368] FERRAJOLI, op.cit., p. 485-486.

constitucional, marcando definitivamente a presença do argüido no processo penal como sujeito de direitos, o que significou dotar-lhe de garantias.[369]

Apontaremos, pois, as garantias e requisitos a serem observados no interrogatório na estrutura acusatória do processo penal português.

6.5.1 *Objeto do interrogatório e a informação sobre a imputação*

O interrogatório pode ser dividido em duas partes: a primeira, para coleta dos dados de identificação do argüido; a segunda, sobre os fatos imputados, ou seja, a qualificação e o interrogatório de mérito ou, como dizem os autores italianos, interrogatório objetivo.

A qualificação abrange perguntas que se referem a circunstâncias pessoais do argüido, como o nome, filiação, freguesia e concelho de naturalidade, data de nascimento, estado civil, profissão, local de trabalho e residência, com exibição de documento oficial bastante de identificação se for o caso. No primeiro interrogatório judicial do detido, pergunta-se ainda sobre se já esteve preso, quando e por que e se foi ou não condenado e por quais crimes. A todas essas perguntas o argüido será advertido de que, se não responder ou responder com falsidade, poderá incorrer em responsabilidade criminal. É o momento no qual constata-se se a pessoa que está presente ao ato é aquela contra quem fora proposta a ação penal.

Entretanto, uma ressalva deve ser levada a efeito. As perguntas referentes às circunstâncias pessoais do argüido podem integrar, na verdade, o interrogatório de mérito. Pode isso ocorrer quando uma das perguntas redundar no reconhecimento de um elemento de um fato típico, ou uma agravante de pena. Nesse caso, não vemos como se pode punir o argüido pelo seu silêncio ou falsidade, pois não há obrigação de depor contra si mesmo. Por exemplo, o argüido não deve ser obrigado a confessar ser funcionário, quando está sendo acusado de um homicídio qualificado praticado com abuso de autoridade (art. 132.º, n. 2, al. l, CP) ou, ainda,

---

[369] "El paso del proceso penal inquisitivo al acusatorio formal supuso, entre otras muchas considerables ventajas, la conversión de la persona del imputado en sujeto o parte capaz, pues, de ejercitar su derecho de defensa con la necesaria amplitud para oponerse a la acusación sostenida contra él, así como el conferimiento también de otra serie amplia de derechos y posibilidades configuradores de su estatus procesal" (ASENCIO MELLADO, 1989, p. 117).

confessar sobre o trabalho que exerce, se é acusado de aproveitamento indevido de segredo em virtude de uma certa atividade profissional (art. 196.º, CP). Outros tantos casos podem ser imaginados. Casos de aumento de pena ou mesmo de configuração do fato típico imputado.

Roxin adverte (e citamos na íntegra): "Todas las preguntas de naturaleza personal que son de importancia para la cuestión de la culpabilidad o de la pena forman parte del interrogatorio sobre la causa. Si el acta, a través de su silencio (¡§274!), prueba que el interrogatorio sobre los datos personales no se llevó a cabo, sólo se prueba así la omisión de la comprobación de los datos personales (en la que, por regla general, no puede fundarse la sentencia), pero ello no demuestra que no han sido investigadas las circunstancias personales esenciales para la decisión sobre las consecuencias jurídicas. [...] Las declaraciones sobre el hecho realizadas con motivo del interrogatorio sobre los datos personales, sin que el acusado hubiera sido informado sobre su derecho a guardar silencio, no pueden ser valoradas cuando, más tarde, él se niega a declarar sobre el hecho".[370]

Assim, a defesa pessoal não se contém, *a priori*, no interrogatório de mérito, já que o direito ao silêncio alcança as circunstâncias em que os fatos ocorreram, mas também podem acontecer casos que devem ser verificados concretamente, em que as informações de identificação sejam "[...] auto-incriminantes ou, ao menos, configurar lesão à dignidade do acusado" e, por isso, "[...] só podem ser prestadas espontaneamente", ou seja, "[...] se houver recusa a falar, também aqui estará o acusado exercendo seu legítimo direito ao silêncio".[371]

Depois de ser comunicado sobre a imputação que pesa sobre si, o argüido pode narrar a sua versão, adstringindo-a aos limites da acusação, e, depois, poderá ser perguntado ou solicitado a esclarecer algum ponto, desde que se refira ao objeto do processo. Entende Revilla González que as declarações do argüido podem "[...] versar sobre todos los hechos y circunstancias que conforman el material acusatorio, y sobre los cuales puede el imputado dar razones o alegar causas o argumentos para exculparse".[372]

---

[370] ROXIN, 2000, p. 209-210.
[371] GRINOVER, Ada Pellegrini. "O interrogatório como meio de defesa (Lei 10.792/ /2003)". *Revista Brasileira de Ciências Criminais*. São Paulo: Editora Revista dos Tribunais, n. 53, 2005. p. 188.
[372] REVILLA GONZÁLEZ, 2000, p. 79.

O ato do interrogatório, portanto, não se destina a quaisquer informações, mas sim um ato no qual o argüido manifesta sua primeira defesa, respondendo também a uma série de perguntas, formuladas oralmente, que se destinam a identificar o argüido e pesquisar as circunstâncias do fato delituoso contido na acusação. O interrogatório não é "[...] una simple invitación a exponer cuanto quiera y sepa en relación con los hechos objeto de la causa".[373] E não se destina a uma devassa geral sobre a vida do argüido, nem pode se referir a assuntos alheios ao objeto do processo. A atividade interrogante limita-se pelos contornos expostos na acusação, em decorrência, inclusive, do contraditório a ser estabelecido.

De acordo com o art. 140.°, n. 2, CPP, de forma geral, às declarações do argüido é correspondentemente aplicável o disposto nos arts. 128.° e 138.°, ou seja, o argüido será inquirido somente sobre fatos de que possua conhecimento e que constituam objeto da prova. É um ato personalíssimo. As perguntas sugestivas ou impertinentes não devem ser realizadas. É claro que a técnica, a forma e quantidade das perguntas a serem realizadas são definidas pelo ente interrogante. Entretanto, não condiz com a ética processual, e nem com a liberdade e consciência a serem asseguradas ao argüido, indagações de cunho sugestivo, malicioso, inverídico. Não deve o interrogante agir como o inquisidor de outrora, que se utilizava de manobras sub-reptícias para obter a confissão do acusado.

Para Germano Marques, "Nunca é demais realçar que o arguido só tem o dever de responder com verdade sobre a sua identificação e antecedentes criminais, não tendo nunca o dever de responder sobre os factos que lhe são imputados e se responder, faltando à verdade, não incorre em responsabilidade".[374]

Torna-se cristalino que, para assegurar a ampla defesa do argüido e, dessa forma, a definição da estratégia defensiva que adotará no momento do interrogatório, tem ele o direito de ser informado acerca de todos os detalhes sobre a imputação que lhe está sendo feita.

"En líneas generales – afirma Velayos Martínez – la base fáctica y jurídica que permite el ejercicio de la autodefensa en condiciones óptimas se concreta en el efectivo despliegue de un derecho a la información", com o que concordamos, pois também atinge o "[...] derecho a la

---

[373] REVILLA GONZÁLEZ, 2000, p. 79.
[374] SILVA, G., 2000, v. II, p. 182.

intervención activa del sujeto pasivo en todos aquellos actos procesales que se originen en la investigación de los hechos objeto de un proceso penal".[375]

Portanto, em qualquer interrogatório a que seja submetido, é necessário comunicar ao argüido sobre os direitos que possui e, sobremaneira, o direito de guardar silêncio, além dos motivos de sua prisão, se estiver detido e os fatos que lhe estiverem sendo imputados.[376] É fundamental que a pessoa entenda que não está sendo ouvida como testemunha, qualidade que impõe o dever de depor e com a verdade, mas, sim, como argüido, situação jurídico-processual que lhe garante a opção de permanecer em silêncio, se considerar conveniente para sua defesa. Ouvir o argüido sem a completa informação da imputação que lhe é feita e sem o esclarecimento dos seus direitos é violar frontalmente o princípio da ampla defesa e o direito ao silêncio e, portanto, as declarações assim obtidas deverão ser inutilizadas.

Destacamos, ainda, que a informação deve ser clara, direta e compreensível para o argüido. Parece-nos insuficiente que o ente interrogante cite artigos da CRP ou do CPP, ou que os forneça por escrito, sem que haja uma explicação desses direitos, em linguagem acessível ao argüido, geralmente, leigo. Importante seria a intervenção do defensor, acompanhando o ato e assegurando que o argüido apreendeu o sentido e o significado do que lhe fora comunicado, inclusive ele próprio detalhando o que pareceu confuso ao argüido.

Sendo a defesa pessoal uma faculdade renunciável, a informação precisa sobre a imputação é pressuposto essencial para as manifestações livres e conscientes do argüido no decorrer da relação processual penal.

6.5.2 *Voluntariedade e espontaneidade e o comparecimento do argüido*

Como já visto, em virtude do princípio da ampla defesa, constitucionalmente assegurado, o argüido defende-se da forma que lhe parecer

---

[375] VELAYOS MARTÍNEZ, 1995, p. 61.

[376] "El imputado tendrá derecho a ser ilustrado de los hechos históricos que fundamentan la imputación y las personas que han comunicado los mismos, sin que sea admisible informarle únicamente de la figura del delito por el que se procede. Igualmente a los detenidos y presos habrá que comunicarles las razones que constituyen la base del presupuesto del *fumus boni iuris*, esencial en las medidas cautelares" (ASENCIO MELLADO, 1989, p. 123).

mais conveniente. Tem ele liberdade para traçar sua estratégia defensiva. Portanto, pode optar por responder às perguntas que lhe são dirigidas no interrogatório ou permanecer em silêncio.

Efetivamente, portanto, para proporcionar tal faculdade ao argüido, é imperioso que seja corretamente comunicado dos fatos que lhe são imputados e, assim, livre em sua pessoa, prestará declarações.

É evidente em todas as legislações, como a portuguesa, que adotam o sistema acusatório, que as declarações do argüido são marcadas pela voluntariedade e espontaneidade. O argüido prestará declarações livre e conscientemente, sendo proibido o emprego de qualquer fórmula que venha, direta ou indiretamente, a constringir a vontade dele.

O art. 136a, StPO, na Alemanha, busca evitar qualquer influência sobre a liberdade de autodeterminação, bem como sobre a atuação voluntária do argüido. Estabelece que as declarações colhidas ao arrepio das proibições elencadas na lei não podem ser utilizadas, nem mesmo com o consentimento do argüido.

Na Itália, o art. 64.2, do CPP proíbe a utilização de métodos ou técnicas que possam influir na liberdade de autodeterminação do argüido, ou que alterem sua capacidade de recordar ou avaliar os fatos.

A lei espanhola também protege a liberdade do argüido, proibindo o emprego de qualquer gênero de coação ou ameaça, proscrevendo o uso de perguntas capciosas ou sugestivas (art. 389, ns. 2 e 3, LECrim), reconhecendo ainda o direito ao descanso ou a recuperar a calma quando tiver perdido a serenidade do juízo necessária para contestar as perguntas formuladas (art. 393, LECrim).

Em Portugal, a lei é zelosa em garantir a liberdade de autodeterminação do argüido, sendo mais abrangente que os outros ordenamentos jurídicos mencionados, uma vez que o art. 126.º do CPP proíbe que as declarações sejam obtidas sob tortura, coação moral ou física, ou ameaças, evitando ainda a utilização de métodos que perturbem a liberdade de vontade ou de decisão por meio de maus-tratos, ofensas corporais, administração de meios de qualquer natureza, hipnose ou utilização de meios cruéis ou enganosos, ou que perturbem, por qualquer meio, a capacidade de memória ou de avaliação. É proibida ainda a promessa de vantagem legalmente inadmissível. Como na lei alemã, as declarações obtidas em desrespeito a essa norma não podem ser utilizadas, ainda que com o consentimento do argüido.

Matéria correlata ao tema da preservação da liberdade de autodeterminação do argüido perpassa pela exigência ou não do seu comparecimento, já que, muitas vezes, por si só, o fato de ser chamado a prestar declarações influi na vontade, abalando-a, e a pessoa, diante do comparecimento obrigatório, e até coercitivo, decide depor, embora essa não fosse sua intenção originária.

Ainda que reconheçam o princípio *nemo tenetur se ipsum accusare*, os ordenamentos jurídicos pendem para a exigência do comparecimento do argüido para contestar o interrogatório, com a possibilidade de ser determinada a sua condução coercitiva.

Na Alemanha, nos casos em que é cabível a decretação da prisão, torna-se possível determinar a condução coercitiva por meio de uma citação escrita, sendo regulamentada pelos §§ 133 a 135, StPO.

Indica Roxin que, anteriormente, o argüido só estava obrigado a comparecer perante o juiz (§ 134, StPO), mas a reforma processual penal de 1974 estendeu a presença forçada também perante o ministério público (§ 163a, III, 2, StPO). O argüido pode recorrer ao tribunal estadual, caso haja dúvida sobre a legitimidade da condução coercitiva ordenada pelo fiscal. A polícia tem o direito de determinar a condução coercitiva do argüido nos casos necessários à sua identificação (§§ 127, I e II, 163b e 163c, StPO).[377]

Roxin opina sobre a relação entre a condução coercitiva e o direito ao silêncio: "Se discute si la actitud de incomparecencia del imputado no debe ser vista como una abstención tácita de declarar y, en ese caso, la conducción forzada sería inadmisible, conforme al principio de proporcionalidad – prohibición de un medio inútil [...]. Pero de ello no puede derivarse una prohibición de conducción forzada, porque su finalidad consiste, justamente, en explicarle al imputado su situación, después de lo cual, en un gran número de casos, el imputado se convence de declarar para aclarar su situación[...]. De lo contrario, el §133 tampoco sería interpretado, sino que, en la práctica, sería derogado, para lo cual no existe ningún motivo suficiente, puesto que no existe razón alguna manifiesta para fundar la inconstitucionalidad de esta disposición [...]".[378]

Também na Itália está prevista a condução coercitiva. Sustenta-se que, diante da possibilidade de que o argüido possa vir a prestar declarações, ainda que lhe assista a faculdade de permanecer calado, melhor é obrigá-lo a estar presente ao interrogatório.[379]

---

[377] Roxin, 2000, p. 209 e 285.
[378] Ibidem, p. 286.
[379] Cf. Queijo, 2003, p. 238.

O ordenamento espanhol estabelece ao argüido uma obrigação de comparecimento. O art. 487, da LECrim, prevê a hipótese de que o não comparecimento injustificado diante de uma citação pode converter-se em ordem de prisão.

Em Portugal, sempre que a lei o exigir e para tal tiver sido convocado, o argüido tem o dever de comparecer perante o juiz, ministério público e órgãos da polícia criminal (art. 61.º, n. 3, CPP). É a contrapartida do direito de presença, segundo Santos e Leal-Henriques.[380]

Se o argüido faltar a esse dever injustificadamente, sujeita-se à aplicação de multa, detenção temporária e, inclusive, prisão preventiva, se esta for legalmente admissível (art. 116.º, CPP). O comparecimento do argüido ao interrogatório é, pois, a regra, e o juiz tem à sua disposição instrumentos legais para tornar obrigatória a presença do argüido.

Elizabeth Queijo adverte: "Não se pode desconsiderar que a condução coercitiva exerce certa compulsão sobre o acusado para que participe ativamente no interrogatório, respondendo às indagações formuladas. É ínsita à condução coercitiva a expectativa de que ele responda às perguntas que lhe serão dirigidas no interrogatório"[381] e, na esteira de Mazza, "[...] sendo reconhecido o *nemo tenetur se detegere* no interrogatório, não deveria ser admitida a condução coercitiva porque ela representa forma de coação e exerce intimidação contra o acusado".[382]

Da mesma forma, Vittorio Grevi salienta que parece fora de discussão que nenhuma medida possa vir a ser aplicada com o objetivo de obter coativamente a presença do argüido na realização de atos que pressuponham a sua participação ativa, como nas declarações, e que nenhuma medida poderá ser aplicada, ou mantida, com o objetivo de conseguir, ou todavia solicitar, a confissão do réu contra a sua vontade.[383]

Vimos que o interrogatório está dividido em duas partes. Elizabeth Queijo, que defende não ser o interrogatório de identificação alcançado pelo direito ao silêncio, entende que o ato do interrogatório deveria ser cingido, pois, para a identificação, o acusado poderia ser conduzido

---

[380] SANTOS; LEAL-HENRIQUES, 2000, p. 317.
[381] QUEIJO, 2003, p. 237.
[382] MAZZA, Oliviero. "Interrogatorio ed esame dell'imputato: identità di natura giuridica e di efficacia probatoria". *Rivista Italiana di Diritto e Procedura Penale*. Milano, 1995. p. 822-870, *apud* QUEIJO, 2003, p. 237.
[383] GREVI, Vittorio. "Il diritto al silenzio dell'imputato sul fatto proprio e sul fatto altrui". *Rivista di Diritto e Procedura Penale*. Milano: Giuffrè, 1998. p. 1132.

coercitivamente perante a autoridade. Não o poderia ser para as perguntas de mérito, porque acarretaria "[...] grande risco de compulsão contra o acusado para que responda às perguntas formuladas, com violação ao *nemo tenetur se detegere*". Conclui, portanto, pela inadmissibilidade da condução coercitiva, porque a sistemática do interrogatório tem objetivo duplo, identificar o acusado e formular perguntas sobre o objeto do processo. Sendo desdobrado, o acusado poderia ser conduzido coercitivamente na fase inquisitorial para ser identificado, e só contestaria as perguntas sobre os fatos se o desejasse.[384] Na fase judicial, o interrogatório seria realizado apenas a requerimento da defesa, seguindo, pois, a linha do *commow law*.[385]

Ensina Vicenzo Manzini: "Per pruomovere normalmente l'azione penale, cioè per mettere in movimento, con uno dei mezzi consentiti dalla legge, la attività del giudice diretta all'accertamento di un determinato reato, non è necessário che il p.m. abbia notizia che una persona individuata (nominata o innominata) è sospetta autrice o comparticipe del reato. Questa notizia è necessária soltanto per la perfetta costituzione del rapporto processuale".[386]

Temos, portanto, que as investigações em torno do delito podem ser iniciadas – é o que muitas vezes acontece –, sem a certeza de quem teria sido o seu autor, ou se haveria partícipes.

Entretanto, para a perfeita conformação da relação jurídico-processual-penal, a imputação deverá ser feita à pessoa certa, identificada nominalmente ou não.

Recorremos, de novo, a Manzini: "La scienza del vero *stato civile* (nome, cognome e altre generalità) dell'imputato non è necessaria, quando l'individuo, nominativamente non identificato, sia realmente colui contro il quale si intende procedere".[387]

Por isso, não cremos seja justificada a condução coercitiva, detenção temporária, ou qualquer outra medida que se pense, a fim de tornar obrigatório o comparecimento do argüido ao interrogatório, se já há a certeza de que é a pessoa certa contra quem se deve promover a acusação.

---

[384] "Se o acusado, ciente dos indícios ou provas existentes contra si, e com assistência de advogado, opta por declarar os fatos na polícia, nada impede que tais declarações sejam levadas em conta contra ele, não se vislumbrando, aqui, ofensa ao princípio do contraditório ou do devido processo legal" (Couceiro, 2004, p. 202-203).
[385] Queijo, 2003, p. 239.
[386] Manzini, 1931, v. II, p. 278.
[387] Ibidem, p. 279-280.

Imaginemos uma pessoa detida em flagrante no centro de Coimbra por furtar um grupo de estudantes num café. Um homem branco, baixo, magro, mas de forte compleição física, cabelos e olhos pretos, que foi levado à polícia e nada quis falar, nem seu nome. Em vão restou a tentativa da polícia em buscar sua identificação civil. Ninguém o conhecia. Nada disse o homem, mesmo ao advogado que lhe fora nomeado, e silente permaneceu no primeiro interrogatório. *Quid iuris*? "L'imputato, quindi, allorchè non siavi dubbio sulla sua identità física (*constat de corpore*), può essere rinviato a giudizio e giudicato come innominato, col numero di matricola che gli sia stato assegnato, se è detenuto, o col nome immaginario che abbia assunto".[388]

Constatamos, então, que as medidas aplicadas para impor ao argüido o seu comparecimento ao interrogatório buscam, na verdade, uma oportunidade, para, mais uma vez, insistir que ele colabore com a justiça. Tentar abalar sua vontade originária de não prestar qualquer tipo de declaração, a fim de colher elementos que tragam luz aos fatos ocorridos. No entanto, isso não pode ser exigido do argüido. Sua liberdade de autodeterminação deve ser preservada.

6.5.3 *A presença do defensor*

O art. 20.º, n. 1, da CRP, garante a todos o acesso ao direito e aos tribunais para defesa dos seus direitos e interesses legalmente protegidos, não podendo a justiça ser denegada por insuficiência de meios econômicos. Estabeleceu, pois, os direitos de ação e de defesa, e caberá ao tribunal examinar aquilo que é legalmente protegido.

Mais ainda: a CRP garantiu que todos têm direito, nos termos da lei, à informação e consulta jurídica, ao patrocínio judiciário e a fazer-se acompanhar por advogado perante qualquer autoridade (art. 20.º, n. 2).

É ainda direito do argüido ser assistido por defensor em todos os atos processuais em que participar e, quando detido, se comunicar, mesmo em privado, com ele (art. 61.º, n. 1, al. e, CPP). O argüido pode constituir a sua escolha seu defensor; caso contrário, o tribunal lhe nomeará um (art. 61.º, n. 1, al. d, CPP), hipótese natural quando o argüido alega ser hipossuficiente. Isso extrai-se também do PIPCP, em seu art. 14.º,

---

[388] MANZINI, 1931, v. II, p. 281.

n. 3, al. d, entre as garantias mínimas a que tem direito o argüido: "[...] a estar presente no julgamento e a defender-se pessoalmente ou por intermédio de defensor de sua escolha; a ser informada, caso não tenha defensor, do direito que lhe assiste de tê-lo, e sempre que o interesse da justiça assim exija, a ter um defensor designado *ex officio* gratuitamente, se não tiver meios para remunerá-lo".

O defensor, muito mais do que exercer a representação do argüido, é órgão autônomo da administração da justiça, exercendo uma função pública, que se consubstancia como "[...] missão exclusiva fazer avultar no processo tudo quanto seja favorável à posição jurídica do argüido".[389] É bem forte o pensamento de Cavaleiro de Ferreira: "[...] trai a sua função o defensor que traz por si ao processo provas ou argumentos desfavoráveis à defesa".[390] Também o defensor deve colaborar com o descobrimento da verdade processual, entretanto limitado à matéria probatória relativa à inocência ou menor responsabilidade do argüido.[391]

Impossível não lembrar a lição do grande mestre Carrara: "É um erro, como bem advertia Berrier, admitir-se uma idéia de desigualdade entre acusador e defensor. Se o Ministério Público representa a sociedade, no interesse da punição da culpa, o defensor a representa também, no interesse da inocência. Sacerdotes ambos da Justiça, são eles, na discussão, independentes entre si; dependem ambos da lei, da consciência e da autoridade do tribunal. É esta uma verdade que deve ser lembrada por todos, pois quem despreza a Advocacia avilta a Magistratura. Afirmou energicamente o ilustre Musio que a própria defesa é um ministério público".[392]

Seria, portanto, indispensável que todo Estado criasse uma instituição tão forte e organizada como o Ministério Público, a fim de plenamente assegurar a ampla defesa, o contraditório, a paridade de armas, que patrocinasse os interesses daqueles que não possuem condições financeiras para contratar um bom advogado.[393]

---

[389] DIAS, 1974, p. 469.
[390] FERREIRA, 1955, v. I, p. 164.
[391] DIAS, op.cit., p. 474.
[392] CARRARA, Francesco. *Programa do curso de direito criminal*. São Paulo: Saraiva, 1957, § 978.
[393] "Ao órgão de acusação deve corresponder um órgão de defesa. A defesa é, como a acusação, uma investigação de razões e de provas. É certo que a investigação do Ministério Público tem de ser imparcial, e este só toma a posição de parte, depois de

6. O direito ao silêncio e o interrogatório

É possível, como se denota da redação do art. 64.º, n. 3, que, durante o inquérito policial, o argüido permaneça sem advogado e somente ao final, caso deduzida a acusação, o ministério público nomearia o defensor. Quer dizer, então, que os interrogatórios levados a efeito nesta fase poderiam ser realizados sem a presença do defensor? Sustentar tal tese é ferir a CRP e também o CPP. Se bem é verdade que inexiste contraditório no inquérito policial, o mesmo não ocorre com a ampla defesa, que deve ser assegurada efetivamente durante todas as fases do processo penal. Consideramos, pois, que nenhum interrogatório, não somente o primeiro interrogatório judicial do argüido detido (art. 64.º, n. 1, al. a, CPP), deve ser realizado sem a presença do defensor.[394] É um direito constitucional que assiste ao argüido e que as autoridades devem zelar pela sua observância.[395] Principalmente, devem zelar para que o argüido se entreviste com o defensor anteriormente ao ato, a fim de que este possa assistir tecnicamente o argüido.[396]

Entretanto, a assistência obrigatória somente vigora no primeiro interrogatório judicial do argüido detido. Nos outros interrogatórios, principalmente na fase do inquérito policial, vemos que o argüido poderia dispensar a defesa técnica, mas desde que lhe informado sobre os seus

---

formulada a acusação. Mas também é certo que a função de investigação acarreta a formação duma convicção, ou até, muitas vezes, a supõe, que pesa naturalmente sobre a actuação ulterior do Ministério Público como parte. Importa, por isso, que uma defesa igualmente eficiente restabeleça perante o tribunal o equilíbrio das partes no processo contraditório" (FERREIRA, 1955, v. I, p. 162).

[394] Não é essa a posição de Fernando Pedroso: "[...] o prévio contato entre o réu e seu defensor não constitui condição para a validade do interrogatório, de modo que é despiciendo o fato de não ter sido o acusado orientado por seu advogado antes do interrogatório; a lei não erige essa circunstância em nulidade" (PEDROSO, 2001, p. 186).

[395] Para Vittorio Denti, o direito de defesa do argüido é também uma garantia, e que redunda na presença do advogado em juízo: "Sotto un secondo aspetto, la difesa constituisce non già un diritto, ma una garanzia, come esigenzia di un corretto svolgimento del processo, per un interesse pubblico generale che trascende l'interesse del'imputato (o della parte) ed è sodisfatto soltanto se il contraddittorio è effettivo, se l'uguaglianza delle armi è reale. Si tratta qui di assicurare un *due process of law*, o di realizzare un *fair trail*, il che può richiedere (ed, anzi, nella maggior parte dei casi richiede) la presenza in giudizio del difensore" (DENTI, Vittorio. "La difesa come diritto e come garanzia". *Il problema dell'autodifesa nel processo penale*. Zanichelli, 1982. p. 48, *apud* SUANNES, Adauto Alonso S. *Os fundamentos éticos do devido processo penal*. São Paulo: Editora Revista dos Tribunais, 2004. p. 212).

[396] "[...] cabe oficiosamente, tanto ao juiz como ao MP, velar pela protecção dos direitos processuais do argüido e, inclusive, pela sua própria defesa" (DIAS, 1974, p. 468).

direitos. Não concebemos que a atuação do ministério público ou da polícia judiciária possa ser sorrateira e ladina, desejando que o argüido esteja fragilizado, para dele colher em depoimento elementos auto-incriminatórios. Tal comportamento não condiz com a ética e a lisura que deve permear a atividade dessas instituições. Combater o crime, sempre; mas com estrita observância dos parâmetros legais.

Infelizmente, existe entendimento de que a presença do defensor possa perturbar a realização do interrogatório, interferindo e aconselhando o argüido a não responder às perguntas formuladas. Carlos Haddad assevera: "Nada disso, porém, deve impedir o acompanhamento do acusado pelo advogado: o fato de a presença do defensor impedir o acusado de fazer declarações equivocadas ou não apropriadas; obstar a utilização de meios ilegítimos de interrogatório e controlar as condições em que este é realizado; garantir a pureza real dos autos, dada a facilidade com que as declarações podem ser desvirtuadas na redução a escrito; facilitar à defesa a colheita de material probatório e opor-se à acusação no julgamento são razões suficientes para que sua presença seja indispensável". [397]

É importante afastar a idéia de que o interrogatório é "[...] um simples relato dos fatos pelo réu, sem que haja necessidade de prévia preparação para a sua efetivação e que não tem, portanto, qualquer influência decisiva no molde do contexto probatório",[398] e que, por isso, é inútil, ou ainda dispensável a assistência técnica. É por meio do interrogatório sobremaneira que se inicia a construção da estratégia defensiva do argüido e, portanto, a entrevista do argüido com o seu defensor é essencial para definição da linha de defesa a ser adotada: confissão, confissão parcial, silêncio, negativa de autoria, etc. Entendemos que o leigo não está apto a decidir a matéria por si só,[399] nem cabe aos entes interrogantes, que representam o Estado, decidir por ele.[400]

---

[397] HADDAD, 2000, p. 234. Também no mesmo sentido Figueiredo Dias, para quem necessário é encontrar "[...] um ponto de equilíbrio entre o interesse público da repressão da criminalidade, que exige uma instrução ampla, rápida e livre, e o interesse do arguido na consistência e efectividade do seu direito de defesa" (DIAS, 1974, p. 496).

[398] HADDAD, 2000, p. 233.

[399] Ensina Azevedo: "[...] o réu é sempre mau advogado em causa própria. Não está ao seu alcance o que deve dizer, nem o que deve calar. Supondo que está se desculpando, pode estar se comprometendo irremediavelmente. Isto desde o inquérito, desde as primeiras investigações" (AZEVEDO, V., 1958, p. 39).

[400] É bom consultar Figueiredo Dias, quando argumenta que o ponto de vista do argüido pode ser diferente do exarado pelo juiz e MP, embora atuem estes com deveres de objetividade e imparcialidade (Cf. DIAS, 1974, p. 475-476).

Podem, ainda, existir elementos que promovam a diminuição de pena, ou até mesmo a absolvição, de que o argüido não tenha perfeito conhecimento e alcance, e que somente o defensor possa alegar a seu favor, após realizar a entrevista. Temos visto cada dia mais a complexidade da legislação crescer vertiginosamente, com a criminalização específica em áreas, como o meio ambiente, informática, fiscal, o que torna impossível para os argüidos, leigos, em geral, a compreensão daquilo a que devem responder e alegar em sua própria defesa, se não forem devidamente esclarecidos. Argumenta Carlos Haddad que "A autodefesa somente será assegurada e exercitada à medida que atuar conjuntamente com a defesa técnica".[401] Outras situações, em crimes mais "tradicionais", podem ser imaginadas: negar a autoria do homicídio, quando há evidentes elementos de legítima defesa; admitir que a substância era entorpecente, mas para uso próprio, ao contrário de permanecer negando o seu caráter ilícito.

Mesmo que seja defeso ao advogado intervir diretamente no ato do interrogatório, sua presença não é inútil, pois pode agir na medida em que se insurge contra eventuais irregularidades que possam vir a ser praticadas. Sua atividade é de fiscalização contra possíveis excessos e abusos.

6.5.4 *Proibição de métodos que perturbam a condição física e psicológica do argüido*

Uma das decorrências do princípio *nemo tenetur se ipsum accusare* e da dignidade humana é a proibição de certos métodos a serem empregados no interrogatório, os quais interfeririam na manifestação livre, espontânea e consciente do argüido.

Ainda que haja consentimento do argüido, o interrogatório não pode ser produzido sob nenhuma das hipóteses constantes do art. 126.º, ns. 1 e 2, do CPP,[402] estando tutelada, pois, por princípios inderrogáveis a liberdade de autodeterminação da pessoa. A utilização de tais métodos avilta os princípios do Estado Democrático de Direito.

---

[401] HADDAD, op. cit., p.236.
[402] "[...] nada parece impor a conclusão de que no artigo 126.º do CPP se contenha uma enumeração taxativa" dos métodos proibidos de prova (Cf. ANDRADE, M., 1992, p. 216).

O objetivo do interrogatório não é extrair a confissão do argüido, como outrora.[403] Portanto, a lei hodierna mostra-se sensível aos novos tempos, em que a dignidade humana é o vetor fundamental a sinalizar a construção do ordenamento jurídico português, estabelecendo que é inaceitável o uso da força, coação ou ameaça, ou de qualquer trato desumano ou degradante para compelir a pessoa a confessar, por vezes, confessar aquilo que, na verdade, não praticou.

Na definição de Canotilho e Moreira, a tortura é a forma mais agravada de tratamento cruel e desumano, revelando-se em "[...] qualquer acto originador de dor ou sofrimentos agudos, físicos ou mentais, intencionalmente infligidos a uma pessoa para dela obter informações, a intimidar ou a punir".[404]

A coação constitui um ataque contra a liberdade, cuja essência radica na imposição da vontade de quem interroga sobre o interrogando, impedindo-o de realizar um ato lícito ou obrigando-o a realizar uma atividade não querida.[405]

A ameaça implica um anúncio de um mal não amparado por um direito, e suscetível de produzir intimidação no interrogando.

Há que se cuidar ainda acerca de certas práticas que configuram verdadeira tortura para o argüido durante o interrogatório, embora não sejam ordálios de Deus, afetando a capacidade de memória ou de avaliação.

São métodos que minam a resistência física ou mental do argüido, ou que ocasionam perda de domínio, fazendo com que as declarações não sejam fruto de sua livre determinação. Hipótese que pode ocorrer quando o interrogatório se prolonga por várias e várias horas, durante a noite, até durante dias a fio, conduzindo o argüido à exaustão física e mental, impedindo que esteja com a plena consciência intelectiva sobre as perguntas que lhe estão sendo dirigidas.[406] Pontua Elizabeth Queijo que "O inter-

---

[403] "As principais finalidades do interrogatório são o estabelecimento da identidade do acusado e a possibilidade da sua defesa imediata" (FARIA, 1960, p. 281).

[404] CANOTILHO; MOREIRA, 1993, p. 177-178.

[405] Cf. REVILLA GONZÁLEZ, 2000, p. 102.

[406] Nos anos 70, na Irlanda do Norte, várias pessoas suspeitas de envolvimento em atividades terroristas foram detidas e submetidas a prolongados interrogatórios, com aplicação de cinco técnicas especiais, denominadas de desorientação ou privação sensorial, com o objetivo de arrancar confissões, informações ou denúncias, e consistiam em: a) colocar em pé contra a parede, obrigando os detidos a permanecer assim por horas, em

rogatório assim realizado acaba por violar o *nemo tenetur se detegere*, porque o acusado perde ou tem reduzida a sua capacidade de avaliação com relação às indagações feitas. O cansaço, a pressão psicológica exercida pelo tempo e pela sucessão de perguntas, o ambiente a que ele fica submetido, podem influenciar a sua liberdade de autodeterminação no interrogatório".[407] Pode, inclusive, tal prática ferir o direito de defesa, pois um interrogatório que diminui a habilidade de formular álibis ou elementos exculpatórios desordena a estratégia defensiva.

Seria bom que se adotasse a orientação do ordenamento jurídico espanhol, que proíbe interrogatórios noturnos, que exige a consignação do tempo de duração do ato e que cuidou de assinalar que, quando o interrogatório se prolongar por muito tempo, ou o número de perguntas feitas for tão considerável que tivesse perdido a serenidade de avaliação necessária para contestar ao que ainda se deve perguntar, o interrogatório será suspenso, concedendo ao argüido tempo necessário para descansar e recuperar a calma.[408] Revilla González acrescenta que, além da longa duração do interrogatório e do considerável número de perguntas, o interrogatório poderia ser suspenso, se qualquer outra causa gerasse no argüido a perda da serenidade.[409]

São inadmissíveis os meios que perturbem a condição física ou psicológica do argüido, como hipnose, detectores de mentira ou polígrafos, narcoanálise, etc.,[410] pois afetam a liberdade de autodeterminação, subjugando sua vontade, e invadem a intimidade.

São métodos que devem ser excluídos porque aniquilam a liberdade e a dignidade humana, porque não são plenamente confiáveis os resultados a serem obtidos e porque não devem depender do consentimento do argüido, ainda que em favor de sua defesa.

---

posição de tensão; b) manter encapuzado, salvo durante o interrogatório; c) submeter a ruído monótono e contínuo, antes dos interrogatórios; d) privar do sono, antes dos interrogatórios; e) privar de alimentos (Cf. HADDAD, 2000, p. 92).

[407] QUEIJO, 2003, p. 226.
[408] Art. 393 da LeCrim.
[409] REVILLA GONZÁLEZ, 2000, p. 117.
[410] REVILLA GONZÁLEZ dá notícias de um programa de informática que está sendo desenvolvido no Instituto Salk, em San Diego, USA, para identificar os mentirosos, capaz de captar os sentimentos de medo, irritação, susto ou sorriso fingido, podendo reconhecer um grande número de movimentos e gestos na face, incluindo um número de microexpressões que poderiam passar despercebidas ao olho humano (REVILLA GONZÁLEZ, 2000, p. 112-113).

A narcoanálise, que consiste na introdução, por via intravenosa, no argüido, de certas substâncias barbitúricas, como o pentotal sódico e o amintal, provocando-lhe um estado de torpor entre o sono e a vigília, com alterações psíquicas, ofende a dignidade humana, pois a administração do narcótico libera o subconsciente da pessoa a despeito da sua vontade e ela age sem pleno domínio de suas faculdades.

O detector de mentiras é um aparelho que tem por objeto registrar os movimentos respiratórios, pulsação, pressão arterial, secreção transpiratória durante o interrogatório, pretendendo determinar, de acordo com os dados colhidos, o momento em que o interrogando se afasta conscientemente da verdade.

Figueiredo Dias é contra a aplicação da narcoanálise, ainda que para beneficiar o argüido, porque ofende a dignidade humana e, por isso, além de inadmissível, é juridicamente inconstitucional. Tais argumentos também se aplicariam ao *lie detector*.[411]

Costa Andrade, por sua vez, entende que a proibição do polígrafo, para além da proteção dos interesses do argüido, também salvaguarda interesses de terceiros, suspeitos ou acusados, pois, citando Amelung, no caso de haver vários argüidos, aqueles que não concordarem em se submeter ao detector de mentiras sentir-se-ão pressionados a aceitar o método com o intuito de afastar suspeitas contra si. Conclui afirmando que "Mesmo quando assente no consentimento de um arguido, a utilização do detector de mentiras acaba por ameaçar o direito fundamental à liberdade de expressão de todos os que se encontram na mesma situação de suspeita".[412]

Entretanto, o autor, em sintonia com uma minoria da doutrina alemã, acena para a possibilidade da utilização do *lie detector*. Argumenta que o legislador português não o incluiu expressamente no elenco dos métodos proibidos de prova. Havendo interesse da defesa, "A sua utilização pode mesmo revelar-se aconselhável naqueles casos extremados em que apareça como a *ultima ratio* para afastar uma condenação".[413]

Revilla González argumenta que não basta o consentimento do acusado quando o ordenamento jurídico repugna determinado método de prova. "El derecho a utilizar los medios de prueba no es un derecho ilimitado que permita a las partes proponer cualquiera de ellas, sino que está

---

[411] Cf. DIAS, 1974, p. 459.
[412] ANDRADE, M., 1992, p. 78.
[413] ANDRADE, M., 1992, p. 219.

matizado por el principio de legalidad y por la idea de pertinencia; debiendo, además, acomodarse su práctica al respecto a los derechos y libertades fundamentales".[414]

Os meios cruéis são aqueles que causam dores físicas ou morais, duradouras ou repetidas e não devem ser empregados pela autoridade interrogante. Colhe Figueiredo Dias um exemplo da jurisprudência alemã, que considerou ilegítimo conduzir uma mãe acusada de infanticídio até a presença do corpo de seu filho, na esperança de que o choque a fizesse confessar.[415]

A utilização de meios enganosos também é vedada. Asencio Mellado assinala que o engano constitui uma conduta desleal e indigna do Estado de Direito, que há de proceder com o respeito necessário a toda pessoa.[416] Para Döhring, as perguntas sobre os fatos estão restritas a certos limites, e a verdade não pode ser exumada com a utilização de qualquer método imaginável, mas unicamente com os que são processualmente lícitos, pois o grave dano que com a utilização dessas manobras sofreria a confiança do cidadão não se veria compensada com a possível utilidade de um engano em um caso isolado.[417]

Incabíveis são as perguntas sugestivas, capciosas, obscuras, tendenciosas. Florian adverte que as perguntas ao acusado devem ser claras, pertinentes e formuladas de tal modo que não confundam nem induzam o argüido a erro, sacando-lhe aquilo que não deseja dizer.[418]

Já exortava Pereira e Sousa que não deve haver sugestões[419] no interrogatório, nem mesmo persuasões e falsas promessas, para além das ameaças, como constava do CPP anterior, art. 261.º. Não se pode, dessa forma, prometer a liberdade ao argüido em troca de sua confissão, ou ameaçá-lo quanto ao prolongamento da prisão preventiva, caso permaneça em silêncio, ou a concessão de um tratamento prisional privilegiado. Vittorio Grevi acredita que a única tática a ser utilizada pelo juiz no interrogatório é a persuasão, na tentativa de descobrir a verdade.[420]

---

[414] REVILLA GONZÁLEZ, 2000, p. 115.
[415] Cf. DIAS, 1974, p. 455.
[416] ASENCIO MELLADO, 1989, p. 129
[417] DÖRING, E. La prueba. Su práctica y aplicación. Buenos Aires: EJEA. 1972, p. 197, apud REVILLA GONZÁLEZ, op.cit., p. 106.
[418] FLORIAN, Eugenio. De las pruebas penales. Bogotá: Editorial Temis S.A., 2002. tomo II, p. 40.
[419] SOUSA, 1820, p. 163.
[420] GREVI, 1972, p. 130.

A autoridade interrogante não pode informar ao argüido que existem provas contra ele, ou que o co-argüido confessou, se sabe inverídica a informação, com o intuito de enganar o argüido e retirar-lhe elementos que não forneceria, caso não existisse a situação que lhe fora relatada.

Com sapiência, Bento de Faria ressalta que o interrogante deve formular todas as perguntas com lealdade e clareza, sem intenção de empregar meios ardilosos para surpreender o argüido.[421] Quem interroga deve observar na formulação das perguntas o emprego de palavras de fácil compreensão, já que a declaração a ser colhida há de ser consciente, livre e voluntária.

6.5.5 *Advertência sobre o direito ao silêncio*

Estando o processo penal moderno marcado por uma idéia garantista, não é mais o interrogatório um ato pelo qual se busca, a todo custo, alcançar a verdade, exigindo do argüido um dever de verdade e de colaboração ante a investigação que se desenvolve contra ele.

Vigora, pois, uma necessária proteção à livre autodeterminação do argüido, a fim de que possa, conscientemente, optar entre o silêncio ou a produção de declarações, sejam elas auto-incriminatórias ou não, pois "[...] toda a colaboração activa do arguido para a descoberta da verdade há-de passar pela sua liberdade esclarecida".[422]

Momento pontual dessa eleição encontramos na advertência que a autoridade interrogante faz ao argüido no início do interrogatório, e de forma obrigatória, pois, mais do que simplesmente tolerar o silêncio (- e algumas autoridades, arraigadas ao passado, o julgam como um desrespeito à justiça), o direito ao silêncio, por sua natureza constitucional, deve ser garantido, tanto assim é que, no direito alemão, reconhecido pelo preciosismo de sua linguagem, fala-se em dever de instrução. Segundo Dias Neto, a advertência "[...] expressa o intuito do legislador em evitar uma autoincriminação involuntária em virtude de desconhecimento de lei".[423]

Dessa forma, antes de propriamente iniciar o interrogatório, o argüido, detido ou não, será instruído de que possui o direito de responder ou não

---

[421] FARIA, 1960, p. 287.
[422] ANDRADE, M., 1992, p. 87.
[423] DIAS NETO, 1997, p. 190.

a perguntas que lhe serão formuladas, porque é livre para declarar ou não. É o momento em que o argüido poderá optar entre uma autodefesa ativa ou passiva. Como aponta Revilla González, essa "[...] advertencia que resulta un presupuesto esencial para el ejercicio del *ius tacendi*, en tanto que, cumpliendo una función informativa, va a permitir la elección del tipo de comportamiento".[424]

É necessário destacar que a advertência deve se repetir em todos os interrogatórios[425] aos quais o argüido vier a ser submetido, independentemente da fase processual em que se encontre. Seria temerária para a tutela dos direitos do argüido a não adoção dessa prática, supondo já estar suficientemente cumprida a garantia do silêncio se fora feita a advertência no primeiro interrogatório. Ademais, deve quedar claro para o argüido que o fato de ter realizado declarações num primeiro momento não o impede de optar pelo silêncio em momento posterior, se assim julgar mais conveniente para a sua defesa. O mais importante é salvaguardar a liberdade de autodeterminação do argüido.

Enquanto realiza a advertência, a autoridade interrogante não deve assumir uma postura intimidativa, às vezes com comentários de possíveis conseqüências desfavoráveis ao argüido, a influi-lo negativamente quanto à sua escolha. Diria que a explicação sobre o direito ao silêncio deve ser seca, sucinta, sem perder a inteligibilidade. Não há que prevenir o argüido sobre qual seria a sua situação processual de acordo com a escolha realizada. Pertence ao defensor tal mister e, por isso, é importante a sua presença,[426] como já destacado, e a entrevista anterior ao início do interrogatório. Quando a autoridade interrogante se apropria de uma incumbência que não lhe compete, há o risco de que suas explicações adquiram caráter insinuante e coativo, maculando a liberdade de autodeterminação do argüido e, conseqüentemente, o risco de produção de prova proibida.

Estabelece o CPP que a advertência ao direito de não responder a perguntas formuladas pela autoridade interrogante será feita após o inter-

---

[424] REVILLA GONZÁLEZ, 2000, p. 38.

[425] Também pensa assim Elizabeth Queijo, que afirma: "[...] deve-se salientar ainda que a advertência deverá ser formulada antes de todos os interrogatórios. Isto porque, não renovada a informação ao acusado quanto ao direito ao silêncio, poderia parecer-lhe não incidir esse direito naquele interrogatório específico, no qual não for formulada a advertência. Desse modo, o acusado ficaria em situação de insegurança" (QUEIJO, 2003, p. 210).

[426] Entretanto, "A presença do defensor também não desobriga a autoridade interrogante de realizar a adequada advertência do acusado quanto ao direito ao silêncio" (QUEIJO, 2003, p. 208).

rogatório de identificação, sendo válida, portanto, para o interrogatório de mérito. Vemos, ainda, que é uma comunicação concomitante com os demais direitos e deveres exarados no art. 61.º, quando se trata do primeiro interrogatório, ou antes ainda, no momento da constituição na qualidade de argüido, e que não há fórmula ou rito para a sua consecução, embora haja a exigência de entrega por escrito do rol contido no art. 61.º, do CPP, comprovando-se, dessa forma, que o argüido foi cientificado dos seus direitos.

Portanto, após colher os dados de identificação do argüido, é que a advertência acerca do direito de não responder a perguntas será realizada, o que, de acordo com nossa ótica, já explicitada, não é suficiente para a tutela do direito ao silêncio.

Recordemos que dados de identificação do argüido podem vir a ser elementos auto-incriminatórios e, assim, colher tais elementos sob a advertência[427] de que a falta de informação ou a sua falsidade poderá ocasionar responsabilidade penal seria, na verdade, extrair do argüido, sob coação, provas contra si mesmo, o que é vedado pelo princípio *nemo tenetur se ipsum accusare*.

Seria de suma importância para a efetiva tutela do direito ao silêncio que a advertência quanto a ele, bem como sobre as conseqüências do seu exercício, fosse realizada em separado, antes mesmo do início do interrogatório de identificação. Inclusive, a escolha sobre ser responsabilizado penalmente em relação à falta ou falsidade dos dados de identificação recairia sobre o argüido.[428] A argumentação de que a coleta de tais dados é essencial para a perfeita formação da relação jurídico-processual-penal e que, portanto, não seria o interrogatório de identificação abrangido pelo direito ao silêncio, não é a mais correta. Já demonstramos que é necessária a identificação física do argüido, e não civil. É bem verdade que a identificação completa do argüido permite ao tribunal aferir sua persona-

---

[427] Art. 141.º, n. 3, CPP: "O arguido é perguntado pelo seu nome, filiação, freguesia e concelho de naturalidade, data de nascimento, estado civil, profissão, residência, local de trabalho, se já esteve alguma vez preso, quando e porquê e se foi ou não condenado e por que crimes, sendo-lhe exigida, se necessário, a exibição de documento oficial bastante de identificação. Deve ser advertido de que a falta de resposta a estas perguntas ou a falsidade das mesmas o pode fazer incorrer em responsabilidade penal". Também de mesmo teor o art. 342.º.

[428] "A função precípua da advertência é a de dar ciência ao acusado quanto ao direito ao silêncio, sua extensão e conseqüências do seu exercício" (QUEIJO, 2003, p. 206).

lidade, principalmente para a aplicação da pena. Entretanto, melhor não ter a disponibilidade desse aspecto do que ferir um direito constitucional, limitando a liberdade de autodeterminação do argüido, ao coagi-lo a fornecer elementos que o auto-incriminem. Com infinita sapiência, adverte-nos Corso: "Il rischio di perdere elementi informativi non deve preoccupare di più del rischio di acquisire elementi spuri".[429] E, de toda sorte, o ministério público e os órgãos de polícia criminal podem realizar diligências das mais variadas, a fim de demonstrar a verdadeira qualificação civil, profissional, social do argüido.

A advertência deve ainda mencionar acerca da impossibilidade de conseqüências desfavoráveis para a defesa, caso o argüido opte por permanecer em silêncio. Dispõem os arts. 343.º e 345.º, do CPP, que o silêncio do argüido, total ou parcial, não o pode desfavorecer.

Por fim, cabe destacar que a testemunha também deveria ser advertida, não só acerca da responsabilidade sobre o falso testemunho, mas inclusive sobre o direito de não responder a perguntas que possam incriminá-la.

6.6 Limites e efeitos do exercício do direito ao silêncio: sua valoração

Uma das questões mais discutidas pela doutrina é se a incidência do direito ao silêncio perpassa por todo o conteúdo do interrogatório, ou alcançaria somente parte dele, ou seja, o interrogatório de mérito.

A tendência majoritária é apontar que o argüido só pode invocar o direito ao silêncio com respeito às perguntas relativas ao objeto do processo, isto é, sobre o fato em apuração e as circunstâncias em que ocorreu. Não caberia, pois, permanecer em silêncio, quando lhe fosse indagado sobre a sua qualificação, ensejando, nesse caso, responsabilidade criminal. Lógico que também não poderia mentir sobre tais aspectos. É a posição adotada pela lei portuguesa.

Figueiredo Dias aponta que "[...] recai sobre o arguido um dever de dizer a verdade". Se o argüido calar ou mentir, incorrerá em crime de desobediência (art. 349.º, CP) ou falsas declarações (art. 359.º, CP). Assim é por consignar que a comprovação da identidade do arguido

---

[429] CORSO, Piermaria. "Diritto al silenzio: garanzia da difendere o ingombro processuale da rimuovere?" *L'Indice Penale,* Padova: CEDAM, ano II, n. 3., 1999. p. 1094.

constitui "[...] questão básica de todo o processo penal, sem todavia dizer directamente respeito à culpa dele".[430] Já que não se refere à culpa, não haveria auto-incriminação no fornecimento de dados pessoais, não se reconhecendo, pois, a incidência do princípio *nemo tenetur se ipsum accusare*.

Entretanto, como já exposto, o que realmente configura pressuposto processual é a identidade física do argüido. O processo penal pode ser movido contra indivíduo que nem sequer se saiba o nome, mas que seja identificado como o verdadeiro autor dos fatos.

Há situações em que fornecer dados pessoais pode, sim, configurar a ruptura da tutela do direito ao silêncio. Por isso, parte da doutrina alemã critica a limitação do exercício desse direito no interrogatório de mérito. Colhe-se o exemplo de que, quando "[...] o autor do crime é conhecido e o fornecimento de sua identidade equivale a uma confissão de autoria, a obrigação de fornecer dados pessoais seria incompatível com o privilégio contra a auto-incriminação".[431]

Na doutrina italiana, entretanto, Sergio Badellino entende que mais do que o interesse da identificação pelo sujeito, está em jogo o interesse da definição da autoria do delito e, por isso, deve apresentar corretamente seus dados, a fim de que não utilize indevidamente dados de terceiros.[432]

O professor Asencio Mellado, da Espanha, entende que o argüido pode silenciar acerca dos seus dados pessoais, defendendo que, inclusive, pode mentir, sem que haja qualquer conseqüência processual para ele, asseverando, entretanto, que essa não é a posição adotada pelo Tribunal Supremo espanhol.[433]

Elizabeth Queijo expõe que é correto negar ao argüido o direito de silenciar no interrogatório de identificação, porque é elementar a coleta dos dados do argüido para a formação adequada da persecução penal, exigindo-se-lhe, ainda, o dever de dizer a verdade. Afinal, "Efetivamente, a segurança sobre a pessoa contra quem se procede, como agente da prática criminosa, exclui a possibilidade de processar e condenar uma pessoa por outra".[434]

---

[430] DIAS, 1974, p. 445.
[431] Eser e Müller são os doutrinadores alemães citados (Cf. NETO, 1997, p. 193).
[432] BADELLINO, Sergio. "Sul fondamento ed i limite del c.d. diritto al mendacio come facoltà contenuto del diritto di defesa". *Rivista Italiana di Diritto e Procedura Penale*, 1968. p. 283.
[433] ASENCIO MELLADO, 1989, p. 124-127.
[434] FARIA, 1960, p. 202.

Diz, por fim, que "Não estão abrangidas na identificação as indagações referentes a antecedentes e condenações anteriores".[435]

Couceiro argumenta que o direito ao silêncio só abrange o interrogatório de mérito, incidindo "[...] sobre as declarações relacionadas ao fato delituoso, e não sobre aquelas pertinentes aos antecedentes ou à identidade da pessoa que está sendo ouvida".[436] Para ele, silenciar sobre vida pregressa e qualificação não representa nenhuma atividade defensiva.

Moura e Moraes apontam três motivos pelos quais o direito ao silêncio não pode ser invocado com relação às perguntas referentes à qualificação: "[...] primeiro, porque tais respostas não trazem em si qualquer atividade defensiva; segundo, porque a exata qualificação do interrogado evita confusões acerca de sua identidade; e, terceiro, porque a mentira que se permite é aquela de que se vale o interrogado para defender-se quanto aos fatos que lhe são imputados".[437]

Julgamos importante que a pessoa se identifique perante a autoridade interrogante, mas de forma estrita: nome, filiação, data e lugar de nascimento, residência. É o quanto basta para que os órgãos de polícia criminal realizem o seu trabalho investigativo. Exigir maiores dados do argüido seria impingir-lhe o dever de colaborar com a justiça.

As declarações do argüido são livres, podendo escolher entre calar ou não, parcialmente ou não, mentir ou não. Entretanto, veladas por marcos limitativos: o argüido tem o dever de prestar corretamente os seus dados pessoais e, além disso, incorre em crime se acusar falsamente outra pessoa, ou atribuir-se falsamente a prática de um delito.

O argüido tem a obrigação de responder às perguntas formuladas que dizem respeito à responsabilidade de terceiros? Vittorio Grevi entende que não há incidência do direito ao silêncio, uma vez que o seu objetivo é evitar a auto-incriminação. Equipara, neste caso, a figura do argüido a uma testemunha.[438]

Entretanto, Elizabeth Queijo, recordando Sabatini, afirma que "[...] é praticamente impossível declarar sobre a responsabilidade de terceiros com relação ao fato, sem que essa narrativa venha a influenciar a própria situação do acusado, comprometendo-a".[439]

---

[435] QUEIJO, 2003, p. 202.
[436] COUCEIRO, 2004, p. 210.
[437] MOURA; MORAES, 1994, p. 139.
[438] GREVI, Vittorio. "Il diritto al silenzio dell'imputato sul fatto proprio e sul fatto altrui". *Rivista di Diritto e Procedura Penale.* Milano: Giuffrè, 1998. p. 1149-1150.
[439] QUEIJO, 2003, p. 203.

A dificuldade em distinguir entre a responsabilidade do argüido e de terceiros impõe a extensão do direito ao silêncio também a essas perguntas, não podendo ser restringido somente às declarações acerca de fatos concernentes à responsabilidade própria.

Como aponta Corso, não há como mensurar a possibilidade de risco para o argüido produzir declarações auto-incriminatórias, se acaso vier a tornar-se testemunha sobre fato de terceiro. Cita um exemplo: "Tizio potrebbe aver confessato una rapina attribuendosi un ruolo marginale diverso da quello effetivo: se avesse il dovere di testimoniare sui concorrenti nella rapina, questi potrebbero metterne in luce il ruolo egemone e pregiudicare la posizione del dichiarante al di là dei rischi che costui há inteso accettare".

E pergunta: "Il coimputato che tace anche sul fatto proprio, diventa comunque testimone sul fatto altrui? E come è possibile tutelare chi ha taciuto sulla propria partecipazione ad um reato (esercitando lo *ius tacendi*), se lo estesso diventa comunque testimone sulla responsabilità altrui e si vedrà costretto a parlare, ad esempio, di tutti i componenti di un'associazione per delinquere cui lui stesso partecipava?"[440]

Por outro lado, não sem razão, assevera Teresa Beleza com relação a depoimentos de co-argüidos: "[...] trata-se, em meu parecer, de uma prova que merece reservas e cuidados muito especiais na sua admissão e valor, dada a sua fragilidade". A professora de Lisboa acredita que "[...] o valor probatório do depoimento de um co-arguido no que aos restantes diz respeito é legítimo objeto de assaz diminuída credibilidade". Para além disso, se não é um depoimento "[...] controlado pela defesa do co-arguido atingido nem corroborado por outras provas, a sua credibilidade é nula".[441] O co-arguido visado ou afetado por outro, em seu depoimento, não pode ser prejudicado nem ver diminuída sua potencial defesa, quando, posteriormente, esse se recuse, no exercício do direito ao silêncio, a prestar esclarecimentos[442]. O direito ao silêncio não pode ser pre-

---

[440] Corso, 1999, p. 1091.

[441] Beleza, Teresa Pizarro. "Tão amigos que nós éramos': o valor probatório do depoimento do co-arguido no Processo Penal português". *Revista do Ministério Público*, Lisboa, ano 19, n. 74, 1998. p. 47-49 e 58.

[442] Aponta Teresa Beleza que o atual CPP não prevê que esses esclarecimentos possam ser pedidos pelos defensores dos argüidos afetados pelos co-argüidos que contra eles deponham. "[...] a garantia do contraditório não é assegurada em casos em que o depoimento de um co-arguido seja o elemento de prova essencial no sentido de uma

terido em nenhuma circunstância, e a solução, na livre avaliação das provas pelo tribunal, é retirar o peso probatório do depoimento do co-arguido, mesmo porque não submetido a contraditório, como exigido pelo art. 327.º do CPP. Aproveita-se, de toda forma, o cunho defensivo do depoimento em favor do declarante.

A escolha pelo silêncio realizada pelo argüido não pode de modo algum trazer-lhe conseqüências desfavoráveis.

O único aspecto desfavorável que pode advir do silêncio é muito bem descrito por Figueiredo Dias.[443] Ensina o professor que o argüido, ao calar, deixa de fornecer ao tribunal uma circunstância que poderia servir para justificar ou desculpar, total ou parcialmente, o delito, porque só o argüido conheceria tal circunstância. O seu silêncio impede que o tribunal a conheça e a considere. Daí, sobressair do silêncio uma situação desfavorável ao argüido, porque somente o argüido poderia indicar elementos que eximissem a sua responsabilidade.[444]

Tendo o *ius tacere* como objetivo precípuo permitir ao argüido liberdade de autodeterminação, por uma atuação defensiva passiva ou ativa, seria uma verdadeira armadilha, caso fosse possível inferir deduções ou ilações sobre a conduta silenciosa adotada pelo argüido.

O silêncio não quer dizer nada, não comporta valoração. Segundo Costa Andrade, é "[...] ausência pura e simples de resposta, não podendo, enquanto tal, ser levado à livre apreciação da prova".[445]

Diante do silêncio, não há que supor o reconhecimento dos fatos imputados, ou a sua negativa.

O exercício do direito ao silêncio não pode acarretar ao argüido uma presunção de culpa, nem ser valorado como indício dela. Explica com clareza Grinover: "Do silêncio não podem deduzir-se presunções, que superem a presunção de inocência do réu".[446]

---

condenação". E mais: "Na medida em que esteja totalmente subtraído ao contraditório, o depoimento do co-arguido não deve constituir prova atendível contra o(s) co-arguido(s) por ele afetado(s). A sua valoração seria ilegal e inconstitucional" (Ibidem, p. 58 e 59).

[443] DIAS, 1974, p. 449.

[444] "O único prejuízo que do silêncio pode advir ao réu é o de não utilizar a faculdade de autodefesa que lhe se abre através do interrogatório. Mas quanto ao uso desta faculdade, o único árbitro deve ser sua consciência, cuja liberdade há de ser garantida em um dos momentos mais dramáticos para a vida de um homem e mais delicados para a tutela de sua dignidade" (GRINOVER, 1976b, p. 31).

[445] ANDRADE, M., 1992, p. 128.

[446] GRINOVER, 1976b, p. 29.

Seria ainda inconcebível imaginar que o silêncio pudesse servir como circunstância para agravar a pena do argüido culpado. Asencio Mellado justifica: "[...] si el premio a una conducta positiva, vg. la conformidad, tiene su fundamento en el principio de oportunidad y en razones de economía procesal, la sanción por el ejercicio de un derecho no encuentra su apoyo ni en precepto ni en principio procesal alguno".[447]

Também é inconcebível sustentar um decreto de prisão cautelar, ou a sua manutenção, porque o argüido optou pelo silêncio.[448]

Lembra ainda Altavilla: não há que se alimentar a idéia de que o argüido opte pelo silêncio por lhe ser impossível a defesa. "[...] o silêncio é determinado por outras causas e só em casos excepcionalíssimos pela impossibilidade de se desculpar. Por isso, é necessário ter a maior cautela ao atribuir ao seu silêncio um valor probatório".[449]

Pode o julgador criar uma impressão negativa diante do silêncio do argüido, entretanto tal sentimento não pode se converter em elemento para a formação de seu convencimento, muito menos como fundamento de uma sentença condenatória. "Do contrário, nenhum réu ousaria exercer aquele direito ao silêncio, elevado à categoria de direito fundamental do homem".[450]

Por isso, não há que se valorar o silêncio. "El no declarar, o dejar sin respuesta determinadas preguntas, no significa ni asentimiento ni negación (*qui tacet, non utique fatetur, sed tamen verum est, eum non negare*) no pudiéndosele dar otro alcance al silencio que el de una mera inexistencia de respuesta. Asignar al silencio un valor inculpatorio supondría el ejercicio indirecto de una coacción moral sobre la libertad de elección entre callar o responder".[451]

Importante é frisar tal linha de pensamento, principalmente, quando o argüido escolhe o silêncio ao ser confrontado com uma ou outra pergunta no interrogatório de mérito. Se ele inicia por responder ao interrogatório e, após algumas perguntas respondidas, manifesta o desejo de permanecer em silêncio, isso não lhe pode ser negado e, muito menos, pode o tribunal fazer ilações de culpabilidade do argüido. Não há como se exigir um comportamento uniforme do argüido, se não conhece as

---

[447] Asencio Mellado, 1989, p. 124.
[448] Cf. Grevi, 1998, p. 1132.
[449] Altavilla, 2003, v. II, p. 119.
[450] Tourinho Filho, 2000, v. III, p. 275.
[451] Revilla González, 2000, p. 54.

perguntas que lhe serão formuladas. Seja o silêncio parcial ou total, sobre ele não deve haver qualquer tipo de valoração.[452]

Diante da pergunta não respondida, a autoridade interrogante não deve consignar o seu teor por escrito no termo, posto haver determinação legal de que do silêncio não sobrevenha qualquer circunstância desfavorável ao argüido. Perguntas consignadas sem resposta podem dar azo à valoração do silêncio, com conjecturas e deduções, o que não é permitido. O silêncio é um nada jurídico. E mais: impossível assacar do argüido as razões pelas quais deixou de responder às perguntas formuladas.[453] Ninguém é obrigado a justificar por que faz uso legítimo de um direito. Para além disso, seria ferir de morte o silêncio, pois, explicando-o, indiretamente, responde-se à pergunta dirigida.[454]

Moura e Moraes, e também Couceiro, têm posição diferente. Apontam uma conveniência da instrução a consignação das perguntas não respondidas no termo do interrogatório.

Uma posição intermediária é apresentada por Guilherme Nucci, que aconselha, a princípio, a não consignação das perguntas, se a atitude do acusado foi permanecer silente desde o início do interrogatório. Entretanto, se não respondeu a uma pergunta específica, poderá o ente interrogante consigná-la, e o argüido poderá, se desejar, dar as razões pelas quais não a respondeu.[455]

Comungamos, entretanto, com o pensamento de Huertas Martín,[456] ancorado ainda em Escobar Jiménez, para quem as perguntas não respondidas não devem constar do termo, porque não há previsão legal para tanto. Se, em outra época, era possível extrair ilações do silêncio do argüido, hoje deve ser veementemente rechaçada a consignação das perguntas não respondidas, uma vez que o silêncio não pode trazer qualquer conseqüência desfavorável ao argüido, carecendo, portanto, sentido apor perguntas não respondidas no termo se não podem ser valoradas.

---

[452] ANDRADE, M., 1992, p. 128-129.
[453] ASENCIO MELLADO, 1989, p. 123.
[454] QUEIJO, 2003, p. 216.
[455] NUCCI, 1997, p. 168.
[456] HUERTAS MARTÍN, 1999, p. 368.

6.7 Direito de mentir?

Ao contrário das testemunhas, de quem é exigido o dever da verdade, o argüido, ao abandonar o silêncio, não tem a obrigação de dizer a verdade, porque não há que colaborar com a justiça, nem se pode exigir-lhe que apresente elementos que contribuam para sua auto-incriminação.[457]

Então, em contrapartida, o argüido tem o direito de mentir? Absolutamente não.

Figueiredo Dias acredita, e da mesma forma Germano Marques,[458] que não existe legalmente um direito de mentir, embora o argüido não tenha compromisso com a verdade. A mentira do argüido, se descoberta, "[...] não deve ser valorada contra ele, quer ao nível substantivo autônomo das falsas declarações, quer ao nível dos direitos processuais daquele".[459] No entanto, recaindo as declarações falsas no contexto de outros tipos incriminadores, tais como denúncia caluniosa (art. 245.º, CP) ou difamação (art. 407.º, CP), nada impede que sejam esses imputados ao argüido.

Na doutrina italiana, sustentava Carnelutti que, salvo o caso de auto--acusação, o argüido estava isento de responder, como também de dizer a verdade. Criticava o autor a situação, defendendo que o argüido não se expõe a um mal, quando confessa e que é a falsa concepção da natureza da pena que apóia a ausência do dever de o argüido dizer a verdade. Para ele, o argüido deveria ter o mesmo tratamento dado à testemunha, sugerindo, inclusive, que a sanção para a violação do seu dever de testemunhar, de acordo com a verdade, consistiria em uma agravação da pena estatuída para o delito principal.[460]

Foschini informa que parte da doutrina italiana, nomeadamente Altavilla, Pergola, Florian, reconhecia ao argüido não só o direito de não responder, mas também o direito de mentir, amparados tanto no direito

---

[457] "Aun cuando los ciudadanos puedan verse constreñidos a colaborar con el Estado en su tarea de realización de la justicia, debiendo responder de manera completa y veraz cuando son llamados a testificar en causa penal, tal obligación quiebra cuando se trata del propio imputado. A éste no cabe exigirle que colabore en su perjudico, aportando al proceso los elementos que pueden contribuir a su propia condena" (REVILLA GONZÁLEZ, 2000, p. 58).

[458] SILVA, G., 2000, v. I, p. 297.

[459] DIAS, 1974, p. 451.

[460] CARNELUTTI, Francesco. *Lecciones sobre el proceso penal*. Buenos Aires: Bosch y Cía. Editores, 1950. v. II, p. 212-213.

de defesa, ou como afirmação do direito fundamental de liberdade, antevendo que tal tendência só poderia se explicar como contraposição diante da exagerada importância dada ao interrogatório no processo inquisitivo. Refutando essa ordem de idéias, Foschini afirma que o interrogatório é um meio de prova e "[...] che corrispondentemente l'imputato, lungi dall'avere alcun diritto di mentire o di tacere per difendersi, è invece soggetto all'onere processuale di dichiarare la verità, onere che in determinati limiti raggiunge la intensità di um vero obbligo per l'incriminazione del mendacio".[461]

De outra parte, analisando os dispositivos do CPP italiano, Malinverni entende que o imputado tem o direito de mentir, e isso se desume da inexigibilidade de prestar juramento no ato do interrogatório. Afirma que, se fosse o acusado obrigado a dizer a verdade, seria diminuída sua liberdade e, assim, seu direito de autodefesa quando fosse culpado.[462]

Muito bem lembra Elizabeth Queijo que a submissão do argüido a juramento, com a exigência do dever de verdade, atenta contra o *nemo tenetur se ipsum accusare* e limita sua liberdade de autodeterminação, diante da idéia geral de que aquele que é inocente presta juramento, pois nada tem a ocultar, recaindo sobre aquele que não se submete ao procedimento o estigma de suspeito ou culpado.[463]

A inexistência do dever de dizer a verdade é uma das decorrências do princípio *nemo tenetur se ipsum accusare*. Afasta-se, portanto, o juramento, não sendo admissível a aplicação de sanção com relação às mentiras, mesmo porque não podem ser valoradas, seja como indício de culpabilidade, seja para agravação da pena.

Para Castanheira Neves, as declarações falsas podem servir ao tribunal como fator de ponderação da personalidade do argüido. Mas afirma que a mentira é isenta de punição,[464] já que "[...] o que igualmente ninguém

---

[461] FOSCHINI, 1956, p. 50-53 e 58.

[462] MALINVERNI, Alessandro. *Principi del processo penale*. Torino: G. Giappichelli Editore, 1972. p. 439.

[463] QUEIJO, 2003, p. 232. Assevera Teresa Beleza: "O nosso Código de Processo Penal estatui que nunca no nosso processo o arguido é submetido a juramento – ainda que porventura o queira, isso não é legalmente possível" (BELEZA, 1998, p. 49).

[464] Explica Cavaleiro de Ferreira que não há direito de mentir, mas é suprimida a sanção, caso o argüido a ela recorra. Segundo o autor, "[...] pretende-se que as declarações sejam livres, para que, na medida em que proferidas, possam ser verdadeiras ou pelo menos esclarecedoras. É, por isso, de admitir que o arguido prefira não prestar declarações, para não desrespeitar a verdade, mentindo" (FERREIRA, 1955, v. I, p. 152).

hoje exige, superadas que foram as atitudes degradantes do processo inquisitório, é o heroísmo de dizer a verdade auto-incriminadora".[465]

Na doutrina espanhola, Asencio Mellado defende que o argüido tem efetivamente um "derecho" a mentir. Explica que coloca o termo entre aspas, porque, na verdade, não é propriamente um direito, já que a ele não há correspondentemente uma obrigação dos órgãos estatais em aceitar como verdadeiras as declarações prestadas pelos argüidos. Utiliza a expressão direito com a finalidade de evitar que se possam derivar conseqüências desfavoráveis para aqueles que façam uso do silêncio.[466]

Não há, pois, um direito de mentir. Entretanto, a liberdade que permeia as declarações do argüido inclui, se isso lhe parecer mais útil ou conveniente para a sua defesa, a falsidade. O argüido pode ocultar a verdade, utilizando a mentira como estratégia defensiva. Seu objetivo deve ser estritamente exculpatório, pois, uma vez acusando falsamente outra pessoa ou a si mesmo, a situação será diferente. Aquele que assim procede não defende a si próprio. De outro lado, atinge o interesse do Estado em descobrir a verdade sobre os fatos.

Somente sob esse ângulo, a mentira descoberta pode ser valorada contra o argüido. Como fator de ponderação da personalidade do argüido, segundo defende Castanheira Neves, a mentira somente poderá ser contrapesada se for explicitado o motivo pelo qual mentiu o argüido, dadas as mais variadas alternativas que poderiam se apresentar, como proteção de um familiar, ocultação de um crime mais grave, simples desculpa, etc.

Admitir, no entanto, que o argüido possa proferir mentiras ou ser reticente no momento do seu interrogatório, de certa forma, importa que suas declarações sejam diminuídas ou, até desprezadas, pois não mereceriam o devido crédito.

Por esse motivo, Malinverni propõe que ao argüido deveria ser oferecida a escolha entre três possibilidades: negar-se a ser interrogado; ser interrogado, mas sem submeter-se a juramento, o que lhe daria o direito de mentir; ser interrogado como se fosse testemunha. Defende o autor que dar ao acusado a possibilidade de ser interrogado como testemunha e, assim, ser examinado, contra-examinado e reexaminado, não responde apenas a um interesse da defesa, mas também a um interesse da justiça.[467]

---

[465] NEVES, 1968, p. 175-176.
[466] ASENCIO MELLADO, 1989, p. 126.
[467] MALINVERNI, 1972, p. 444.

Diante da eventual mentira, Castanheira Neves afirma que mais razoável seria o argüido optar validamente por não responder.[468]

6.8 Dever de colaboração

O processo penal tem como objetivo alcançar a verdade, com a reconstrução da história, diante da prática de um delito, buscando delimitar sua existência, identificar o seu autor e ministrar a pena adequada. Para Figueiredo Dias, a função essencial do processo penal "[...] cumpre-se na decisão sobre se, na realidade, se realizou em concreto um tipo-legal de crime e, em caso afirmativo, na decisão sobre a conseqüência jurídica que dali deriva".[469]

Cabe, pois, ao Estado o dever de administrar e realizar a justiça, estabelecendo as regras a serem observadas na investigação e comprovação do fato ilícito, pela produção de provas, até a prolação da sentença, quando se desvendará a verdade; uma verdade que é válida diante do procedimento instituído para ser alcançada, uma vez que resulta impossível a verdade absoluta.[470]

Do latim *veritate*, verdade significa conformidade com o real, exatidão, realidade. E "[...] verdade, na sua definição comum, é a adequação ou conformidade entre o intelecto e a realidade".[471] Quando a inteligência humana, utilizando percepções, apodera-se de um juízo diante da realidade, de um fato, teremos uma verdade, que será absoluta, quando houver plena coincidência do conhecimento humano com os fatos ocorridos, e essa, por ser inatingível, deixa-nos com a verdade relativa que, no seio processual, resulta do grau de certeza atingido pelo julgador de

---

[468] NEVES, 1968, p. 175.
[469] DIAS, 1974, p. 36.
[470] "Já não se atribui sentido lógico e útil ao emprego das expressões 'princípio da verdade material' e 'princípio da verdade formal', notadamente porque destituídos de base científica que justifique a distinção por eles enunciada. Tais princípios perderam aquele encanto que seduziu intensamente a doutrina antiga, pois, seja no processo civil, seja no processo penal, interessa hoje pura e simplesmente descobrir a verdade, atributo de um juízo racional no qual firma-se a certeza do julgador. E a verdade possível de ser descoberta na ação penal é apenas e tão-somente a 'verdade processual'" (BARROS, Marco Antonio de. *A busca da verdade no processo penal*. São Paulo: Editora Revista dos Tribunais, 2002. p. 286).
[471] Ibidem, p. 14.

acordo com o juízo de valor que exara por meio das provas produzidas de acordo com o sistema probatório estabelecido.[472]

Não se infere de tal afirmação – a verdade processual aproxima-se mais da verdade relativa – que os julgamentos serão permeados pela dúvida, pela incerteza. O julgador sempre buscará alcançar o mais alto grau de probabilidade de ter atingido a verdade, deve ter a certeza;[473] deve estar convencido de que tomou conhecimento da realidade tal como os fatos ocorreram.[474] Caso contrário, *in dubio pro reo*, princípio que se articula com o princípio da presunção de inocência.[475]

Essa meta a ser atingida pelo Estado-Juiz, munido do princípio da investigação judicial, não pertence ao argüido, inclusivamente. Figueiredo Dias adverte que "[...] a relação intercedente entre o arguido e a finalidade de obtenção da verdade que o processo penal visa se encontra como que 'cortada' – no sentido de que aquele não é obrigado a participar nesta finalidade através das suas declarações e não é, portanto, destinatário próprio do respectivo 'dever de colaboração na administração da justiça penal'".[476]

Castillo y Gómez defende que "[...] el imputado no está, no puede o no debe estar, sometido al principio de probidad procesal; no puede exigírsele que actúe con buena fe y veracidad; no puede obligársele a que realice o diga lo que no desea; no puede constreñírsele a que suministre hechos y pruebas en su proprio detrimento; tiene el imputado el derecho de callar o de mentir y, paralelamente, no soporta el deber de decir verdad". Explica o professor da Universidad de Sevilla que sua afirmação esteia-se na compreensão de um processo de estrutura individualista e de um sistema punitivo de índole repressiva, podendo ser negada diante de

---

[472] "A verdade só é considerada válida no processo quando construída sobre uma base sólida de legalidade. Isto significa que a verdade deve ser moldada sob critérios de um juízo racional, previamente balizado pelo ordenamento jurídico" (BARROS, 2002, p. 19).

[473] "A certeza é a apreensão e consciência da verdade. É um estado de ânimo, que se apresenta quando se forma o convencimento de se ter atingido a verdade" (QUEIJO, 2003, p. 29).

[474] Adverte Maria Lúcia Karam: "O que se busca em um processo há de ser sim e tão-somente a maior exatidão possível naquela reconstituição dos fatos, de modo a obter não exatamente a verdade, mas uma aproximação da realidade, que idealmente tenda a refletir a verdade" (KARAM, Maria Lúcia. "Sobre o ônus da prova na ação penal condenatória". *Revista Brasileira de Ciências Criminais,* ano 9, n. 35, 2001. p. 57).

[475] CANOTILHO; MOREIRA, 1993, p. 203.

[476] DIAS, 1974, p. 448.

um processo de estrutura colaboracionista e de um sistema de caráter reeducador ou ressocializador. Ampara-se, ainda, em Capizzano para justificar que a reivindicação de uma função reeducadora da pena demandaria a instauração de um novo modo de conceber o funcionamento do Estado e a relação entre Estado e indivíduos. Ao se desejar um processo que espelhe a civilização de um povo e seu compromisso com a democracia, seu maior fundamento seria o respeito à regra da lealdade. Conclui, enfim, afirmando que "[...] no se oculta que el respeto de tal regla por el imputado es un sacrificio humanamente inexigible, pero téngase presente también que la consecución de tal meta presupone no solo la reforma del proceso y del sistema punitivo, sino también la reestructuración del Estado en sentido verdaderamente democrático, y la evolución del hombre y de cada hombre singular hacia un modelo de perfección".[477]

Basta um olhar sobre a sistemática acolhida pelo CPP português no interrogatório para chegarmos à conclusão de que não estamos diante de um procedimento colaboracionista, porque está envolvido pelo princípio *nemo tenetur se ipsum accusare*.

A CRP consagrou o princípio acusatório e, em uma de suas decorrências, quer significar que o argüido não pode ser considerado como a pessoa que "[...] mais há para contribuir e iluminar o julgador com os seus conhecimentos". Ele é livre para dar ou não a sua contribuição diante da faculdade de não responder. Por isso, não se pode contar, como regra, com a colaboração do argüido. Adverte Teresa Beleza: [...] a pretensão punitiva do Estado não deve levar à exigência de colaboração sancionável do próprio acusado, nem este pode ficar minimamente diminuído nas suas possibilidades de defesa [...] o arguido silencioso não pode ser prejudicado por não querer colaborar na sua própria condenação, nem na sua própria absolvição. Ele pode comportar-se como mero espectador que observa como terceiros lidam com o seu caso, não sendo responsável por essa atitude passiva (não tem o dever de colaborar) nem podendo ser por ela penalizado (não tem o ónus de colaborar)".[478] Cabe ao Estado buscar as provas necessárias para a investigação do fato ilícito. Ao estabelecer o princípio acusatório, a intimidade psíquica do argüido

---

[477] CASTILLO Y GÓMEZ, Manuel Gómez del. *El comportamiento procesal del imputado (silencio y falsedad)*. Barcelona: Librería Bosch, 1979. p. 138-140. Cf. ainda Capizzano, *L'interrogatorio dell'imputato e le garanzie defensive del contradittorio*, Milano: L. di G. Pirola, 1971, p. 105 et seq.

[478] BELEZA, 1998, p. 49 e 50.

está protegida. Observa Vittorio Grevi que o direito de não colaborar é um princípio de civilidade típico do processo acusatório. Preservada está a liberdade de autodeterminação do acusado, cabendo-lhe escolher se deseja ou não colaborar com o Estado em sua missão de descobrir a verdade. [479]

Estaríamos, pois, falando de um direito absoluto? Como extrair o conhecimento do argüido sem violar sua liberdade, sem tolher sua dignidade? O seu silêncio no interrogatório não seria um direito absoluto do qual não se pode inferir conseqüências gravosas?

Haverá momentos de colisão[480], de conflitos entre dois, ou mais, direitos fundamentais ou entre direitos fundamentais e outros valores constitucionalmente protegidos. Sempre cabível a limitação de um direito fundamental, já que não há direito absoluto. Portanto, entre o direito ao silêncio e a segurança pública, identificamos uma colisão entre um interesse individual, nomeadamente o direito fundamental de não produzir prova contra si mesmo, e um interesse da sociedade, que é um bem protegido constitucionalmente, que necessariamente deve ser também preservado.

A CRP optou por não agasalhar expressamente em seu bojo o direito ao silêncio, como já fora explicado. Muito menos, então, descreve os limites do princípio *nemo tenetur se ipsum accusare*. Entretanto, esses limites, nas palavras de Elizabeth Queijo, "[...] são imanentes, implícitos e decorrem da necessidade de coexistência com outros valores que, igualmente, são protegidos pelo ordenamento, em sede constitucional".[481]

No centro da cultura iluminista, Beccaria defendeu o banimento da tortura, uma vez que não poderia ser um instrumento hábil para o descobrimento da verdade. Assentou-se que não era natural que o réu se auto-incriminasse. Entretanto, o dever de colaboração no processo penal não foi uma idéia de todo abandonada. As legislações, inclusive, previam

---

[479] GREVI, 1972, p. 76-77.

[480] "[...] considera-se existir uma colisão autêntica de direitos fundamentais quando o exercício de um direito fundamental por parte de seu titular colide com o exercício do direito fundamental por parte de outro titular [...] A colisão de direitos em sentido impróprio tem lugar quando o exercício de um direito fundamental colide com outros bens constitucionalmente protegidos. A colisão ou conflito de direitos fundamentais encerra, por vezes, realidades diversas nem sempre diferenciadas com clareza" (CANOTILHO, 2003, p. 1270).

[481] QUEIJO, 2003, p. 355.

medidas severas contra aqueles que refutassem responder às perguntas formuladas em interrogatório.[482]

O princípio *nemo tenetur se ipsum accusare* apresenta três significados diferentes: o direito de não ser interrogado pelo juiz, o direito de não se auto-incriminar e o direito ao silêncio.

Depois de todos os horrores cometidos ao longo da história, ainda que o fim seja descobrir a verdade sobre um fato criminoso, não podemos defender métodos que, ao depender da colaboração do argüido, violem a dignidade humana.[483]

O silêncio do argüido no interrogatório é limitado aos fatos que o possam incriminar, sendo-lhe, de outra parte, exigido que colabore com o Estado no fornecimento correto de dados de identificação civil.

O processo penal caminha num embate entre o interesse estatal de punir o autor de um crime e o interesse do indivíduo em preservar a sua liberdade. Impor ao argüido um dever de verdade e colaboração significa negar essa dialética; "[...] significherebbe creare un monolite univocamente rivolto alla scoperta di un Vero nel quale si sublimano gli interessi di tutti, e con ciò stesso negare quel conflitto tra individuo e autorità, ereditato dal pensiero liberale, che appare ancora valido nel diverso assetto democratico delineato dalla nostra Costituzione".[484]

Temos, assim, que a regra é o Estado promover a busca da verdade por seus próprios meios, sem a colaboração do acusado, uma vez que vigora o princípio *nemo tenetur se ipsum accusare*. Preservado o núcleo essencial desse princípio, é possível haver limitações, que devem ser estabelecidas por lei.

De toda sorte, como é necessária a participação ativa do argüido no ato do interrogatório, sua colaboração depende do seu consentimento, após ter sido instruído acerca do direito ao silêncio, garantindo-lhe estar livre de qualquer tipo de coação que possa retirar sua liberdade de autodeterminação.

---

[482] Cf. AMODIO, Ennio. "Diritto al silenzio o dovere di colaborazione?". *Rivista di Diritto Processuale,* Padova: Cedam, 1974, v. XXIX. p. 409.

[483] "A dignidade da pessoa humana é um limite intransponível, já que é valor fundamental tutelado pela Constituição, que deverá igualmente ser observado nas restrições ao *nemo tenetur se detegere*. Vedam-se, assim, as provas produzidas mediante restrições ao *nemo tenetur se detegere* que imponham ao acusado a submissão a meios vexatórios, humilhantes ou nos quais haja violação ao pudor. Outro limite que não pode ser ultrapassado nas restrições ao *nemo tenetur se detegere* é a saúde do acusado, que não poderá ser exposta a perigo" (QUEIJO, op. cit., p. 360).

[484] AMODIO, 1974, p. 411.

7. CONSEQÜÊNCIAS DA VIOLAÇÃO DO DIREITO AO SILÊNCIO

7.1 Proibições de prova: conceito e a inadmissibilidade de meios de provas ilicitamente obtidos

Como corolário lógico dos direitos de ação e de defesa, as partes têm o direito de introduzir provas no processo com as quais pretendam demonstrar a veracidade de suas alegações com o intuito de formar o convencimento judicial. Nas palavras de Germano Marques, o direito à prova é "[...] a faculdade que têm os sujeitos processuais de participar activamente na produção da prova, quer requerendo a sua admissão no processo, quer participando na sua produção".[485]

Não é um direito absoluto, ou seja, há limites para a admissão e produção de uma prova.

Explica Elizabeth Queijo que, "Se não houvesse limitações ao direito à prova, todo e qualquer material probatório, mesmo que produzido à custa de violações a direitos, poderia ser introduzido no processo e valorado, o que conduziria à adoção de um modelo de processo autoritário e distante da ética".[486]

Portanto, *a priori*, são admitidas as provas que não forem proibidas por lei (art. 125.º, CPP), mesmo atípicas, ou seja, aquelas não regulamentadas por lei[487].

Decorre daí, como reverso de um escudo, que as provas proibidas não são admitidas no processo penal, devendo, pois, ser excluídas, a fim de que não produzam qualquer efeito.

---

[485] SILVA, G., 2000, v. II, p. 116.
[486] QUEIJO, 2003, p. 374.
[487] "Não há, no Direito português actual, um catálogo fechado de meios de prova admissíveis. A regra é a da atipicidade" (BELEZA, 1998, p. 40).

Uma exceção tem sido objeto de estudo pela doutrina relativamente à produção ou valoração de uma prova proibida quando seja ela necessária para salvaguardar interesses transcendentes ao processo penal. Para prevenção de perigos (*Gefahrenabwehr*), recorrer-se-ia a institutos, como a legítima defesa e o direito de necessidade, para justificar a utilização de meios de provas proibidos. Tem-se o exemplo da prática da tortura como única forma para localização de um artefato explosivo com o qual terroristas ameaçam um sem-número de pessoas.[488]

Regra geral, a proibição de prova desnuda que a descoberta da verdade necessita conviver com a tutela de outros valores no processo penal. A legitimação do sistema punitivo decorre da estrita observância do procedimento anteriormente estabelecido. Aventa-se, portanto, que a verdade pode vir a ser sacrificada caso não seja possível alcançá-la por outro modo que não a produção de uma prova proibida. Taxativamente, Germano Marques afirma que "A verdade processual não é um valor absoluto e, por isso, não tem de ser investigada a qualquer preço, mormente quando esse 'preço' é o sacrifício de direitos fundamentais das pessoas".[489] Também atesta Roxin: "[...] la averiguación de la verdad no es un valor absoluto en el procedimiento penal; antes bien, el propio proceso penal está impregnado por las jeraquías éticas y jurídicas [...]".[490]

Várias são as posições doutrinárias acerca da admissibilidade ou não de provas ilicitamente obtidas, como vária é a terminologia usada para defini-las, como prova proibida ou proibição de prova, prova ilegal ou

---

[488] Cf. ANDRADE, M., 1992, p. 81-83. Interessante sobre esse aspecto é a narrativa de Grinover em nota de rodapé, n. 148, a qual reproduzimos, de fato ocorrido num congresso em 1973: "Cappelletti perguntou a Smit se, em seu entender, quando se conseguisse, por meio de uma prova ilegal, saber da existência de uma bomba atômica enterrada no solo de Florença, a prova ilícita deveria ser usada para alcançar o criminoso; Smit respondeu que a prova deveria ser usada apenas para localizar e desmantelar a bomba, mas, desde que obtida ilegalmente, não poderia ser usada para punir o criminoso. Cappelletti indagou, então, qual seria o procedimento, se a prova assim conseguida revelasse não apenas a identidade do criminoso, como ainda que ele planejava destruir Veneza e Paris no dia seguinte, ao que Smit respondeu que casos-limite freqüentemente tornam as decisões mais difíceis, mas que um princípio que se defenda deve ser aplicado em todos os casos, inclusive nos casos-limite. Mesmo porque, do contrário, estar-se-ia incentivando uma conduta ilegal, praticada na esperança de persuadir o juiz a admitir a prova" (GRINOVER, 1976a, p. 145-146).

[489] SILVA, G., 2000, v. II, p. 122.

[490] ROXIN, 2000, p. 191.

7. Conseqüências da violação do direito ao silêncio

ilegalmente obtida, prova ilícita ou ilicitamente obtida, prova inconstitucional, prova nula, prova viciada, prova ilegítima, prova irregular, prova defeituosa, prova clandestina.

Miranda Estrampes entende que os termos prova ilícita e prova proibida não se excluem, mas prefere adotar o primeiro, porque tem sido o de maior aceitação na atualidade pela doutrina. Afirma que "[...] que toda prueba ilícita es una prueba prohibida por cuanto al Juez o Tribunal le está vedada su admisión y valoración como elemento probatorio".[491]

Esse mesmo autor expõe o que a doutrina tem entendido por prova ilícita ou prova proibida, com citação de vasta bibliografia: a) entendem alguns que prova ilícita é aquela que atenta contra a dignidade humana; b) prova ilícita seria aquela que foi obtida de forma fraudulenta por meio de uma conduta ilícita; c) é aquela que foi obtida ou praticada com infração de uma norma do ordenamento jurídico; d) outros estimam que toda infração de normas processuais para a obtenção e prática de uma prova torna-a ilícita, pois implica uma vulneração do direito a um processo com todas as garantias; e) prova ilícita é aquela obtida ou praticada com violação de direitos fundamentais e, dessa orientação, distingue-se prova ilícita de prova irregular. Prova irregular é aquela obtida com vulneração de normas processuais ordinárias. Nas palavras de Miranda Estrampes: "Podemos definir la prueba irregular o defectuosa como aquella en cuya obtención se ha infringido la legalidad ordinaria y/o se ha practicado sin las formalidades legalmente establecidas para la obtención y práctica de la prueba, esto es, aquella cuyo desarrollo no se ajusta a las previsiones o al procedimiento previsto en la ley".[492]

Costa Andrade adota o termo prova proibida, o que nos parece mais emblemático, uma vez que torna claro qual o tratamento que deve ser aplicado às provas ilicitamente obtidas, qual seja, a proibição de sua admissão e a proibição de sua valoração.

Para o professor de Coimbra, "[...] o que define a proibição de prova é a prescrição de um limite à descoberta da verdade", e acrescenta, citando Gössel, "[...] são barreiras colocadas à determinação dos factos que constituem objecto do processo".[493]

---

[491] Cf. MIRANDA ESTRAMPES, Manuel. *El concepto de prueba ilícita y su tratamiento en el proceso penal.* Barcelona: J.M. Bosch Editor, 2004. p. 19 e 32.

[492] MIRANDA ESTRAMPES, 2004, p. 19-22 e 49.

[493] ANDRADE, M., 1992, p. 83. Cf. GÖSSEL, Karl-Heinz. "As proibições de prova no direito processual penal da República Federal da Alemanha". *Revista Portuguesa de Ciência Criminal,* ano 2, n. 3, 1992. p. 439.

Por outro lado, encontram-se as regras de produção da prova, que não visam a estabelecer limites à provas, mas sim "[...] disciplinar o procedimento exterior da realização da prova na diversidade dos seus meios e métodos, não determinando a sua violação a reafirmação contrafáctiva através da proibição de valoração". Resumindo, com Peters, diz o professor: "[...] as regras de produção da prova são ordenações do processo que devem possibilitar e assegurar a realização da prova. Elas visam dirigir o curso da obtenção da prova sem excluir a prova".[494]

Segundo Roxin, os limites à descoberta da verdade podem ser resumidos nas seguintes proibições de prova: a) os temas de prova proibidos, que não podem ser investigados, por exemplo, os que constituam segredo de Estado (art. 137.º e 182.º, CPP; b) os meios de prova proibidos, como a leitura em audiência de autos e declarações fora dos casos expressamente permitidos (art. 356.º, CPP); c) os métodos proibidos de obtenção de prova, pois não podem ser contrários aos direitos de liberdade, salvo autorização constitucional, ou violadores das formalidades relativas ao procedimento de obtenção das provas, sendo exemplo o art. 126.º, n. 2, CPP; d) as proibições relativas de prova, pois há casos em que a obtenção da prova somente pode ser ordenada ou produzida por certas pessoas (arts. 177.º, 178.º, 180.º e 187.º, CPP).[495]

Como havíamos dito, a doutrina divide-se quanto à admissibilidade ou não da prova obtida sem observância das regras processuais.

Aqueles[496] que admitem a sua validade e eficácia argumentam que, se a sua introdução no processo foi consentida, é irrelevante a forma como foi obtida: *male captum bene retentum*. "A admissibilidade das provas julga-se segundo a lei processual; quem agiu *contra ius* deve ser punido, mas a prova é validamente introduzida no processo, toda vez que a lei processual não o impeça".[497]

Considera-se, de outra parte, que tais provas não devem ser admitidas, não sendo suficiente a punição daqueles que infringiram o ordenamento jurídico para a produção da prova, pois resulta incongruente que a repressão de um delito se realize mediante uma prática ilícita. Não é possível que o Estado-juiz se valha de meios ilícitos para buscar provas

---

[494] ANDRADE, M., 1992, p. 84-85.
[495] ROXIN, 2000, p. 191. Também assim se posiciona SILVA, G., 2000, v. II, p. 125. E também GÖSSEL, 1992, p. 399.
[496] Entre eles, os italianos Cordero, Carnelutti e Leone, e o alemão Rosenberg.
[497] GRINOVER, 1976a, p. 137.

para a descoberta da verdade. Afirma Vescovi que o processo "[...] não é um simples *match* no qual triunfa o mais hábil, forte ou poderoso, mas sim um instrumento que tende a consagrar uma conduta valiosa, conforme à regra moral e aos princípios da lealdade e da probidade".[498]

Os italianos Allorio e Nuvolone são fautores dessa corrente, preconizando que o prejudicado com a violação das normas jurídicas na obtenção da prova poderia requerer em juízo sua inadmissibilidade e ineficácia.[499]

Há ainda aqueles que defendem a inadmissibilidade da prova, em uma visão unitária, acerca da ilicitude material da obtenção da prova e da sua inadmissibilidade processual, sob o prisma da inconstitucionalidade. Tem prevalecido tal orientação no direito norte-americano e no direito alemão. Ocorrendo violação à norma constitucional expressa ou a princípio constitucional, quando da produção da prova, será ela inadmissível. Essa teoria tem sido temperada com o princípio da proporcionalidade e as provas colhidas por derivação.[500]

Em poucas palavras, o princípio da proporcionalidade permite o aproveitamento, em caráter excepcional, da prova colhida, embora com violação a normas constitucionais, "[...] quando for a única forma, possível e razoável, para proteger outros valores fundamentais, considerados mais urgentes na concreta avaliação da Corte".[501]

A teoria dos frutos da árvore envenenada (*fruit of the poisonous tree*) ou provas ilícitas por derivação é uma criação do direito norte-americano, remontando sua origem ao caso *Silverthorne Lumber Co. v. United States*, em 1920, mas a expressão foi utilizada pela primeira vez no caso *Nardone v. United States*, em 1939. Implica a teoria em estender a ilegalidade a todos os atos posteriores cujo desdobramento tenha início num ato que violou garantias constitucionais, ou seja, "[...] as provas que atentam contra os direitos de liberdade arrostam um efeito-à-distância que consiste em tornarem inaproveitáveis as provas secundárias a elas causalmente vinculadas".[502] Portanto, se o procedimento inicial violou

---

[498] VESCOVI, "Premisas para la consideración del tema de la prueba ilícita, *Revista Ibero-Americana de derecho procesal,* p. 353 et seq., *apud* GRINOVER, 1976, p. 142.
[499] Cf. ibidem, p. 142.
[500] Cf. QUEIJO, 2003, p. 381.
[501] GRINOVER, 1976a, p. 145.
[502] MENDES, Paulo de Sousa. "As proibições de prova no processo penal". Sep. Jornadas de direito processual penal e direitos fundamentais. Coimbra: Almedina, 2004. p. 152.

garantias constitucionais, a prova colhida é inadmissível, bem como as demais que foram colhidas a partir dela. Por exemplo, uma gravação telefônica efetuada sem autorização judicial que contém elementos da prática de outros delitos. As provas colhidas a partir dessa gravação serão ilícitas por derivação.

O art. 122.º, n. 1 do CPP refere-se ao "efeito-à-distância" (*fernwirkung*), estabelecendo que "As nulidades tornam inválido o acto em que se verificarem, bem como os que dele dependerem[503] e aquelas puderem afectar".

Explica Costa Andrade que "O efeito-à-distância parece, assim, configurar um momento nuclear do fim de proteção do artigo 126.º do CPP na direcção do arguido. Uma conclusão reforçada pela consideração suplementar e decisiva de que só o efeito-à-distância pode aqui prevenir uma tão frontal como indesejável violação do princípio *nemo tenetur se ipsum accusare*. Na verdade, e como assinala Beulke, "a valoração de meios de prova tornados possíveis a partir de declarações obtidas à custa de coacção ou meios enganosos, equivaleria a compelir o arguido a colaborar na sua própria condenação".[504]

Existem exceções a essa teoria, construídas principalmente pela jurisprudência: a) a fonte independente (*independent source*); b) os testemunhos dotados de vontade autônoma; c) a atuação policial com boa--fé em cumprimento à ordem judicial (*good faith exception*); d) purgação do vício anterior voluntariamente por ato do acusado (*purged taint*); e) descoberta tardia, mas inevitável, da prova ilícita, por qualquer outro modo (*inevitable discovery exception*); f) defesa da segurança pública com imediata intervenção da polícia.[505]

No ordenamento jurídico português, a Constituição, primeiramente, estabelece que "São nulas todas as provas obtidas mediante tortura, coacção, ofensa da integridade física ou moral da pessoa, abusiva intromissão

---

[503] "Mais do que uma dependência cronológica exige-se uma dependência real ou efectiva. O acto inválido deve constituir a premissa lógica da actividade sucessiva, de modo que, na sua falta, aqueles também não podem sobreviver autonomamente. Por outras palavras, os dois devem estar interligados por um nexo funcional, que torna a validade de um imprescindível à validade do outro" (CORREIA, João Conde. *Contributo para a análise da inexistência e das nulidades processuais penais*. Coimbra: Coimbra Editora, 1999. p. 185).

[504] ANDRADE, M., 1992, p. 315.

[505] Cf. QUEIJO, 2003, p. 384-387.

na vida privada, no domicílio, na correspondência ou nas telecomunicações" (art. 32.º , n. 8, CRP).

Há uma distinção, pois, entre proibições absolutas e proibições relativas. Provas obtidas mediante tortura, coação, ofensa da integridade física ou moral da pessoa são absolutamente proibidas. Entretanto, a intromissão na vida privada, no domicílio, na correspondência ou nas telecomunicações são métodos relativamente proibidos, uma vez que podem ser produzidos com o consentimento do titular dos direitos em causa, ou ainda com as restrições à inviolabilidade desses direitos conforme art. 34.º , ns. 2, 3 e 4, CRP.

Os métodos proibidos de prova estão também previstos no art. 126.º do CPP, repetindo a distinção entre proibições absolutas (ns. 1 e 2) e relativas (n. 3). As provas obtidas com violação dos ns. 1 e 2 são nulas e não podem ser utilizadas. No caso do n. 3, as provas podem ser obtidas com o consentimento do titular, ou mediante autorização emanada por certas autoridades, nos termos da lei.

Como ensina Costa Andrade, o legislador português associou as proibições de prova à figura e ao regime das nulidades, isso diante da locução "São nulas todas as provas [...]", no art. 32.º, n. 8, CRP.[506]

Entretanto, as proibições de prova seguem um regime próprio, e não estritamente o regime das nulidades. Como diz João Conde Correia, "[...] as regras gerais sobre as nulidades processuais penais não se aplicam às proibições de prova",[507] bem ao contexto do que estabelece o art. 118.º, n. 3, CPP: "As disposições do presente título não prejudicam as normas deste Código relativa a proibições de prova". Quer dizer isso que não se pode valorar as provas que se recolham por métodos ilegais; as provas são nulas, como estatui o art. 126.º, n. 1, CPP. Por outro lado, mesmo sendo nulas, podem ser utilizadas "[...] com o fim exclusivo de basear uma condenação da pessoa que ilegalmente a obteve".[508]

O regime das nulidades está ligado à sanação dos atos inválidos, ou seja, aqueles atos praticados em desconformidade com o modelo legal. Ou, como explica João C. Correia, "Dizer que um acto isolado ou que o próprio processo no seu todo é válido implica que o rumo proposto foi observado. Inversamente, dizer que aqueles são inválidos significa que os

---

[506] ANDRADE, M., 1992, p. 313.
[507] CORREIA, J., 1999, p. 156. Também nesse sentido cf. BELEZA, 1998, p. 43.
[508] SANTOS; LEAL-HENRIQUES, 2000, p. 666.

trâmites estabelecidos foram violados: quer pela prática de um acto proibido por lei; quer pela prática de um acto permitido ou até imposto, mas sem a observância das respectivas formalidades; quer, ainda, pela omissão de um acto previsto na lei".[509]

Constatada a desconformidade entre o ato praticado e a norma jurídica,[510] e sendo essa desconformidade suficiente para conduzir à invalidade, cabe ao intérprete indicar a forma e a supressão dos efeitos de tal ato, lembrando que vigora o princípio da conservação dos atos inválidos, como regra geral no processo penal.

Podem ser classificados os vícios dos atos processuais da seguinte forma: a) inexistência; b) nulidades absolutas ou insanáveis (art. 119.º, CPP); c) nulidades relativas ou sanáveis ou dependentes de argüição (art. 120.º, CPP); d) meras irregularidades (art. 123.º, CPP).

A inexistência, figura criada pela doutrina e jurisprudência civilista francesa à época do Código Civil de Napoleão, traduz-se na absoluta inconformidade entre o ato praticado e o modelo legal. Segundo Couture, a expressão designa "[...] algo onde faltam aqueles elementos que são da essência e da própria vida do ato; um *quid* incapaz de todo efeito".[511] Para Calmon de Passos, o ato inexistente não é típico, nem atípico; é "[...] um não-ato, porque desprovido dos pressupostos que informam a existência do ato processual".[512]

Pertencem à categoria de irregularidades todos os vícios que maculam os atos processuais, os quais não tenham sido apontados como casos de nulidades; são pequenos defeitos que tornam o ato imperfeito, mas não lhe retiram a validade, nem a eficácia. Aliás, o rol de nulidades insanáveis ou sanáveis do CPP é taxativo. O art. 123.º tem, portanto, caráter residual.

As nulidades insanáveis são de conhecimento oficioso, enquanto as nulidades sanáveis devem ser argüidas no prazo estabelecido por lei. Óbvio é que não há impedimento nenhum que a parte interessada provo-

---

[509] CORREIA, J., op. cit., p. 89.

[510] "No domínio processual penal as normas são o único critério para a avaliação jurídica dos actos praticados, sendo estes perfeitos ou imperfeitos conforme lhes correspondam ou não" (Ibidem, p. 90).

[511] COUTURE, Eduardo. *Estudios de derecho procesal civil*, 1948, v. I, apud MARQUES, 2000, v. II, p. 499.

[512] PASSOS, J.J. Calmon de. *A nulidade no processo civil*. Bahia: Imprensa Oficial da Bahia, 1959, p. 79.

que uma declaração da autoridade pela ocorrência de uma nulidade insanável enquanto durar o procedimento, porque, após o trânsito em julgado da decisão final, não podem mais os atos inválidos ser anulados. Já as irregularidades devem ser argüidas pela parte interessada, mas também podem ser de conhecimento oficioso, quando dela tomar conhecimento e quando ela puder afetar o valor do ato praticado.

Importantíssimo é distinguir se o vício que macula a prova refere-se à obtenção ou valoração de uma prova proibida ou à obtenção de uma prova admissível, mas produzida em desacordo com o modelo legal, ou seja, sem atender às regras de produção da prova, que visam a assegurar a sua realização. As provas proibidas não podem ser sequer valoradas. Quanto às provas admissíveis, porém colhidas com inobservância do modelo legal adotado, cabe apontar os seus vícios, que recaem no amplo leque da inexistência à absoluta nulidade[513].

Examinemos, pois, à luz desses conceitos, os vícios que podem macular o direito ao silêncio no interrogatório do argüido.

7.2 As conseqüências da inobservância do direito ao silêncio

Sobre a temática que iremos agora tratar, Figueiredo Dias é quem abre os caminhos: "Têm de considerar-se proibidos e inadmissíveis em processo penal todos os meios de interrogatório e de obter declarações que importem em ofensa à dignidade da pessoa humana, à integridade pessoal (física ou moral) do arguido, em especial os que importem qualquer perturbação da sua liberdade de vontade e de decisão". [514]

---

[513] Explica cristalinamente BELEZA: "[...] o art. 118.º, n. 3 expressamente declara que as disposições sobre nulidades 'não prejudicam' as proibições em matéria de prova. Isto quererá dizer que quando o Código declara proibidas certas provas (por ex. 'documento que contiver declaração anónima' – art. 164.º, n. 2) ou certos métodos de obtenção de prova (ex. a tortura – art. 126.º, n. 1), teremos de averiguar qual a sanção que o Código estabelece para a infracção dessa proibição. Mesmo se o Código declarar as provas 'nulas' – como acontece no art. 126.º – essa palavra poderá significar uma coisa diferente do que significa nos arts. 118.º ss. [...] O Código só exclui das regras gerais sobre as nulidades os preceitos legais referentes às proibições de prova. Isto é, o Código proíbe certos meios de prova em absoluto, na esteira da Constituição (por exemplo: um diário pessoal íntimo) ou certos métodos de obtenção de prova (a tortura como meio de obter uma confissão, por exemplo). Quanto a outros, a proibição só existe em certas circunstâncias (falta de consentimento, nomeadamente)" (BELEZA, 1988, p. 43 e 45).

[514] DIAS, 1974, p. 454.

Indesmentivelmente, do interrogatório podem ser extraídas provas sobre o objeto do processo penal, como a própria confissão. Por tal motivo, qualquer desrespeito à sistemática a ser adotada no ato do interrogatório recairá no campo dos métodos proibidos de obtenção de prova, seja pela prática de um ato proibido por lei, seja pela inobservância das formalidades legais. Assim, por exemplo, se um argüido é torturado no seu interrogatório, as declarações ali produzidas estarão maculadas, e não poderão ser utilizadas, uma vez que se trata de uma prova proibida.

Vislumbramos, assim, que, primeiramente, o jurista deve identificar quais atos são proibidos por lei, a fim de evitar a sua prática, ou, caso sejam praticados e produzidas as provas, refutar qualquer efeito probatório a eles deferido.

Quaisquer restrições a direitos, liberdades e garantias fundamentais que não atendam estritamente ao texto constitucional serão intoleráveis e inadmissíveis, pois profanam a dignidade humana, e as provas obtidas por esses meios são proibidas, mesmo que aparentemente só tenha havido violação das formalidades processuais para a sua consecução.[515]

Todo interrogatório produzido mediante tortura, coação ou ofensa da integridade física ou moral das pessoas é uma prova proibida. Não é outra a leitura que se infere da Constituição e do Código de Processo Penal. A sua interdição é absoluta, configurando-se em provas de valoração proibida, nos termos do art. 32.º, n. 8, CRP e art. 126.º, CPP. Não pode ser valorado, a qualquer título, e, por conseqüência, da sua inutilização concluímos pela desanexação do corpo processual.[516]

---

[515] Revela GÖSSEL que o §136, a, 3, 2, da StPO, "[...] que proíbe, sem mais e independentemente da concordância do arguido, a valoração dos interrogatórios produzidos à custa do sacrifício da liberdade de formação da vontade do arguido. Em rigor, esta proibição de valoração há-de imputar-se já às proibições de matriz constitucional, uma vez que ela decorre directamente da afronta ao direito de respeito pela dignidade humana" (GÖSSEL, 1992, p. 415). E ainda: "dada a ilicitude da prova produzida com violação a direitos fundamentais, como é o *nemo tenetur se detegere*, a conseqüência dessa violação não pode ser tratada somente no âmbito das nulidades, mas sobretudo deve ser enfocada sob o prisma da inadmissibilidade da prova assim colhida" (QUEIJO, 2003, p. 396).

[516] "[...] tendo perdido toda a sua utilidade, serviriam apenas para que o juiz tivesse conhecimento de algo que não podia conhecer; e já que é difícil fazer de conta que nada se passou, que nada se conheceu, é já mais fácil evitar que o conhecimento venha a surgir. Esta é a solução que configurará a via normal de superação e erradicação do vício introduzido com a produção da prova proibida" (MEIREIS, 1999, p. 233).

7. Conseqüências da violação do direito ao silêncio

Como ensina Gössel, "A violação de uma proibição de valoração de prova significa que o proibido aconteceu, que os factos conhecidos de modo proibido foram valorados, de tal modo que se constituíram o fundamento da sentença".[517] Fundamentar uma sentença em prova proibida deixa-a suscetível à revista, e a prova deverá ser inutilizada e desentranhada, para prolação de um novo julgamento.

Buscando precisar em que se traduz uma ofensa à integridade física ou moral, o legislador estatuiu que poderiam ser assim considerados aqueles que perturbem a liberdade de vontade ou de decisão por maustratos, ofensas corporais, administração de meios de qualquer natureza, hipnose ou utilização de meios cruéis ou enganosos, que perturbem, por qualquer meio, a capacidade de memória ou de avaliação, que utilizem a força, fora dos casos e dos limites permitidos pela lei, que ameacem com medida legalmente inadmissível e, bem assim, com denegação ou condicionamento da obtenção de benefício legalmente previsto e que façam promessa de vantagem legalmente inadmissível.

Certo é, pois, que se objetiva proteger a integridade moral da pessoa, proibindo-se métodos que possam perturbar sua vontade. Manuel Meireis afirma que "[...] é direito da pessoa que a sua vontade possa ser livremente formada, o seu conhecimento esclarecido e a sua decisão ponderada".[518] O argüido é sujeito processual; não, mero objeto. Seus atos devem expressar livremente a sua personalidade.

Por outro lado, como as declarações do argüido precisam emergir de uma vontade livre, fruto de um conhecimento esclarecido, a advertência, quanto ao direito ao silêncio, assume fundamental importância, a fim de assegurar ao argüido a opção entre cooperar ou não com a investigação em curso.

Por isso, a omissão da advertência viola o *nemo tenetur*, configurando-se, numa proibição de valoração. Atesta Costa Andrade que Figueiredo Dias[519] assim já pensava em 1974, e que as inovações legislativas, tanto no CPP, quanto na CRP, "[...] jogaram invariavelmente no sentido de deixar este entendimento sem alternativa plausível".[520]

---

[517] Gössel, 1992, p. 434.
[518] Meireis, 1999, p. 203.
[519] "Deve pois ligar-se à violação daquele dever de advertência o sentido de uma autêntica proibição de prova, que impedirá que sejam valoradas para o processo as declarações prestadas pelo arguido – a menos, é claro, que este as 'ratifique'em interrogatório posterior em que o dever de advertência tenha sido cumprido" (Dias, 1974, p. 447).
[520] Andrade, M., 1992, p. 88.

Roxin informa que o Tribunal Supremo Federal alemão tem considerado o direito de guardar silêncio entre os princípios fundamentais do processo penal, de tal modo que também a sua violação pela polícia deve conduzir a uma proibição de valoração. E alerta que, se o argüido, não informado em primeiro interrogatório do seu direito de permanecer calado, mantém a mesma declaração num segundo momento, acreditando que não poderia retirar-lhe os efeitos, ou fazê-la desaparecer, o vício processual segue projetando seus efeitos, e não pode ser valorada tal declaração.[521]

A advertência ineficiente ou incompleta também pode ocasionar violação do direito ao silêncio, caso do argüido que confesse por temer as conseqüências quanto ao seu comportamento silente, pois desconhecia que não poderiam ser extraídas quaisquer circunstâncias que lhe fossem desfavoráveis.

Embora, portanto, seja fornecido ao argüido, por escrito, o rol dos direitos e deveres que lhe compete, é de bom alvitre que a autoridade interrogante se atenha com esmero no seu dever de informação, a fim de que não dê causa à violação do *nemo tenetur*.

Estará ainda sendo violado o direito ao silêncio, se uma pessoa for ouvida como testemunha ou mero suspeito quando já deveria ter sido constituída na qualidade de argüido e, por isso, suas declarações são inaproveitáveis.

As perguntas não respondidas pelo argüido não devem ser objeto de argumentação que lhe seja desfavorável, nem devem servir de fundamento para uma sentença condenatória, sob pena de violar o *nemo tenetur*. Do silêncio nada se extrai.

Já concluímos que o único prejuízo que poderá advir ao argüido, quando permanecer silente, é perder a oportunidade de oferecer elementos úteis à sua própria defesa.

Recorda Elizabeth Queijo que também as provas colhidas a partir do interrogatório do argüido em que houve violação do *nemo tenetur*, em consonância com a teoria dos frutos da árvore envenenada, são proibidas.[522] Por exemplo, o testemunho do policial que interrogou o argüido, sem ter observado o dever de informação e advertência do direito ao silêncio.

---

[521] ROXIN, 2000, p. 195-196.
[522] QUEIJO, 2003, p. 397.

Mencionamos que essa teoria comporta várias exceções. Há que se interpretá-la com muita cautela, principalmente quando se tratar de defesa da segurança pública, que parece justificar, numa época de atos terroristas, quaisquer violações aos direitos do argüido, em especial o direito de guardar silêncio, o que colocaria em xeque as garantias constitucionais e os princípios do Estado Democrático de Direito.

8. CONCLUSÕES

Colhemos do estudo desenvolvido as seguintes conclusões:

1.1 Desde a Antiguidade, o princípio *nemo tenetur se ipsum accusare* está presente no processo penal, podendo ser apontada como fonte mais remota a regra das duas testemunhas criada pelo direito hebreu.

1.2 Com o estabelecimento do processo inquisitório, o princípio *nemo tenetur se ipsum accusare* deixou de ter importância, pois o argüido era mero objeto de prova, não podia permanecer calado. A tortura foi largamente empregada a fim de obter a colaboração do argüido e extrair-lhe a confissão.

1.3 O princípio despontou no século XVIII com o fortalecimento do sistema acusatório inglês, uma vez que a presença dos advogados permitiu ao argüido permanecer calado em seu interrogatório, já que alguém falaria em sua defesa.

1.4 As idéias iluministas deram o sustentáculo para que o argüido fosse tratado como sujeito de direitos. Assim, as legislações, antes influenciadas pelo processo inquisitório canônico, foram modificando-se e, com a evolução para o sistema acusatório, reconheceu-se o princípio *nemo tenetur se ipsum accusare* como um direito fundamental do cidadão no processo penal.

2.1 O princípio *nemo tenetur se ipsum accusare* relaciona-se com vários direitos e garantias estabelecidos na CRP. Está dentre as garantias que integram o devido processo penal, as quais asseguram a regularidade do procedimento, orientado pela busca da verdade e da justiça, respeitando-se os direitos fundamentais do homem. Está inserido na defesa pessoal, uma das faces da ampla defesa, ao passo em que é garantida ao argüido a liberdade de autodeterminação, para decidir se colabora ou não com a persecução criminal ao ser interrogado. Coaduna-se com o princípio da presunção de inocência, uma vez que este não admite que o argüido seja mero objeto de prova, exigindo sua participação na produção da prova. O direito à integridade física, como direito fundamental que também tutela a dignidade do homem, guarda estreita relação com o princípio *nemo tenetur se ipsum accusare*, pois evidencia a impossibilidade do emprego de tortura e tratos ou penas cruéis, degradantes ou desumanos para obter a colaboração do argüido na investigação criminal. Está diretamente ligado à intimidade da pessoa, que se expõe, ou não, a seu exclusivo critério.

3.1 O princípio *nemo tenetur se ipsum accusare* está inserido no direito à plenitude de defesa, já que a disposição constitucional prevista no art. 32.º, n. 1 é fonte autônoma de garantias de defesa.

3.2 É um direito fundamental, que pode ser restringido e regulado por meio de lei, respeitado o seu conteúdo essencial, orientando-se pelo critério da proporcionalidade e ponderação de bens.

3.3 A dignidade humana é valor jurídico supremo no Estado Português. Consiste em poder o homem, consciente e livremente, autodeterminar-se, formar-se e atuar sobre o mundo que o rodeia. Nela está o fundamento para a garantia de defesa do argüido no processo penal. Embora o homem cometa atos indignos, contrários à sua própria humanidade, ainda assim, sua dignidade não deve ser violada. Dessa forma, exigir a colaboração do argüido em sua própria condenação fere o princípio da dignidade humana, pois tolhe a sua liberdade de autodeterminação. O homem não pode ser simples objeto da ação estatal.

3.4 Vários diplomas internacionais de direitos humanos agasalham o princípio *nemo tenetur se ipsum accusare*. Dentre eles, o Pacto Internacional dos Direitos Civis e Políticos, ratificado por Portugal. Tendo sido incorporado ao ordenamento jurídico português, suas normas relativas a direitos fundamentais possuem hierarquia constitucional.

4.1 O princípio *nemo tenetur se ipsum accusare* significa que ninguém é obrigado a depor contra si mesmo, ou obrigado a produzir prova contra si mesmo ou praticar atos lesivos à sua própria defesa. O silêncio, ausência de qualquer manifestação perante o interlocutor, é uma das decorrências do princípio no interrogatório.

5.1 Da aplicação do direito ao silêncio no interrogatório, conclui-se:
   a) são titulares do direito ao silêncio o argüido, o suspeito, a pessoa coletiva, para além das testemunhas, da vítima e do menor de dezesseis anos;

b) pode ser invocado nas instâncias criminais, administrativas e disciplinares;
c) abrange todos os interrogatórios formais, e também as declarações colhidas informalmente por qualquer entidade, sempre que houver possibilidade de auto-incriminação;
d) incide sobre o interrogatório de mérito, não somente acerca de fatos concernentes à responsabilidade própria, mas também à responsabilidade de terceiros. Entretanto, pode recair sobre o interrogatório de identificação, quando essas perguntas se referirem diretamente à questão de culpabilidade ou de aplicação de pena;
e) deve a autoridade interrogante, com neutralidade, advertir o argüido, de maneira clara, direta e compreensível, que este tem o direito de permanecer em silêncio, sem que lhe advenha conseqüência desfavorável à defesa. Tal instrução deve ser repetida ao início de qualquer interrogatório. A testemunha também deveria ser advertida, não só acerca da responsabilidade sobre o falso testemunho, mas, inclusive, sobre o direito de não responder a perguntas que possam incriminá-la;
f) poderia a condução coercitiva ser ordenada somente quando houvesse dúvidas acerca da identidade física do argüido;
g) é indispensável a presença do defensor em todo e qualquer interrogatório, pois a ampla defesa deve ser assegurada em todas as fases do processo penal. Por tal motivo, a entrevista do argüido com o defensor, antes do interrogatório, deve ser assegurada, a fim de que este possa assisti-lo tecnicamente. A presença do defensor é também para fiscalização contra possíveis excessos e abusos;
h) não comporta valoração o silêncio, pois não quer dizer nada. O único aspecto desfavorável que o silêncio pode representar para o argüido é deixar o Tribunal de conhecer circunstâncias que justificariam ou desculpariam, total ou parcialmente, o delito, e que o argüido não apresentou em seu favor;
i) não devem ser citadas as perguntas não respondidas, porquanto não se devem valorá-las;
j) não tem o argüido compromisso com a verdade. Inadmissível é a prática do juramento, ou aplicação de qualquer sanção com relação às mentiras. Não se exige que o argüido colabore com a justiça. Dessa forma, a mentira pode se configurar em estratégia defensiva, entretanto, com caráter exclusivamente exculpatório;
l) são proibidos métodos de interrogatório que perturbem a condição física e psicológica do argüido, interferindo na sua livre,

espontânea e consciente manifestação. Não pode ser aplicada a tortura, coação ou ameaça, nem trato desumano ou degradante no ato do interrogatório. É inadmissível a utilização de métodos químicos ou psíquicos. São proibidos os meios enganosos, a formulação de perguntas sugestivas, capciosas, obscuras, tendenciosas, e o emprego de exortações ou falsas promessas.

6.1 O Estado tem o dever de administrar e realizar a justiça. Para tanto, estabeleceu as normas de processo penal, com a função precípua de desvendar a prática de um tipo-legal de crime, identificar o seu autor e ministrar a pena adequada. A verdade que surge desse procedimento é meramente processual. Não há que se exigir a colaboração do argüido na busca pela verdade, uma vez que possui a faculdade de não responder às perguntas que lhe são formuladas.

7.1 A busca pela verdade é limitada pelas proibições de prova e, portanto, não é todo e qualquer elemento probante que pode ser introduzido no processo penal.
7.2 No interrogatório, qualquer método que ofenda a dignidade humana e a integridade física ou moral do argüido é proibido e não pode ser valorado a qualquer título e, por conseqüência, o melhor seria determinar o seu desentranhamento.
7.3 A omissão do dever de advertência, ou a sua imperfeição, viola o direito ao silêncio, porquanto o argüido deve estar plenamente esclarecido acerca da possibilidade de permanecer calado. Suas eventuais declarações necessitam ser fruto de uma vontade livre e consciente.
7.4 Extrair argumentações com base em perguntas não respondidas viola o princípio *nemo tenetur se ipsum accusare*, pois o silêncio não deve ser valorado.
7.5 As provas colhidas, a partir de um interrogatório em que houve violação do princípio, são proibidas, em consonância com o art. 122.º, n. 1, do CPP, que trata do "efeito-à-distância" ou teoria dos frutos da árvore envenenada, ressalvando-se as possíveis exceções à teoria.
Sugeriríamos, por fim, para a aplicação do direito ao silêncio na sistemática processual portuguesa:
 a) estabelecer que o dever de advertência seja realizado antes do interrogatório de identificação, e não após, como consta dos arts. 342.º e 343.º do CPP. Havendo a possibilidade de coleta de dados auto-incriminatórios no interrogatório de identificação, é decor-

rência do princípio *nemo tenetur se ipsum accusare* que caiba ao argüido a faculdade de optar entre colaborar com o Estado ou incidir em outra responsabilidade criminal;

b) reduzir os dados de identificação do argüido indicados no art. 342.º do CPP, excluindo o estado civil, a profissão e o local de trabalho, pois podem configurar elementos auto-incriminatórios;

c) estabelecer que a presença do defensor seja obrigatória em todo e qualquer interrogatório, garantindo-se ao argüido entrevista com ele anteriormente à realização do ato.

9. ÚLTIMAS CONSIDERAÇÕES: A PROPOSTA DE LEI N.º 109/X

Não poderíamos encerrar sem dizer algumas poucas palavras acerca da Proposta de Lei n. 109/X, que se encontra em trâmite na Assembléia da República, para análise. Trata-se de uma Revisão do Código de Processo Penal e abrange um amplo conjunto de institutos processuais, totalizando 191 artigos.

Com modificações em dispositivos relativos aos sujeitos, atos, meios de prova e de obtenção de prova, medidas de coação e de garantia patrimonial, inquérito, instrução, julgamento, processos especiais e recursos, pretende-se, segundo o Anexo da Proposta, dar início a uma resposta consistente aos diversos e ingentes desafios que neste domínio se colocam à sociedade portuguesa.

Tratamos na dissertação que ora se publica de um dos momentos mais importantes para o principal sujeito do processo penal – o argüido. Procurou-se a todo tempo tornar cristalina a premente necessidade de se garantir, em sua total extensão, o seu direito de defesa no momento do interrogatório, preservando-lhe a garantia constitucional do direito ao silêncio.

A Proposta de Lei n. 109/X contemplou o argüido, dotando-o com disposições mais abrangentes para a garantia de sua defesa. Está desenhada a redefinição do estatuto do argüido, com visível preocupação pela solenidade e cuidado que deve permear a sua constituição formal.

Diante da proposta de nova codificação do direito processual penal, nomeadamente a redação para os artigos 58.º, 61.º, 64.º, 103.º, 126.º, 132.º, 133.º, 141.º, 143.º, 144.º, 272.º e 345.º, convém pôr em relevo algumas das conclusões e proposições lançadas no decorrer do texto da dissertação em correlação com o Código de Processo Penal, que poderá ganhar sua vigência muito em breve. Portanto, vejamos.

A) *Artigo 58.º*

[...]

1 – Sem prejuízo do disposto no artigo anterior, é obrigatória a constituição de arguido logo que:

a) Correndo inquérito contra pessoa determinada em relação à qual haja suspeita fundada da prática de crime, esta prestar declarações perante qualquer autoridade judiciária ou órgão de polícia criminal;
b) [...];
c) [...];
d) For levantado auto de notícia que dê uma pessoa como agente de um crime e aquele lhe for comunicado, salvo se a notícia for manifestamente infundada.

2 – [...].
3 – A constituição de arguido feita por órgão de polícia criminal é comunicada à autoridade judiciária no prazo de 10 dias e por esta apreciada, em ordem à sua validação, no prazo de 10 dias.
4 – [Anterior n.º 3].
5 – A omissão ou violação das formalidades previstas nos números anteriores implica que as declarações prestadas pela pessoa visada não podem ser utilizadas como prova.
6 – A não validação da constituição de arguido pela autoridade judiciária não prejudica as provas anteriormente obtidas.

Artigo 272.º

[...]

1 – Correndo inquérito contra pessoa determinada em relação à qual haja suspeita fundada da prática de crime é obrigatório interrogá-la como arguido, salvo se não for possível notificá-la.
2 – [...].
3 – [...].
4 – [...].

Sendo aprovada a Proposta, passará a ser obrigatória a constituição do argüido logo que correndo o inquérito contra pessoa determinada em relação à qual haja suspeita fundada da prática de crime, esta prestar

9. Últimas considerações: A proposta de Lei n.º 109/X

declarações perante qualquer autoridade judiciária ou órgão de polícia criminal. O novo artigo 58.º, n. 1, a exige que não se retarde a comunicação ao suspeito de sua constituição em argüido, uma vez verificados os respectivos pressupostos elencados na lei. Ora, havendo fundada suspeita, é imperioso dotar a pessoa de todos os direitos e garantias, bem como lhe impor deveres, na qualidade de sujeito processual. E, na esteira do artigo 58.º, n. 1, o artigo 272.º, n. 1 vem estabelecer que é obrigatório interrogar como argüido a pessoa determinada sob a qual haja fundada suspeita, salvo se não for possível notificá-la.

Definitivamente, então, ao suspeito será garantido o direito ao silêncio, pois será esclarecida sua posição processual, e isso, logo no início da formulação das perguntas em suas declarações, seja perante a autoridade judiciária, ou órgão da polícia criminal. Ressalte-se que a constituição está sujeita a validação pela autoridade judiciária quando tiver sido promovida por órgão da polícia judiciária.

Não foi olvidada a cautela de que se deve impregnar o momento de constituição de um mero suspeito em argüido, concedendo parâmetros legais para a decisão da autoridade judiciária ou órgão da polícia criminal. Quando existe fundada suspeita da existência de responsabilidade de uma determinada pessoa acerca de fatos delituosos investigados, incabível tentar extrair suas declarações sem constitui-la como argüido, mesmo porque não poderiam ser utilizadas como prova, independentemente de ser contra ela ou não. Assim, não foi negligenciada a necessidade de permitir que o suspeito conheça, desde logo, sua posição, evitando indevida restrição de sua liberdade de escolha entre calar ou responder às indagações que lhe forem formuladas.

Desta forma, com a aprovação do novo Código, embora continue a pessoa com a possibilidade de pedir sua constituição como argüido, a autoridade judiciária ou órgão da polícia criminal antecipar-se-á quando deparar-se com os pressupostos legais exigidos para constituir o suspeito em argüido, dando-lhe, conforme defendido no item 6.1 da dissertação, a oportunidade de exercer sua defesa com toda a sua plenitude.

B) *Artigo 61.º*
[...]

1 – O arguido goza, em especial, em qualquer fase do processo e, salvas as excepções da lei, dos direitos de:
a) [...];
b) [...];
c) Ser informado dos factos que lhe são imputados antes de prestar declarações perante qualquer entidade;
d) [Anterior alínea c)];
e) [Anterior alínea d)];
f) [Anterior alínea e)];
g) [Anterior alínea f)];
h) [Anterior alínea g)];
i) [Anterior alínea h)].

2 – A comunicação em privado referida na alínea f) do número anterior ocorre à vista quando assim o impuserem razões de segurança, mas em condições de não ser ouvida pelo encarregado da vigilância.
3 – [...].

Artigo 141.º
[...]

1 – O arguido detido que não deva ser de imediato julgado é interrogado pelo juiz de instrução, no prazo máximo de quarenta e oito horas após a detenção, logo que lhe for presente com a indicação circunstanciada dos motivos da detenção e das provas que a fundamentam.
2 – [...].
3 – [...].
4 – Seguidamente, o juiz informa o arguido:

a) Dos direitos referidos no n.º 1 do artigo 61.º, explicando-lhos se isso for necessário;
b) Dos motivos da detenção;
c) Dos factos que lhe são concretamente imputados, incluindo, sempre que forem conhecidas, as circunstâncias de tempo, lugar e modo; e
d) Dos elementos do processo que indiciam os factos imputados, sempre que a sua comunicação não puser em causa a investigação, não dificultar a descoberta da verdade nem criar perigo para a vida, a integridade

9. Últimas considerações: A proposta de Lei n.º 109/X

física ou psíquica ou a liberdade dos participantes processuais ou das vítimas do crime; ficando todas as informações, à excepção das previstas na alínea a), a constar do auto de interrogatório.

5 – [...].
6 – [...].

Ao estatuto do argüido foi acrescentado o direito de ser informado dos fatos que lhe são imputados antes de prestar declarações perante qualquer entidade. No item 6.5.1 da dissertação, havíamos defendido que, para assegurar a ampla defesa do argüido e, dessa forma, permitir-lhe definir a estratégia defensiva a ser adotada no momento do interrogatório, era seu direito ser informado acerca de todos os detalhes sobre a imputação que lhe estaria sendo feita. O novo n. 1, c do artigo 61.º assegura a intervenção ativa do argüido. No mesmo sentido, o artigo 141.º, n. 4, a, cuja repetição não é inócua, porque não é possível admitir pairar dúvidas se ao argüido assiste ou não, em qualquer fase do processo, o direito de guardar silêncio. O argüido deve sempre ser instruído pelo ente interrogante, a cada novo interrogatório, pois é o momento em que poderá optar entre uma autodefesa passiva ou ativa. Por esta forma, conhecendo os fatos que lhe são imputados, o argüido poderá escolher entre narrar a sua versão, adstringindo-a aos limites da acusação e responder a perguntas referentes ao objeto do processo, ou permanecer em silêncio. Por isso, reafirmamos que ouvir o argüido sem a completa informação da imputação que lhe é feita e sem o esclarecimento dos seus direitos é violar frontalmente o princípio da ampla defesa e o direito ao silêncio e, portanto, as declarações assim obtidas deverão ser declaradas nulas como prova.

C) *Artigo 64.º*

[...]

1 – É obrigatória a assistência do defensor:
a) Nos interrogatórios de arguido detido ou preso;
b) [...];
c) Em qualquer acto processual, à excepção da constituição de arguido, sempre que o arguido for cego, surdo, mudo, analfabeto, desconhe-

*cedor da língua portuguesa, menor de 21 anos, ou se suscitar a questão
da sua inimputabilidade ou da sua imputabilidade diminuída;*
  d) [...];
  e) [...];
  f) [...];
  g) [...].

2 – [...].
3 – [...].
4 – No caso previsto no número anterior, o arguido é informado, no despacho de acusação, de que fica obrigado, caso seja condenado, a pagar os honorários do defensor oficioso, salvo se lhe for concedido apoio judiciário, e que pode proceder à substituição desse defensor mediante a constituição de advogado.

Artigo 143.º

[...]

1 – [...].
2 – O interrogatório obedece, na parte aplicável, às disposições relativas ao primeiro interrogatório judicial de arguido detido.
3 – [...].
4 – [...].

Artigo 144.º

[...]

1 – [...].
2 – [...].
3 – Os interrogatórios de arguido preso são sempre feitos com assistência do defensor.
4 – A entidade que proceder ao interrogatório de arguido em liberdade informa-o previamente de que tem o direito de ser assistido por advogado.

Alargar-se-á, segundo o artigo 64.º, a assistência obrigatória do defensor aos casos de interrogatório sempre que o argüido é cego ou está detido ou preso. A CRP elevou à categoria de direitos fundamentais os princípios relativos à estrutura básica do processo penal, dentre eles a assistência do defensor (artigo 20.º, n. 2). Já havíamos considerado, no item 6.5.3, que nenhum interrogatório, e não somente o primeiro interrogatório do argüido detido (atual artigo 64.º, n. 1, a), deveria ser realizado sem a presença e assistência do defensor. Em verdade, o argüido detido ou preso está em situação ainda mais vulnerável. Com muita propriedade, o novo artigo 144.º, n. 3 institui que os interrogatórios de argüido preso serão sempre feitos com a assistência de defensor. Assim, as autoridades judiciárias – principalmente – devem zelar pela observância do princípio constitucional plasmado no artigo 20.º, n. 2, bem como do princípio da ampla defesa, que deve ser assegurado durante todas as fases do processo penal. Poderia ainda a nova redação do artigo 64.º ter avançado um pouco mais, tornando explícito que o argüido detido ou preso, antes de ser interrogado, deveria se entrevistar com seu defensor.

Indesmentivelmente, a entrevista do argüido com o seu defensor é essencial para definição da linha de defesa a ser adotada. O leigo não está apto a decidir por si só, nem cabe ao ente interrogante estatal por ele decidir. O interrogatório não é um simples relato de fatos – neste crucial momento se inicia a construção da estratégia defensiva. E não é um ato inútil, porque exercerá influência no contexto probatório dos autos.

A defesa técnica exercida pelo defensor é indispensável, pois se traduz em própria garantia da jurisdição penal. Por isso, o artigo 144.º, n. 4 não é despiciendo ao exigir que a entidade interrogante informe previamente ao argüido em liberdade de que tem o direito de ser assistido por advogado.

D) *Artigo 103.º*

[...]

1 – [...].
2 – Exceptuam-se do disposto no número anterior:
 a) [...];
 b) [...];
 c) Os actos relativos a processos sumários e abreviados;
 d) Os actos processuais relativos aos conflitos de competência, requerimentos de recusa e pedidos de escusa;
 e) Os actos relativos à concessão da liberdade condicional, quando se encontrar cumprida a parte da pena necessária à sua aplicação;
 f) [Anterior alínea c)].

3 – O interrogatório do arguido não pode ser efectuado entre as 0 e as 7 horas, salvo em acto seguido à detenção:
   a) Nos casos da alínea a) do n.º 5 do artigo 174.º; ou
   b) Quando o próprio arguido o solicite.

4 – O interrogatório do arguido tem a duração máxima de 4 horas, podendo ser retomado, em cada dia, por uma só vez e idêntico prazo máximo, após um intervalo mínimo de 60 minutos.
5 – São nulas, não podendo ser utilizadas como prova, as declarações prestadas para além dos limites previstos nos n.ᵒˢ 3 e 4.

A Revisão do Código de Processo Penal não desprezou os ensinamentos oferecidos pelas experiências dos países comunitários – a redação do artigo 103.º, n.ᵒˢ 3 e 4, por exemplo, aproxima-se do artigo 393 da LeCrim espanhola. Dela tirou vantagem ao inserir, de modo inovador e para evitar o arrastamento ilimitado do interrogatório, a duração máxima que o ato pode atingir, além de, novamente, regulamentar a proibição dos interrogatórios noturnos – de zero hora às sete horas, salvo exceções previstas em lei. Desta forma, o tempo de início e fim deverá ser consignado, bem como se o interrogatório foi ou não retomado naquele mesmo dia. Garantiu-se, ainda, um tempo de intervalo mínimo entre um e outro, a fim de que ao argüido seja assegurada a serenidade e o descanso suficientes para não perder a capacidade de raciocínio e a liberdade de expressão.

Um interrogatório infindável, durante a noite ou que se prolonga por vários e vários dias é uma prática que mina a resistência física e/ou mental do argüido. Se o argüido perde ou tem reduzida a capacidade de raciocínio ou chega à exaustão, impedido de avaliar com plena consciência intelectiva as perguntas que lhe são dirigidas, o princípio *nemo tenetur se ipsum accusare* estará sendo violado. Portanto, tais declarações são nulas. Estabeleceu, pois, o n. 5 do artigo 103.º que são nulas as declarações prestadas para além dos limites previstos nos n.ᵒˢ 3 e 4, não podendo ser utilizadas como prova.

E) *Artigo 126.º*

[...]

1 – [...].
2 – [...].
3 – Ressalvados os casos previstos na lei, são igualmente nulas e não podem ser utilizadas as provas obtidas mediante intromissão na vida privada, no domicílio, na correspondência ou nas telecomunicações sem o consentimento do respectivo titular.

O direito à reserva da intimidade da vida privada, integrante do conjunto de direitos da personalidade, elevado à categoria dos direitos fundamentais (artigo 26.º, CRP), foi novamente tutelado no artigo 126.º, n. 3, a fim de superar dúvida interpretativa que a atual redação suscita, por se referir apenas à nulidade, ao contrário do que consta no n. 1 do mesmo artigo.

Diante da correlação existente entre o direito à intimidade e o princípio *nemo tenetur se ipsum accusare*, conforme exposto no item 3.5 da dissertação, dispor a lei que a sua violação redundará em nulidade, com a impossibilidade de utilizar as provas assim obtidas, significa resguardar, com maior intensidade, a intimidade do homem que, embora por sua permissão ou convite nela outrem possa ingressar, não pode tê-la invadida, a não ser que o sacrifício legitimamente se imponha. Em verdade, o homem se expõe ou não, a seu exclusivo critério.

F) *Artigo 132.º*

Direitos e deveres das testemunhas

1 – [...].
2 – [...].
3 – Para o efeito de ser notificada, a testemunha pode indicar a sua residência, o local de trabalho ou outro domicílio à sua escolha.
4 – Sempre que deva prestar depoimento, ainda que no decurso de acto vedado ao público, a testemunha pode fazer-se acompanhar de advogado, que a informa, quando entender necessário, dos direitos que lhe assistem, sem intervir na inquirição.
5 – Não pode acompanhar testemunha, nos termos do número anterior, o advogado que seja defensor de arguido no processo.

Ao artigo 132.º foram acrescidos dois novos números, sendo destaque a possibilidade de a testemunha poder fazer-se acompanhar de advogado quando for prestar depoimento. Configura-se a reafirmação, por um turno, da importância da defesa técnica diante da complexidade dos fatos investigados. O n. 2 dispõe que a testemunha não é obrigada a responder perguntas autoincriminatórias. Entretanto, talvez não tenha conhecimento suficiente para entender quando se deparar com tal situação. A presença de seu advogado será imprescindível para lhe garantir o gozo de tal direito. É o reconhecimento do legítimo direito ao silêncio para a testemunha (vide item 6.1), reforçando a tutela do princípio *nemo tenetur se ipsum accusare*, evitando qualquer tentativa de fraude ao buscar a oitiva de um suspeito, fora das condições do artigo 58.º, como testemunha.

G) *Artigo 133.º*

[...]

1 – Estão impedidos de depor como testemunhas:
a) [...];
b) [...];
c) As partes civis;
d) Os peritos, em relação às perícias que tiverem realizado.

2 – Em caso de separação de processos, os arguidos de um mesmo crime ou de um crime conexo, mesmo que já condenados por sentença transitada em julgado, só podem depor como testemunhas se nisso expressamente consentirem.

Artigo 345.º

[...]

1 – [...].
2 – [...].
3 – [...].
*4 – Não podem valer como meio de prova as declarações de um co-arguido em prejuízo de outro co-arguido quando o declarante se recusar a responder às perguntas formuladas nos termos dos n.*ᵒˢ *1 e 2.*

9. Últimas considerações: A proposta de Lei n.º 109/X

Destaca-se, por fim, que foram instituídos nos artigos 133.º, n. 2 e 345.º, n. 4 parâmetros à possibilidade de coleta de depoimentos de co-argüidos, que tiveram processos separados, bem como à sua valoração. O co-argüido só poderá depor como testemunha se nisso expressamente consentir, e quando prestar declarações em prejuízo de outro co-argüido, só terá valor como meio de prova se responder às perguntas formuladas nos termos n.ºs 1 e 2. É uma prova frágil o depoimento do co-argüido e merecedora, pois, de regulamentação.

O co-argüido não possui o dever de testemunhar; por isso, somente prestará depoimento se o consentir. Colher o seu consentimento é uma forma de tutelar seu direito ao silêncio, pois, como explicado no item 6.6 da dissertação, não há como mensurar a possibilidade de risco para o argüido produzir declarações incriminatórias. Para haver valor probatório deverá ser o seu depoimento controlado pela defesa do outro co-argüido. É preciso submetê-lo ao contraditório. Já foi afirmado que o co-argüido visado ou afetado por outro, em seu depoimento, não pode ser prejudicado nem ver diminuída sua potencial defesa, quando, posteriormente, esse se recuse, no exercício do direito ao silêncio, a prestar esclarecimentos.

Assim sendo, a Proposta de Lei n. 109/X consagra inúmeras modificações que, para além de contribuir para o aperfeiçoamento do processo penal português, irão reverberar em profunda reflexão acerca da aplicação do direito constitucional ao silêncio, robustecendo a defesa do argüido.

10. REFERÊNCIAS

ALEXY, Robert. *Teoria de los derechos fundamentales*. Madrid: Centro de Estúdios Políticos y Constitucionales, 2002.
ALMEIDA JUNIOR, João Mendes. *O processo criminal brasileiro*. São Paulo: Livraria Freitas Bastos S.A., 1959.
ALTAVILLA, Enrico. *Psicologia judiciária*. Coimbra: Almedina, 2003. v. II.
AMODIO, Ennio. "Diritto al silenzio o dovere di colaborazione?" *Rivista di Diritto Processuale,* Padova: Cedam, v. XXIX, 1974.
ANDRADE, José Carlos Vieira de. *Os direitos fundamentais na Constituição Portuguesa de 1976*. Coimbra: Livraria Almedina, 2001.
ANDRADE, Manuel da Costa. *Sobre as proibições de prova em processo penal*. Coimbra: Coimbra Editora, 1992.
ASENCIO MELLADO, José Maria. *Prueba prohibida y prueba preconstituida*. Madrid: Editorial Trivium, 1989.
AZEVEDO, David Teixeira de. "O interrogatório do réu e o direito ao silêncio". *Revista dos Tribunais*, São Paulo: Editora Revista dos Tribunais, n. 682, 1992.
AZEVEDO, Vicente de Paulo Vicente de. *Curso de direito judiciário penal*. São Paulo: Saraiva, 1958. v. I, II.
BADARÓ, Gustavo Henrique Righi Ivahy. *Ônus da prova em processo penal*. São Paulo: Editora Revista dos Tribunais, 2003.
BADELLINO, Sergio. "Sul fondamento ed i limite del c.d. diritto al mendacio come facoltà contenuto del diritto di defesa". *Rivista Italiana di Diritto e Procedura Penale,* 1968.
BARREIROS, José António. *Processo penal*. Coimbra: Livraria Almedina, 1981.
BARROS, Marco Antonio de. *A busca da verdade no processo penal*. São Paulo: Editora Revista dos Tribunais, 2002.
BARROS, Romeu Pires de Campos. *Direito processual penal brasileiro*. São Paulo: Sugestões Literárias S.A., 1969. v.I.

BARROS, Suzana de Toledo. *O princípio da proporcionalidade e o controle da constitucionalidade das leis restritivas de direitos fundamentais*. Brasília: Brasília Jurídica, 2000.

BECCARIA, Cesare. *Dos delitos e das penas*. Lisboa: Fundação Calouste Gulbekian, 1998.

BELEZA, Teresa Pizarro. "Tão amigos que nós éramos': o valor probatório do depoimento do co-arguido no Processo Penal português". *Revista do Ministério Público,* Lisboa, ano 19, n.74, 1998.

BETTIOL, Giuseppe. *Instituições de direito e processo penal*. Coimbra: Coimbra Editora, 1974.

BITTAR, Eduardo Carlos Bianca. *História do direito brasileiro*. São Paulo: Atlas, 2003.

BITTAR, Eduardo Carlos Bianca. "Notícias da inquisição no Brasil: o processo e a tortura no período colonial". *In*: BITTAR, Eduardo Carlos Bianca. *História do direito brasileiro*. São Paulo: Atlas, 2003.

BULLIER, A.J. "La restriction du droit au silence en droit pénal anglais". *Revue de Science et de Droit Pénal Comparé*, Paris, v. II, avr./juin, 1996.

CAETANO, Marcello. *História do Direito Português*. Lisboa: Editorial Verbo, 1985, v. I.

CANOTILHO, José Joaquim Gomes. *Direito constitucional e teoria da Constituição*. Coimbra: Livraria Almedina, 2003.

CANOTILHO, José Joaquim Gomes; MOREIRA, Vital. *Constituição da República Portuguesa anotada*. Coimbra: Coimbra Editora, 1993.

CARNELUTTI, Francesco. *Lecciones sobre el proceso penal*. Buenos Aires: Bosch y Cía. Editores, 1950. v. I e II.

CARRARA, Francesco. *Programa do curso de direito criminal*. São Paulo: Saraiva, 1957.

CARULLI, Nicola. *Il diritto di defesa dell'imputato*. Napoli: Casa Editrice Dott. Eugenio Jovene, 1967.

CASTILLO Y GÓMEZ, Manuel Gómez del. *El comportamiento procesal del imputado (silencio y falsedad)*. Barcelona: Librería Bosch, 1979.

CHASKALSON, Arthur. "Human dignity as a constitucional value". In: *The concept of dignity in human rights discourse*. Ed. David Kretzmer e Eckart Klein. Netherlands: Klumer Law Internacional, 2000.

CINTRA, Antônio Carlos de Araújo; GRINOVER, Ada Pellegrini; DINAMARCO, Cândido Rangel. *Teoria geral do processo*. São Paulo: Malheiros Editores, 1999.

GRINOVER, Ada Pellegrini. "O princípio da ampla defesa". *Revista da Procuradoria Geral do Estado de São Paulo*, n.19, 1982.

_____. "Interrogatório do réu e direito ao silêncio". *Ciência penal*. São Paulo: Editora Convívio, 1976b.

_____. "O interrogatório como meio de defesa (Lei 10.792/2003)". *Revista Brasileira de Ciências Criminais*. São Paulo: Editora Revista dos Tribunais, n. 53, 2005.

GRINOVER, Ada Pellegrini; FERNANDES, Antonio Scarance; GOMES FILHO, Antonio Magalhães. *As nulidades no processo penal*. São Paulo: Editora Revista dos Tribunais, 1998.

GOMES, Nuno. *Evasão fiscal, infracção fiscal e processo penal fiscal*. Lisboa: Rei dos Livros, 2000.

GOMES, Orlando. *Introdução ao direito civil*. Rio de Janeiro: Forense, 1998.

GONÇALVES, Fernando; ALVES, Manuel João; VALENTE, Manuel Monteiro Guedes. *Lei e crime. O agente infiltrado versus o agente provocador. Os princípios do processo penal*. Coimbra: Almedina, 2001.

GÖSSEL, Karl-Heinz. "As proibições de prova no direito processual penal da República Federal da Alemanha". *Revista Portuguesa de Ciência Criminal*, ano 2, n.3, 1992.

KARAM, Maria Lúcia. "Sobre o ônus da prova na ação penal condenatória". *Revista Brasileira de Ciências Criminais*, ano 9, n. 35, 2001.

HADDAD, Carlos Henrique Borlido. *O interrogatório no processo penal*. Belo Horizonte: Del Rey, 2000.

HUERTAS MARTÍN, M. Isabel. *El sujeto pasivo del proceso penal como objeto de la prueba*. Barcelona: José Maria Bosch Editor, 1999.

JARDIM, Afranio Silva. *Direito processual penal*. Rio de Janeiro: Forense, 1999.

LOPES, Ana Maria D'Ávila. *Os direitos fundamentais como limites ao poder de legislar*. Porto Alegre: Sergio Antonio Fabris Editor, 2001.

MALATESTA, Nicola Framarino dei. *A lógica das provas em matéria criminal*. Campinas: Bookseller Editora, 1996. v. I.

MALINVERNI, Alessandro. *Principi del processo penale*. Torino: G. Giappichelli Editore, 1972.

MANZINI, Vincenzo. *Trattato di Diritto Processuale Penale Italiano secondo il nuovo códice*. Torino: Unione Tipografico-Editrice Torinese, 1931. v. I, II, III.

MARQUES, José Frederico. *Elementos de direito processual penal*. Campinas: Editora Millenium, 2000. v. I, II.

MAZZANTI, Manlio. "Rilievi sulla natura giuridica dell'interrogatorio dell'imputato". *Rivista Italiana di Diritto e Procedura Penale*, 1961.

MEIREIS, Manuel Augusto Alves. *O regime das provas obtidas pelo agente provocador em processo penal*. Coimbra: Almedina, 1999.

MENDES DE ALMEIDA, Joaquim Canuto. *Princípios fundamentais do processo penal. A contrariedade na instrução criminal. O direito de defesa no inquérito penal. Inovações do anteprojeto de Código de Processo Penal*. São Paulo: Editora Revista dos Tribunais, 1973.

MENDES, Paulo de Sousa. "As proibições de prova no processo penal". Separata: Jornadas de direito processual penal e direitos fundamentais. Coimbra: Almedina, 2004.

MERRILLS, J.G.; ROBERTSON, A.H. *Direitos humanos na Europa: um estudo da Convenção Européia de Direitos Humanos*. Lisboa: Instituto Piaget, 2001.

MIRANDA ESTRAMPES, Manuel. *El concepto de prueba ilícita y su tratamiento en el proceso penal*. Barcelona: J.M. Bosch Editor, 2004.

MIRANDA, Jorge. *Manual de direito constitucional: direitos fundamentais*. Coimbra: Coimbra Editora, 2000. tomo IV.

MOMMSEN, Teodoro. *Derecho penal romano*. Bogotá: Temis, 1991.

MONCADA, L. Cabral. *Estudos de história do Direito. Acta universitatis conimbrigensis*, Coimbra, 1948. v. I, II.

MOURA, José Souto de. "Direito e processo penal actuais e consagração dos direitos do homem". *Revista Portuguesa de Ciências Criminais*, ano I, n.4, 1991.

MOURA, Maria Thereza Rocha de Assis; MORAES, Maurício Zanoide. "Direito ao silêncio no interrogatório". *Revista Brasileira de Ciências Criminais*. São Paulo: Editora Revista dos Tribunais, n.6, 1994.

NEVES, A. Castanheira. *Sumários de processo criminal. 1967-1968*. Coimbra, 1968.

NOBRE JÚNIOR, Edílson Pereira. "O direito brasileiro e o princípio da dignidade humana". *Revista dos Tribunais*. São Paulo: Editora Revista dos Tribunais, n. 777, 2000.

NUCCI, Guilherme de Souza. *O valor da confissão como meio de prova*. São Paulo: Editora Revista dos Tribunais, 1997.

O'REILLY, Gregory W. "England limits the right to silence and moves towards an inquisitorial system of justice". *The Journal of Criminal Law and Criminology,* Chicago, v. 85, 1994.

PALMA, Maria Fernanda. "A constitucionalidade do artigo 342º do Código de Processo Penal (O direito ao silêncio do arguido)". *Revista Portuguesa de Ciências Criminais*, ano XV, n.60, 1994.

PASSOS, José Joaquim Calmon de. *A nulidade no processo civil*. Bahia: Imprensa Oficial da Bahia, 1959.

PEDROSO, Fernando de Almeida. *Processo penal. O direito de defesa: repercussão, amplitude e limites*. São Paulo: Editora Revista dos Tribunais, 2001.

_____. *Prova penal: doutrina e jurisprudência*. São Paulo: Editora Revista dos Tribunais, 2005.

PEREZ LUÑO, Antonio. *Derechos humanos, Estado de derecho y Constituición*. Madri: Tecnos, 1995.

PORFÍRIO, Geórgia Bajer Fernández de Freitas. *A tutela da liberdade no processo penal*. São Paulo: Malheiros Editores, 2005.

PRADEL, Jean. *L'instruction préparatoire*. Paris: Cujas, 1990.

QUEIJO, Maria Elizabeth. *O direito de não produzir prova contra si mesmo*. São Paulo: Saraiva, 2003.

RAMOS, João Gualberto Garcez. *Audiência processo penal*. Belo Horizonte: Del Rey, 1996.

RAMOS, Vasco A. Grandão. *Direito processual penal: noções fundamentais*. Luanda: Ler & Escrever, 1995.

REVILLA GONZÁLEZ, José-Alberto. *El interrogatorio del imputado*. Valencia: Tirant lo Blanch, 2000.

ROBERTO, Giordano Bruno Soares. *Introdução à história do direito privado e da codificação: uma análise do novo Código Civil*. Belo Horizonte: Del Rey, 2003.

ROMEIRO, Jorge Alberto. *Considerações sobre o conceito de interrogatório do acusado*. Rio de Janeiro: Oficinas Alba Gráficas, 1942.

ROSSETTO, Enio Luiz. *A confissão no processo penal*. São Paulo: Editora Atlas S.A., 2001.

ROXIN, Claus. *Derecho procesal penal*. Buenos Aires: Editores del Puerto s.r.l, 2000.

SABATINI, Guglielmo. *Teoria delle prove nel diritto giudiziario penale*. Catanzaro: Gaetano Filipo, 1909. v. I.

SANTOS, Gil Moreira dos. *O direito processual penal*. [S.I.: s.n.,19].

SANTOS, M. Simas; LEAL-HENRIQUES, M. *Código de processo penal anotado*. Lisboa: Rei dos Livros, 2000. v. II.

SCHÄFER, Jairo Gilberto. *Direitos fundamentais: proteção e restrições*. Porto Alegre: Livraria do Advogado, 2001.

SERRA DOMÍNGUEZ, M. "Declaración del imputado e indagatoria". *Estudios de Derecho Procesal*. Barcelona: Ariel, 1969.
SILVA, Germano Marques da. *Curso de processo penal*. Lisboa: Editorial Verbo, 2000. v. I, II.
SILVA, José Afonso da. *Comentário contextual à Constituição*. São Paulo: Malheiros Editores, 2005.
SOUSA, Joaquim José Caetano Pereira e. *Primeiras linhas sobre o processo criminal*. Lisboa: Typografia Rollandiana, 1820.
SOUZA, Artur César. *Contraditório e revelia: perspectiva crítica dos efeitos da revelia em face da natureza dialética do processo*. São Paulo: Editora Revista dos Tribunais, 2003.
SOUZA, João Pedro de. *Noções de processo penal*. Lisboa: Tipografia de Francisco Luis Gonçalves, 1915.
SPEIDEL, Kurt A. *A sentença de Pilatos*. Tradução de Dom Mateus Rocha, OSB. São Paulo: Paulinas, 1982.
STEFANI, Gaston; LEVASSEUR, Georges. *Droit pénal général et procedure pénale*. Paris: Dalloz, 1973. tome II.
STEIN, Peter. *I fondamenti del diritto europeo – profili sostanziali e processuali dell'evoluzione dei sistemi giuridici*. Milano: Dott A. Giufreè, 1987.
SUANNES, Adauto Alonso S. *Os fundamentos éticos do devido processo penal*. São Paulo: Editora Revista dos Tribunais, 2004.
SZANIAWSKI, Elimar. *Direitos de personalidade e sua tutela*. São Paulo: Editora Revista dos Tribunais, 2005.
TESTAS, Guy; TESTAS, Jean. *A inquisição*. São Paulo: Difusão Européia do Livro, 1968.
TONINI, Paolo. *A prova no processo penal italiano*. São Paulo: Editora Revista dos Tribunais, 2002.
TOURINHO FILHO, Fernando da Costa. *Processo penal*. São Paulo: Saraiva, 2000, v. III.
TUCCI, Rogério Lauria. *Lineamentos do processo penal romano*. São Paulo: Bushatsky, 1976.
_____. *Teoria do direito processual penal: jurisdição, ação e processo penal (estudo sistemático)*. São Paulo: Editora Revista dos Tribunais, 2002.
VARGAS, José Cirilo de. *Direitos e garantias individuais no processo penal*. Rio de Janeiro: Editora Forense, 2002.
VEIGA, Catarina. *Considerações sobre a relevância dos antecedentes criminais*. Coimbra: Livraria Almedina, 2000.

VELAYOS MARTÍNEZ, I. "El derecho del imputado al silencio". *Justitia*, Barcelona: José Maria Bosch Editor, n. I e II, 1995.

VELEZ MARICONDE, Alfredo. *Derecho procesal penal*. Buenos Aires: Lerner Ediciones, 1969.

VILELA, Alexandra. *Considerações acerca da presunção de inocência em direito processual penal*. Coimbra: Coimbra Editora, 2000.

ÍNDICE

1. INTRODUÇÃO 15

2. UM POUCO DE HISTÓRIA: NASCIMENTO E DESENVOLVIMENTO DO DIREITO AO SILÊNCIO 19
   2.1 Nos primórdios 19
      2.1.1 Direito Hebreu 19
      2.1.2 Direito Grego 21
      2.1.3 Direito Romano 21
   2.2 Os povos bárbaros 25
   2.3 Direito Canônico 30
   2.4 Direito Anglo-saxão 35
   2.5 Sistemas continental-romanos 45
   2.6 Portugal 49

3. O DIREITO AO SILÊNCIO: SUA RELAÇÃO COM OS DIREITOS FUNDAMENTAIS E AS GARANTIAS INDIVIDUAIS DA CONSTITUIÇÃO 63
   3.1 O devido processo penal: Princípio do contraditório 63
   3.2 Princípio da plenitude de defesa 67
   3.3 Princípio da presunção de inocência 70
   3.4 Direito à integridade pessoal 75
   3.5 Direito à reserva da intimidade da vida privada, à palavra e à liberdade de expressão 76

4. FUNDAMENTO JURÍDICO 81
   4.1 Direitos, liberdades e garantias pessoais 81
   4.2 A garantia constitucional do direito ao silêncio 91

5. DIREITO AO SILÊNCIO: CONCEITO E NATUREZA JURÍDICA 95
   5.1 Conceito 95
   5.2 Natureza jurídica 99

6. O DIREITO AO SILÊNCIO E O INTERROGATÓRIO 103
   6.1 Titulares do direito ao silêncio: o argüido 103
      6.1.1 A pessoa coletiva 110
   6.2 Invocação do direito ao silêncio 110
   6.3 O Interrogatório no processo penal: disciplina no Código de Processo Penal 113
      6.3.1 O interrogatório e sua natureza jurídica 117
   6.4 Valor probatório do interrogatório: a confissão 121
   6.5 Garantias e requisitos no interrogatório 126
      6.5.1 Objeto do interrogatório e a informação sobre a imputação 127
      6.5.2 Voluntariedade e espontaneidade e o comparecimento do argüido 130
      6.5.3 A presença do defensor 135
      6.5.4 Proibição de métodos que perturbam a condição física e psicológica do argüido 139
      6.5.5 Advertência sobre o direito ao silêncio 144
   6.6 Limites e efeitos do exercício do direito ao silêncio: sua valoração 147
   6.7 Direito de mentir? 154
   6.8 Dever de colaboração 157

7. CONSEQÜÊNCIAS DA VIOLAÇÃO DO DIREITO AO SILÊNCIO. 163
   7.1 Proibições de prova: conceito e a inadmissibilidade de meios de prova ilicitamente obtidos 163
   7.2 As conseqüências da inobservância do direito ao silêncio 171

8. CONCLUSÃO 177

9. ÚLTIMAS CONSIDERAÇÕES: A PROPOSTA DE LEI N. 109/X ... 183

10. REFERÊNCIAS 195